W0222877

La empresa en la web 2.0

Gestión 2000

Javier Celaya

La empresa en la web 2.0

El impacto de las redes sociales y las nuevas formas de comunicación online en la estrategia empresarial

Gestión 2000

© Javier Celaya

© Centro Libros PAPF, S. L. U., 2011
Gestion 2000 es un sello editorial de Centro
Libros PAPF, S. L. U.
Grupo Planeta
Av. Diagonal, 662-664
08034 Barcelona

Diseño de cubierta: El taller interactivo
Imagen de cubierta: © Microzoa / Getty
Images

ISBN: 978-84-9875-173-4
Depósito legal: M. 39.120-2011
Primera edición: noviembre de 2011
Preimpresión: IT's gràfiques, S. C. P.
Impreso por Huertas Industrias Gráficas, S. A.

Impreso en España - *Printed in Spain*

No se permite la reproducción total o parcial de este libro, ni su incorporación a un sistema informático, ni su transmisión en cualquier forma o por cualquier medio, sea éste electrónico, mecánico, por fotocopia, por grabación u otros métodos, sin el permiso previo y por escrito del editor. La infracción de los derechos mencionados puede ser constitutiva de delito contra la propiedad intelectual (Art. 270 y siguientes del Código Penal).
Diríjase a CEDRO (Centro Español de Derechos Reprográficos) si necesita fotocopiar o escanear algún fragmento de esta obra. Puede contactar con CEDRO a través de la web www.conlicencia.com o por teléfono en el 91 702 19 70 / 93 272 04 47.

40° 25' 08.85" N
3° 42' 22.69" O

Ama bat bakarra dago

43° 25' 55.69" N
2° 48' 11.69" O

Índice

Testimoniales

«Estar donde están los clientes es la clave para hacerles llegar los productos, servicios, mensajes, experiencia de una marca de cualquier empresa; hoy los clientes –y los proveedores, los empleados, los accionistas...– están en las redes sociales virtuales, y la forma de contactar con ellos es mediante la web 2.0. En cualquier caso, para poder gestionar este fenómeno, el empresario tiene que entenderlo en primer lugar, y este libro es una muy buena base para poder tomar decisiones.»
Ignacio Villoch,
Centro de Innovación BBVA

«El ejercicio es sencillo para cualquier alto directivo: sólo tiene que asomarse por la ventana de su despacho y ver cómo el mundo va transitando rápida e inexorablemente hacia lo digital, y posteriormente fijar la vista hacia dentro y constatar los escasos cambios estratégicos y estructurales que ha dado su empresa en esa dirección. "Houston, tenemos un problema." Claramente, o enfocamos urgentemente nuestros negocios hacia el entorno de la web 2.0, o estaremos fuera del mercado.»
Nacho de Pinedo,
director ejecutivo del ISDI

«La web 2.0 es la puerta de entrada a una nueva realidad en la que se rompen las clásicas barreras entre una buena idea y su realización en el mercado. La red permite atacar los proyectos tradicionales, y otros hasta ahora impensables, con unos niveles de productividad en coste y tiempo desconocidos hasta ahora. La lectura de este libro te ayudará a entender las nuevas reglas del juego de la "productividad" desarrollando tu red de amigos, trabajando en tu empresa o compitiendo en tu mercado.»

Enrique López-Tello,
vicepresidente de High Tech and Manufacturing Industries,
EMEA Oracle Corporation

«Este libro se convertirá en una brújula para que todo responsable de comunicación se oriente en un universo digital que no siempre domina. La importancia de escuchar se hace imperiosa con el protagonismo de la web social, y este libro nos enseña constantemente cómo hacerlo.»

Francis Ochoa,
director ejecutivo de Burson-Marsteller España

«La web 2.0 facilita la contribución individual a los objetivos de los integrantes de una organización, sea grande o pequeña, de forma que con un capital humano y una motivación adecuada, las organizaciones de éxito del futuro se comportarán como si todos sus integrantes fuesen directivos.»

Bosco Bilbao-Goyoaga,
Account Manager de Cisco Systems

«Las empresas deben entender y adaptarse al extraordinario cambio tecnológico que estamos viviendo, los retos son muchos, pero también lo son las oportunidades, y no corren buenos tiempos para obviarlas. Javier aporta en su libro las claves y herramientas necesarias para ese cambio, para pasar de ser meros espectadores a ser los protagonistas de la transformación.»

José Luis Zimmermann,
director general de la Asociación Española de la Economía Digital (Adigital)

I
Prólogo

Nuestra sociedad está cambiando y lo está haciendo a una velocidad tan increíblemente vertiginosa y de una manera tan profunda que seguramente no somos todavía conscientes. Estoy firmemente convencido de que dentro de unos años todos miraremos atrás y nos sorprenderá pensar en cómo era nuestra vida sin muchas de las herramientas que utilizaremos en el futuro de una manera tan intensa. La mayoría de esos instrumentos y aplicaciones seguramente ni siquiera se han diseñado y desarrollado todavía, pero si de algo podemos estar seguros es que se basarán en el componente social que ha impregnado internet desde hace ya algunos años.

Con frecuencia reflexiono acerca del papel que ha tenido la tecnología en esta transformación, pero –contra lo que podría parecer en un principio– mi opinión personal es que no ha sido el más relevante. El cambio que estamos viviendo es un cambio fundamentalmente sociológico, más vinculado a la manera que tenemos cada uno de nosotros de relacionarnos con el resto de las personas (que no «amigos») en cada una de las facetas de nuestra vida y en todos y cada uno de los ámbitos. Las tecnologías han facilitado y han agilizado mucho esa comunicación. Pero los verdaderamente protagonistas somos cada uno de nosotros. Las redes sociales han permitido poder entablar más conversaciones con tus familiares, amigos, conocidos (en la etapa de la universidad, en cada uno de los empleos) y con tus contactos profesionales (clientes, proveedores, equipo de colaboradores). Las plataformas que están teniendo más éxito son las que han entendido realmente qué quiere el usuario con exactitud en cada momento.

Lo que hace que sean tan relevantes todas las redes sociales y nuevas plataformas de comunicación es la utilización intensa (y absolutamente generalizada) por parte de los usuarios. Entre todos hemos cambiado los métodos de comunicarnos las cosas. Y esto es lo que hace mágico todo el entorno.

Las empresas e instituciones deben entender cómo actuar en este nuevo entorno. Cada vez es más importante comprender cómo comunicar de manera efectiva. Porque cada acción en la comunicación de una persona o de una empresa dice mucho más que en el pasado. Es paradójico cómo –en un mundo en el que los medios de comunicación atraviesan una de las crisis más profundas como consecuencia precisamente de la digitalización de las conversaciones– hace falta comunicación con mayúsculas, mucho más que en otras ocasiones. Comunicación con mayúsculas es interpretar que ahora el reto es conseguir evitar ser parte del ruido que nos empieza a abrumar y convertir un mensaje en relevante para cada una de las personas que intercambian ideas en estas redes que nos conectan a todos entre sí.

El futuro llegó hace años y así lo vio desde el principio uno de los mejores profesionales de la comunicación digital: Javier Celaya. La actualización de su brillante obra es, sin duda, una de las mejores noticias que podíamos tener en estos tiempos de incertidumbre y dudas, pero que muchos como yo ivemos de enormes oportunidades que hay que aprovechar!

Sebastián Muriel,

vicepresidente de Desarrollo Corporativo

Tuenti

2
Del autor al lector: no estamos preparados para un presente cambiante

Cuando mis editores, Roger Domingo y Oriol Alcorta, me propusieron actualizar los contenidos de este libro para publicar una nueva edición, nunca pensé que sus textos siguieran siendo tan útiles como «quitamiedos» para todas las personas que quieran conocer de cerca las oportunidades que ofrecen las nuevas herramientas de comunicación 2.0 (blogs, wikis, podcasts, redes sociales, etc.) a las empresas.

A lo largo de los últimos años he detectado un importante cambio de actitud en el mundo empresarial e institucional ante el impacto de las tecnologías sociales 2.0 en sus entidades. Del recelo inicial de hace tres años hemos pasado a un mayor conocimiento y a una creciente utilización de estas nuevas herramientas en todo tipo de procesos empresariales: campañas de marketing, acciones de preventa, atención al cliente, captación de talento, técnicas de escucha del mercado, fidelización de clientes, etc.

2.1 Transformación constante: cerca del 40 por ciento actualizado

Como usuario diario de Facebook, Twitter y LinkedIn, reconozco que crean adicción, ha sido una tarea muy interesante releer todo el libro y ver la transformación que ha tenido lugar en nuestra sociedad en tan poco tiempo. De los escasos 350.000 españoles que había en Facebook cuando publiqué la primera edición de esta obra en 2008, hemos pasado a más de quince millones de usuarios en apenas tres años. Lo mismo ha ocurrido con otras herramientas 2.0 como Twitter. De ser una auténtica desconocida hace casi un lustro a convertirse en uno de los principales canales de comunicación en tiempo real en detrimento de los blogs. De los más de cuatro millones de blogueros censados en España por el buscador especializado Technorati en 2008, hemos pasado a menos de 200.000 blogs vivos en 2011.

En este contexto de transformación constante –mi experiencia me dice que un año en internet equivale a diez años en el mundo analógico– no me ha sorprendido tener que actualizar cerca del 40 por ciento del libro para reflejar la situación actual del mundo *dospuntocero*. A lo largo de estos años, he visto desaparecer herramientas innovadoras como Pownce, YouAre y Culturízame, mientras que otras famosas plataformas como MySpace y Orkut, que ocupaban la atención de los medios de comunicación, siguen existiendo pero con muchos menos usuarios. Por ejemplo, MySpace fue la red social líder mundial en 2008, en el que llegó a tener 120 millones de usuarios que compartían sus gustos, fotos, vídeos y datos de contacto con otras personas. Hoy tan sólo cuenta con unos sesenta millones en todo el mundo. Esto no significa que estas empresas hayan fracasado, sino que, en mi opinión, tan sólo se adelantaron a sus tiempos. Además, creo que debemos agradecer a estos proyectos sus aportaciones tecnológicas al mundo de la comunicación social dado que facilitaron la entrada de nuevas herramientas como Google+ o nuevas redes sociales especializadas como Entrelectores.com.

2.2 ¿Por qué leer este libro?

Simplemente, para ayudarte a tomar una decisión más acertada sobre la incorporación de las nuevas tecnologías sociales en tu empresa, ya sea una pequeña y mediana empresa (pyme), una multinacional o una entidad sin ánimo de lucro. Los lectores de este libro obtendrán claves acerca de cómo utilizar estas tecnologías para mejorar el rendimiento de su compañía, los beneficios que generan y cómo incorporarlas en su estrategia empresarial.

Desde que sigo con curiosidad infinita el impacto y la velocidad de la transformación de la tecnología en la sociedad y las firmas, sostengo que mantener una postura inmovilista sólo trae como consecuencia no ver el futuro o, mejor dicho, sólo sirve de excusa para no ver un presente en constante cambio. La revolución de las comunicaciones que estamos viviendo también ha alterado los conceptos relacionados con el presente y el futuro. Para sorpresa de muchos, el futuro ya no es lo que está por venir; la velocidad de transformación de sociedad digital ha convertido el futuro en un presente en constante cambio para el que no estamos preparados.

Aunque hayamos superado el recelo inicial de hace tres años, todavía hay demasiadas sociedades que no tienen una idea clara sobre cómo incorporar y gestionar correctamente estas herramientas en sus organizaciones. Uno de los errores más comunes que he advertido en el mundo empresarial es pensar que una entidad se puede poner al día en esta materia sencillamente rediseñando la página corporativa de la compañía, colgando un par de vídeos en YouTube o abriendo un blog para hablar de sus productos.

Los avances tecnológicos de los últimos años han originado tal transformación en la sociedad que su impacto en la organización y gestión de las empresas es muchísimo más relevante. Esta *revolución digital* que estamos viviendo no sólo implica llevar a cabo una inversión tecnológica para mejorar los procesos de una compañía, sino que es más importante aún asumir que comportará un cambio de actitud por parte de la firma hacia sus empleados, clientes, accionistas y, sobre todo, en las relaciones entre ellos.

El alto grado de colaboración e intercambio de información entre millones de ciudadanos ya existente en la web social, como hemos visto recientemente con el nacimiento de movimientos como el 15M, será lo que propicie el cambio en las organizaciones empresariales. En esta era del conocimiento colaborativo, las empresas deben contar con que una nueva generación de personas se está formando ya en escuelas y universidades utilizando las nuevas tecnologías en todos sus procesos de aprendizaje e intercambio de conocimiento. Esta nueva generación de profesionales rechazará trabajar en las compañías que no tengan en cuenta esta nueva forma de intercambiar y gestionar el conocimiento.

La incorporación de las nuevas tecnologías sociales en las empresas también mejorará la productividad al fomentar la colaboración y ahorrar tiempos y costes. Existen numerosos estudios que demuestran que el uso de aplicaciones informáticas ha originado un efecto multiplicador de la productividad. La utilización de blogs, wikis y redes sociales permite a los empleados trabajar en equipo entre las diferentes áreas de una compañía, aportando movilidad y flexibilidad en sus responsabilidades laborales. El conocimiento generado por los trabajadores de una entidad debería convertirse en uno de sus principales activos. Estas tecnologías sociales pueden hacer que el personal se sienta cada vez más implicado con sus proyectos, creando una organización menos jerárquica y más interactiva, así como mejorando las relaciones con los clientes actuales y potenciales. Escuchar y, sobre todo, conversar y relacionarse con los clientes a través de las nuevas tecnologías obliga a llevar a cabo una transformación total de la cultura corporativa de la compañía.

En definitiva, podemos entender el concepto de *empresa 2.0*, acuñado por el profesor Andrew McAfee[1] de la Universidad de Harvard, como una nueva forma de hacer empresa. Aunque la tradicional organización piramidal de la mayoría de las entidades no va a desaparecer, los gestores no pueden ignorar el impacto del fenómeno 2.0 en ellas. Los lectores de este libro comprenderán que la irrupción de estas tecnologías sociales en la sociedad generará una transformación disruptiva de sus organizaciones, sus modelos de negocio, sus estrategias de producción y distribución e incluso hasta del propio mercado.

Las compañías deben tener en cuenta que las conversaciones y recomendaciones, sobre todo del tipo de productos y servicios, que tienen lugar en la web social ocupan ya más del 25 por ciento del tráfico en internet. Cada día hay más consumidores que toman decisiones de compra de productos o servicios orientados o motivados por la información que encuentran en la web social. Cuanto más conectados estén los clientes entre sí, más dependerá la empresa de la web social para posicionar correctamente su producto o servicio en internet.

Ante este panorama de metamorfosis de las organizaciones empresariales, decidí escribir este libro para ayudarlas a entender mejor el

1. http://blog.hbs.edu/faculty/amcafee/

concepto de la web 2.0, también conocida como web social, y determinar las implicaciones que pudiera tener en su modelo de negocio, en su visibilidad y posicionamiento en la red, en su futura estrategia de marketing y comunicación, así como en su política de organización y recursos humanos.

2.3 Estructura del libro

Durante los últimos años he ido anotando en un cuaderno de bitácora personal mis reflexiones derivadas de la lectura de centenares de artículos de opinión y estudios de mercado publicados en diversos medios de comunicación tradicionales y blogs sobre la evolución de la web 2.0. Entiendo que un empresario no pueda dedicar tanto tiempo a este proceso de captación y análisis de información publicada, pero sí puede leer este libro, que le ayudará a entender mejor las implicaciones de la web social en su empresa.

Con el fin de facilitar la lectura de los contenidos de la obra he decidido mantener la estructura de mi cuaderno de bitácora. En vez de tener que leer el libro de forma tradicional, de principio a fin, capítulo a capítulo, el lector podrá ir directamente al artículo sobre el concepto o la herramienta de comunicación digital que desea conocer. Para ello, este volumen está compuesto por alrededor de un centenar de artículos, ordenados en doce capítulos siguiendo una línea argumental, pero que pueden ser leídos de forma consecutiva o alternada. He intentado evitar el uso de tecnicismos innecesarios con el fin de explicar de forma sencilla las diferentes herramientas y sus posibles utilidades. Espero haberlo conseguido.

Algunos artículos han sido prepublicados intencionadamente en mi blog y en varias redes sociales con la intención de sondear la opinión de los lectores. A través del debate online generado entre ellos he logrado profundizar en los asuntos expuestos, actualizar datos y, en general, mejorar el enfoque de esta obra. Aprovecho la ocasión para agradecer la buena disposición de las personas que han colaborado con sus comentarios y destacar el excelente intercambio de conocimientos y opiniones que ha tenido lugar a través de la web social.

2.4 Hacia dónde vamos: tendencias digitales con visión 20/20

Las últimas páginas de este libro no constituyen las típicas conclusiones teóricas que resumen el contenido de los diferentes capítulos. Dado que iniciamos la segunda década del siglo XXI, he querido ser útil aportando doce tendencias digitales que creo que redefinirán el nuevo modelo empresarial en los próximos diez años.

Al igual que la *Revolución Industrial* transformó radicalmente la manera de producir, comercializar y promocionar cualquier tipo de producto o servicio en la sociedad, la *Revolución Digital* representa el principal desafío de las empresas e instituciones a la hora de innovar para redefinir sus nuevos modelos de negocio en el siglo XXI.

Haciendo un guiño al año 2020, final de la segunda década de este siglo, he definido el ejercicio como «visión 20/20» haciendo uso de la terminología que utilizan los oftalmólogos para medir la agudeza visual de una persona. Así, tener una visión 20/20 significa que una persona puede identificar una línea de letras de tamaño pequeño a una distancia de veinte pies (unos seis metros).

Reconozco que intentar predecir la evolución que tendrán las tecnologías sociales en la segunda década de este siglo es una tarea difícil por lo complicado que resulta vaticinar un futuro en un contexto de presente cambiante, pero sobre todo porque te expones a todo tipo de comentarios acerca de cuántas predicciones has acertado y en cuántas has fallado.

Sinceramente, creo que es un error leer estos análisis de previsiones y tendencias como meros ejercicios de futurología y medir su credibilidad a tenor del número de supuestos aciertos o fallos. En mis años de experiencia como economista he aprendido que estos ejercicios exigen llevar a cabo un riguroso análisis de tendencias y, sobre todo, tener criterio propio para ir descartando las que consideras que no aportan nada nuevo o que no lograrán asentarse en la sociedad.

Espero que la lectura de este libro anime a las empresas a reflexionar acerca de los beneficios derivados de la incorporación de las nuevas tecnologías sociales en sus organizaciones.

3
¿Qué es la web 2.0?

3.1 Esto no ha hecho más que empezar

Con la irrupción de internet en nuestras vidas la sociedad española ha cambiado radicalmente su manera de comunicarse con otras personas, sus hábitos de ocio, sus formas de conocerse y relacionarse. Gracias a las tecnologías derivadas de la segunda generación de internet, más conocida como web 2.0, el consumidor se ha convertido en el principal protagonista de la red.

A finales del año 1994 existían en España tan sólo 21.000 ordenadores de la red académica conectados oficialmente a internet, apenas doce ordenadores personales estaban conectados a la red y cerca de doscientas empresas españolas contaban con correo electrónico.[2] En apenas quince años, esta situación ha cambiado radicalmente. Hoy en día, internet está en todas partes. Los nuevos internautas se suben a la red seducidos por las posibilidades que ofrece la web 2.0. Según las últimas estadísticas aportadas por internet WordStats,[3] en todo el mundo se han superado ya los 2.000 millones de usuarios de internet, lo cual representa cerca del 30 por ciento de la población mundial. A estas estadísticas, España aporta casi treinta millones de internautas con un ritmo de crecimiento superior al 400 por ciento durante el período comprendido entre los años 2000 y 2010. España es uno de los países de Europa donde más han aumentado las conexiones a internet, con una media del 15 por ciento de incremento anual.[4]

2. http://www.unav.es/fcom/guia/docs/cibermedios_introduccion.pdf
3. http://www.internetworldstats.com/
4. http://www.akamai.com/stateoftheinternet/

Debido al rápido desarrollo de la red, las empresas están experimentando cambios en los hábitos y costumbres de los consumidores. La web social está modificando radicalmente el modo en que las compañías se comunican e interactúan con su público: clientes, proveedores, periodistas, miembros de la comunidad financiera o sindicatos.

En este contexto de transformación de los hábitos de acceso a la información, cada vez más internautas adoptan decisiones de compra de productos o servicios orientados o motivados por la información que encuentran en internet. Según la duodécima edición de la *Encuesta anual a usuarios de internet*,[5] la mayoría de los encuestados declara que utiliza la red para leer noticias de actualidad, subir fotos y vídeos, así como para descargarse música y películas. El 69 por ciento ha utilizado la red y alguna web social en los últimos treinta días para consultar opiniones de otras personas acerca de distintos productos y servicios. El 43,2 por ciento confía en la veracidad de la información consultada; más del 30 por ciento ha colgado algún comentario en la red, y las opiniones sobre algunos productos y servicios están bastante igualadas: el 22 por ciento comparte tanto lo positivo como lo negativo.

A través de las conversaciones que tienen lugar en blogs, wikis, redes sociales de intercambio de opiniones o enlaces, etc., los consumidores se recomiendan productos y servicios, critican los aspectos que no les gustan, establecen comparaciones sobre las ventajas de unos productos frente a otros, etc. Sin embargo, la mayoría de las empresas en España siguen ejecutando estrategias de comunicación y posicionamiento de marca sin tener en cuenta las ventajas que ofrecen la participación en blogs y wikis, la publicación de podcasts o vídeos en la red, las conversaciones en Twitter y la creación de espacios en redes sociales como Facebook, Entrelectores y LinkedIn, entre otras.

A nivel interno, los blogs, wikis y redes sociales están comportando que las empresas sean más productivas, más comunicativas y que sus procesos de decisión resulten más ágiles y transparentes. Las iniciativas de creación y difusión del conocimiento, como Wikipedia, han transformado tanto la estructura de la comunicación como la forma

5. http://download.aimc.es/aimc/03internet/macro2009.pdf

de transmitir el saber entre los ciudadanos. Atributos derivados de las nuevas tecnologías, como rapidez, colaboración y transparencia, afectarán a la toma de decisiones en las empresas. Las propuestas y decisiones pasarán de generarse exclusivamente entre quienes forman parte del equipo directivo a dar entrada a empleados, proveedores y hasta clientes en los procesos estratégicos de una compañía.

En los últimos años hemos advertido un cambio de actitud en las firmas al incorporar las herramientas 2.0 en sus estrategias de comunicación y marketing, así como en procesos de comercialización de productos y captación de talento. Cuando se publicó la primera edición de este libro en noviembre de 2008, varios estudios sectoriales señalaban el escaso uso de las nuevas tecnologías sociales por parte de las organizaciones. Por ejemplo, el estudio *Visibilidad del sector asegurador en la web 2.0* (BPMO, 2008) indicaba que ninguna entidad aseguradora ofrece a sus clientes actuales o potenciales algún tipo de canal de comunicación participativa (blog, chat, foro, etc.) en sus sitios web, mientras que el 55 por ciento de las entidades analizadas eran mencionadas en YouTube (comunidad de intercambio de vídeos) y el 45 por ciento de las mismas eran citadas en la red social Facebook.

Afortunadamente, en apenas un par de años nuevos estudios indican un fuerte crecimiento en el uso de las nuevas tecnologías en las estrategias de marketing. Según la *Encuesta anual a usuarios de internet*, ya mencionada, prácticamente tres cuartas partes de los internautas españoles (71,3 por ciento) confirman que las redes sociales no son una moda pasajera. Respecto a 2008 se evidencia un aumento de usuarios en las redes sociales de 20,5 puntos porcentuales; Facebook y Tuenti son las más populares (61,7 por ciento y 20,8 por ciento de entrevistados registrados, respectivamente).

No obstante, queda mucho camino por recorrer. Exceptuando las grandes entidades, existen muchas pequeñas y medianas empresas de diversas actividades económicas que aún no han incorporado las tecnologías 2.0 en la gestión diaria de sus procesos externos e internos. No debemos olvidar que el 90 por ciento del entramado empresarial europeo está compuesto por firmas pequeñas y medianas.

3.1.1 Tan sólo el 23 por ciento de las pymes tiene presencia en la web social

En mayo de 2010 Google y The Cocktail Analysis pusieron en marcha un estudio para conocer cuál es la situación de las pymes españolas con respecto a su desarrollo y presencia en internet, con el objetivo de averiguar las barreras y limitaciones por las que la presencia de las pequeñas y medianas empresas en la red es tan escasa.

El estudio se realizó entre más de 3.500 pymes (con y sin acceso a internet), de las cuales tan sólo el 23 por ciento tiene desarrollada presencia online de algún tipo (página web, perfil en redes sociales, blog), porcentaje que sube al 33 por ciento si añadimos las que tienen acceso a internet.

Destacamos las principales conclusiones del informe, dado que muestran una excelente radiografía de la situación actual de las empresas españolas en internet.

Perfil de las pymes que no tienen presencia online:

- Tienen un ámbito de actuación predominantemente local.
- Seis de cada diez pymes sin presencia en la red no se han planteado nunca la creación de una web de empresa.
- Entre las sociedades que no han planificado la creación de una web, la falta de necesidad subjetiva («no la necesito para informar de productos y/o servicios») aparece como el principal motivo.
- Se desconoce de forma generalizada el coste que supone el desarrollo de una web de empresa entre las pymes offline: el 71 por ciento dice que no lo conoce.

Perfil de las pymes que tienen presencia online :

- La permanencia de las pymes en internet se articula en torno a un sitio web (96 por ciento), mientras que dedican menor atención a estar en redes sociales (6 por ciento) o a la publicación de un blog (3 por ciento).
- El mix de medios/formatos utilizado por las empresas que están online abarca más medios/formatos que las utilizadas por las que

no se hallan en la red: utilizan una media de 3,1 medios frente a los 2,0 que usan las pymes offline.

- Los formatos de publicidad offline más empleados entre las pymes en internet son anuncios en revistas y periódicos y los directorios de empresas.
- El formato de publicidad online más utilizado por las compañías con presencia en internet son los directorios, seguido de los buscadores.[6]

Afortunadamente, a lo largo de estos años, hemos observado que las nuevas herramientas de comunicación social se van incorporando en otras actividades empresariales como, por ejemplo, el deporte, que no debemos olvidar que es una de las principales actividades económicas de nuestro país. Hoy en día, la presencia activa de equipos y jugadores de fútbol en la web social va siendo una realidad.

Tanto los clubes como los futbolistas son cada vez más conscientes del poder de la red, y quienes hace poco no tenían presencia en las redes sociales van desembarcando en ellas de forma paulatina. Los resultados del estudio *Fútbol 2.0*[7] (figura 1) indican que entre la primera oleada de este estudio (realizada en febrero de 2011) y la segunda (efectuada en abril del mismo año), el Athletic Club de Bilbao ha abierto perfiles en Facebook y Twitter. Por su parte, el jugador Fernando Llorente ha presentado su nueva web y su perfil en Facebook, mientras que el también jugador Leo Messi ha activado su cuenta en Facebook (que hasta entonces contaba con tres millones de seguidores, pero tenía actividad nula). Según la herramienta de medición Social Brand Value, que veremos con más detalle en el capítulo 11 de este libro, la rentabilidad económica de la presencia de los clubes de fútbol en las redes sociales es muy importante. Esta herramienta señala que el valor publicitario de la marca Real Madrid en Facebook se estimaría en más de treinta millones de euros, frente a los trece millones del

6. http://www.tcanalysis.com/2011/03/09/un-33-de-las-pymes-con-acceso-a-internet-tiene-algun-tipo-de-presencia-online/
7. http://www.dosdoce.com/articulo/estudios/3653/futbol-2-0/

Figura 1. Resultados del estudio *Fútbol 2.0.*

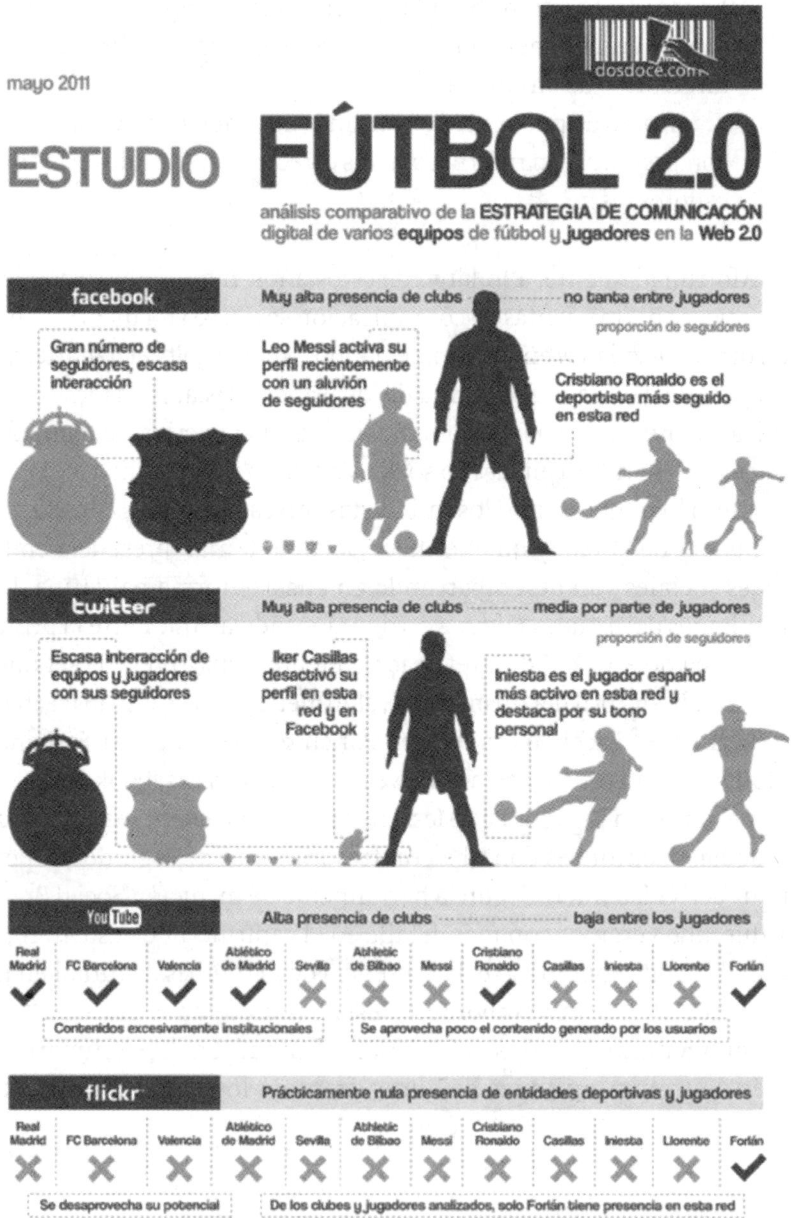

FC Barcelona. El tercer puesto lo ocuparía el Valencia con 262.000 euros, seguido por el Sevilla con 192.000.

No obstante, si analizamos con detalle la existencia de los clubes en las diferentes redes sociales, podemos señalar una escasa interacción y complementariedad entre las distintas presencias en la web social. Los asuntos que se vuelcan en la mayoría de los muros de los perfiles de los clubes analizados pecan de corporativismo, tanto por el carácter como por el contenido. No se trata de estar porque sí, sino de indicar objetivos claros (y medibles), que serán los que sirvan al club para marcar el enfoque, las herramientas que se deben utilizar y el tono de las acciones que hay que realizar en la web 2.0.

Todas las sociedades, independientemente de su dimensión y actividad empresarial, deberían tener muy presente que sus clientes, actuales y potenciales, comentan a diario, más de lo que sospechan, sus experiencias con diversas marcas en internet. La web social se ha convertido en un excelente canal para que los consumidores expresen y compartan públicamente sus opiniones acerca de sus productos y servicios, lo cual influye en la reputación corporativa de las empresas.

Afortunadamente, en los últimos tres años varias empresas españolas han lanzado proyectos muy innovadores que están prestando una mayor atención a las nuevas tecnologías sociales. Grandes organizaciones –por ejemplo, Iberia, Telefónica y BBVA–, cadenas hoteleras –el Grupo Barceló y Sol Meliá–, grupos editoriales –Planeta y Santillana–, fundaciones –Tàpies y Germán Sánchez Ruipérez–, museos –el Guggenheim de Bilbao y el Picasso de Barcelona–, medios de comunicación –*El País*, *El Mundo* y *ABC*–, entre otras entidades, han incorporado a su estrategia empresarial varias herramientas 2.0 para conversar directamente con sus clientes y escuchar lo que éstos dicen sobre sus productos y servicios.

Nos esperan unos años apasionantes en torno a la evolución de internet, en los que veremos a corto plazo unos crecimientos espectaculares en el uso de las nuevas tecnologías. El volumen de datos transportados online en España se ha multiplicado por 34 en los últimos seis años debido al auge de la televisión basada en el protocolo de internet (IPTV), la descarga diaria de miles de vídeos y archivos de música y la alta participación de los españoles en las redes sociales. Si las empresas quieren aprovechar el potencial de crecimiento que la red ofrece para sus negocios, más vale que empiecen a familiarizarse con las particularidades de las nuevas tecnologías sociales.

3.2 ¿Web 1.0, 2.0, 3.0...? ¡Y qué más da!

Las fases evolutivas de la web –conocidas como web 1.0, web 2.0 y algunos hasta ya hablan de la web 3.0– son sólo un mero reflejo de las fases del ciclo de vida de cualquier producto informático. En este sector, antes del lanzamiento comercial de cualquier artículo se difunde una «versión beta» del mismo para verificar su fiabilidad y comportamiento en el mercado. Esta versión de prueba suele compartirse con clientes cercanos a la empresa con el fin de advertir anomalías, averiguar la recepción del producto, las expectativas que genera, etc. Una vez corregidos todos los fallos descubiertos, la compañía lanza al mercado la «versión 1.0». Si el producto tiene éxito, entonces la firma comercializa al cabo de un tiempo la «versión 2.0», en la que incorpora nuevas funcionalidades y mejoras. Así, sucesivamente, la empresa difunde diferentes versiones del artículo –versión 3.0, 4.0, etc.– hasta que considera que el ciclo del producto ha llegado a su fin y es sustituido por otro.

Simplificando la historia de la web –en 2009 la red cumplió cuarenta años–, podemos decir que la fase web 1.0 termina con la explosión de la conocida burbuja «puntocom» en el año 2000 y que en estos momentos nos encontramos en la versión 2.0, concepto acuñado por Tim O'Reilly en 2001. En mi opinión, la etiqueta «web 2.0» representa una web más colaborativa que permite a sus usuarios acceder y participar en la creación de un conocimiento ilimitado, y como consecuencia de esta interacción se generan nuevas oportunidades de negocio para las empresas. Algunas personas hablan ya de una supuesta versión 3.0, que supondrá disfrutar de una web más semántica, pero en mi opinión esta segunda fase seguirá desarrollándose al menos durante los próximos diez años.

Durante la décima edición del Internet Global Congress, que tuvo lugar en Barcelona, tuvimos la ocasión de escuchar a Steve Bratt, consejero delegado de W3C –consorcio internacional que gestiona los estándares web–, quien resumió la evolución de internet de la siguiente forma: «La primera fase de la web permitió conectar máquinas y documentos entre sí. Una vez concluida esta etapa pasamos a la segunda fase, en la que nos encontramos ahora, que nos permite generar y compartir contenido propio en la web». Por último, Steve señaló que evolucionaremos hacia una tercera fase, conocida también como la «web semántica», en la que todos los datos publicados en la web estarán interconectados. La web semántica nos permitirá aportar más información a los contenidos difundidos por los usuarios, ya sean textos, imágenes, sonidos o vídeos, a través de etiquetas y metadatos. Al aportar más información complementaria, el contenido expuesto en la web podrá ser indexado con mayor facilidad por las máquinas y los buscadores y, por tanto, los usuarios serán capaces de encontrarlo y reutilizarlo con mayor productividad.

En definitiva, y para ser prácticos, el debate y la reflexión no deberían centrarse en si estamos o no en la fase web 1.0, 2.0 o 3.0; lo importante para las empresas es analizar los cambios que están surgiendo y las implicaciones que tendrán en los hábitos de compra y consumo de sus clientes. Las firmas deben tener en cuenta que los consumidores no se hacen este tipo de preguntas ni reflexiones, sino que más bien están asumiendo con toda naturalidad estas nuevas herramientas de comunicación en sus procesos de consulta, comparación y compra de productos y servicios.

3.3 Mitos y realidades de la web 2.0

Con el fin de ayudar a las empresas a analizar los cambios que están surgiendo, voy a reflexionar sobre varios mitos que se vienen comentando últimamente en diversos medios y redes sociales acerca del verdadero impacto de la web 2.0 en el mundo empresarial.

Mito #1. La web 2.0 no es más que puro marketing

Sin lugar a dudas, existe mucho marketing alrededor de la web 2.0. En los últimos años se han organizado centenares de conferencias y congresos sobre este fenómeno y se han publicado miles de artículos de opinión y estudios en medios tradicionales y digitales, pero cada vez es más visible el impacto que internet está teniendo en múltiples actividades económicas y modelos de negocio.

Internet, que puede describirse como un «tsunami creativo», transformará tarde o temprano todas las actividades económicas al igual que lo ha hecho ya en otros sectores; por ejemplo, en la compra de música y películas, la adquisición de billetes de avión y las reservas de hotel.

Un reciente estudio de McKinsey Quarterly señala que las empresas que más recurren al universo web 2.0 obtienen una mayor difusión de sus productos y servicios, así como una mejora en la recepción del mensaje, el 10 por ciento de reducción en costes operativos y mayor rapidez para contactar con expertos externos y usuarios. Según la encuesta, realizada entre 1.700 ejecutivos de diferentes sectores y en todo el mundo, la web 2.0 suscita gran interés en el 69 por ciento de los encuestados, pues sus compañías obtuvieron claras ventajas operativas y económicas: más innovación en productos o servicios, más efectividad en su política de marketing, menores costes y mayores ingresos. Además, la mayoría de los consultados afirman que seguirán invirtiendo en estas herramientas.

Los ejecutivos consultados destacan que la interactividad de la web 2.0 permite establecer más contactos personales diarios con un menor coste, aumenta el conocimiento en las empresas, amplía sus perspectivas, consolida sus relaciones y su comunicación con clientes, proveedores, socios, etc. Estos beneficios son medibles. La mayor interacción entre clientes y compañías mejora la percepción que los consumidores tienen de los productos y servicios y contribuye a que éstos se mejoren con las sugerencias de los usuarios, lo cual incrementa las ventas. Los consultados afirman que sus sociedades mantienen contactos 2.0 con el 35 por ciento de clientes y con el 48 por ciento de proveedores, socios y expertos externos, hecho que ha permitido que sean compañías más flexibles, innovadoras y competitivas. Aunque muchas firmas ya experimentan con la web 2.0 y lo seguirán haciendo con la web 3.0, el estudio señala también que aún estamos lejos de que esta utilización se generalice en el mundo empresarial.

Estos resultados no me sorprenden. Pocas empresas tienen claro hoy en día cuáles son las tecnologías que perdurarán, cuáles son puro marketing, etc. Frente a este panorama, algunos directivos deciden no tomar ninguna decisión a la espera de una mayor claridad. Es cierto que existe una gran incertidumbre ante el reto de internet, pero no nos podemos permitir el lujo de frenar la innovación a la espera de que se despejen todas las incógnitas. Aunque éstas inquieten a muchos gestores, no deben olvidar que parte de sus responsabilidades supone evaluar los riesgos y las oportunidades que ofrece el mercado.

Mito #2. Escaso número de blogs corporativos

Pese a la publicación de miles de artículos sobre los blogs como herramienta de comunicación corporativa, varios estudios indican que todavía son pocas las empresas españolas pertenecientes al IBEX 35 –o con facturación similar– que han creado blogs para entablar conversaciones con sus clientes.

Desde mi punto de vista se comete un error al analizar la penetración de los blogs corporativos bajo la óptica de las grandes sociedades, dado que nos olvidamos, tal como he señalado, de que el 90 por ciento de la estructura empresarial de España está formada por pequeñas y medianas empresas; por lo tanto, no debe extrañarnos que la mayoría de los blogs corporativos creados en España pertenezcan a este tipo de entidades. Varias fuentes indican que existen cerca de cinco millones de bitácoras en español en la red, muchas de ellas creadas por pymes o autónomos. Los blogs permiten a las pequeñas y medianas empresas la creación de un canal de comunicación directo con sus clientes cuyo coste es muy bajo, y obtener un alto índice de visibilidad en la red sin acometer las inversiones de las grandes compañías.

Mito #3. Escasos usuarios activos en la red

Tal como señalaba en el estudio *Comunicación empresarial 2.0* (BPMO 2007), en España existen muy pocos usuarios activos de las nuevas tecnologías sociales y, por lo tanto, la famosa web 2.0 no es tan colaborativa ni participativa como se describe en la mayoría de artículos y conferencias sobre el asunto. Jacob Nielsen, una de las autoridades más respetadas en el ámbito mundial sobre uso de la web, señala que tan sólo el 1 por ciento de los internautas son creadores originales de contenidos en ella, mientras que el 90 por ciento son lectores y consumidores pasivos de los mismos. El 9 por ciento restante pertenece a una interesante categoría de personas que asume la función de «altavoz» divulgando en sus redes sociales los contenidos publicados en internet que consideran más interesantes y originales. Por ejemplo, en España, sólo el 50 por ciento de los casi quince millones de usuarios de Facebook son activos, los restantes son «bellas durmientes». En este contexto, uno de los principales retos de las empresas e instituciones españolas es crear un mayor número de usuarios activos en la red.

Mito #4. Escaso número de comentarios en la red

El escaso número de usuarios activos comporta que, supuestamente, también existan pocos comentarios en los blogs y las redes sociales. Todo se concentra alrededor de un par de centenares de blogueros, que son quienes generan verdaderamente opinión en la web.

Recientes datos avalan estas teorías:

- Según el buscador Technorati, el 20 por ciento de los blogs existentes se encuentran inactivos; es decir, no han registrado ninguna entrada en los últimos tres meses.
- De acuerdo con los datos del Segundo Observatorio de redes Sociales, realizado por la agencia The Cocktail Analysis, el número de usuarios de redes sociales casi se ha duplicado en un año (del 45 al 81 por ciento de 2009). No obstante, el mismo informe señala que el 45 por ciento de las cuentas abiertas en esas redes no se actualizan.
- Datos de RJMetrics, de febrero de 2010, indican que el 40 por ciento de los 75 millones de usuarios de Twitter no emiten mensajes en la plataforma, únicamente siguen los comentarios de otros, mientras, sólo quince millones (el 20 por ciento) publica contenidos de forma regular. Este análisis refleja que el 80 por ciento de los usuarios ha efectuado menos de diez entradas, el 17 por ciento de los perfiles analizados no tuvo ninguna entrada en diciembre de 2009 y el 40 por ciento no volvió a esa red tras crear su cuenta.

Según el estudio *Los blogs corporativos: una opción, no una obligación* (PWC & IESE), la media mensual de comentarios publicados en los principales blogs corporativos no supera el centenar. Algunas personas consideran que este dato demuestra el bajo nivel de participación en la red. Desde mi punto de vista, las conversaciones sobre los productos y servicios de una empresa pueden tener lugar en su blog corporativo, pero seguramente existen más comentarios y conversaciones paralelas acerca de esa compañía en otros blogs y en las redes sociales.

Mito #5. El valor del anonimato

Muchos directivos señalan que el anonimato y la baja calidad de muchos comentarios publicados en la web social les lleva a recelar a la hora de incorporar estas herramientas en sus estrategias de comunicación y marketing. No hay duda de que el anonimato es una de las características más extendidas y negativas de la web 2.0, pero los directivos deben entender que el propio usuario de la red es consciente de que no todas las opiniones cuentan lo mismo. No es igual para un *nativo digital* leer una recomendación sobre un producto publicada de forma anónima que un comentario negativo o positivo firmado y además enlazado al blog del autor del mismo. Por ello, creo que es presuntuoso que las empresas entiendan que los usuarios son incapaces de diferenciar el valor entre comentarios anónimos y opiniones firmadas. Cada comentario obtiene su respectivo grado de credibilidad según quién lo haga, si viene firmado, si enlaza con alguna fuente, si está actualizado, etc.

Mito #6. Inteligencia colectiva; la escasa calidad de los comentarios

El hecho de que cualquier persona pueda aportar información, datos, vídeos o imágenes gracias a la facilidad de las nuevas tecnologías sociales web 2.0, genera un amplio rechazo en algunos sectores de la sociedad, causado por el supuesto escaso criterio que tiene la ciudadanía para contribuir en cualquier proceso de intercambio de conocimiento. Es cierto que muchos artículos publicados en blogs, wikis y redes sociales contienen imprecisiones, datos erróneos o erratas, pero no debemos olvidar que también se publican cada año miles de libros, periódicos, revistas e incluso enciclopedias con mucha ideología entre líneas, multitud de imprecisiones en datos y abundantes erratas. Dentro de la web social hay personas que gozan de mayor credibilidad que otras debido a su reputación digital, trayectoria de contribución en la red, coherencia en la argumentación, etc.

Mito #7. Democratización de las empresas

Uno de los mitos más extendidos sobre la web 2.0 es la supuesta democratización de las empresas debido a la incorporación de las nuevas tecnologías en sus procesos de gestión y toma de decisión. Aunque las nuevas tecnologías sociales fomenten que las firmas sean más ágiles y transparentes, siento ser pesimista adelantando que la tradicional organización piramidal de la mayoría de las entidades españolas no va a desaparecer. Debemos asumir que todas las compañías, ya sean pymes o grandes multinacionales, tienen una visión muy egocentrista de su actividad económica. No obstante, la irrupción de las herramientas web 2.0 en los procesos de gestión de las sociedades generará una nueva relación de habilidades no valoradas antes por sus directivos, como el intercambio de conocimientos entre empleados, compartir la autoría en la creación de ideas, dialogar y argumentar diferentes puntos de vista, etc. En Estados Unidos, varias empresas –Microsoft, Dell, Deloitte, IBM, Bestbuy, entre otras– han creado redes sociales internas para fomentar el trabajo en equipo, la gestión del conocimiento y la toma colegiada de decisiones. ¿Cuántas firmas españolas fomentan realmente el diálogo y la toma de decisiones entre sus empleados, con independencia de su jerarquía laboral? Hoy por hoy, estos valores no son tenidos en cuenta en la mayoría de las organizaciones piramidales, en las que las decisiones se toman desde arriba sin consultar a los de abajo. Los directivos que aspiren a emprender una nueva forma de hacer empresa deberán asumir estos nuevos valores.

Mito #8. Mayor atención al cliente

La gestión de las percepciones de los clientes se ha convertido en una de las áreas clave para muchas empresas. Estas entidades reconocen que los comentarios de quienes adquieren sus productos publicados en la web social se han convertido en una de las principales fuentes de referencia para los potenciales nuevos compradores. El grado de influencia y credibilidad entre clientes actuales y potenciales es altísimo en la web social. Varios estudios indican que alrededor del 3 por ciento de las firmas ha tenido en cuenta los comentarios negativos publicados en un blog cuando han decidido modificar un determinado producto o servicio. Si la mayoría de los departamentos de atención al cliente sitúan el nivel de quejas en el 1 por ciento del total de clientes de una compañía (Barlow & Stewart, 2005), me parece que el 3 por ciento de respuesta derivado de la blogosfera (Goodman, 2006) es bastante admirable teniendo en cuenta que se trata de un medio de comunicación de reciente creación. ¿Cuántas empresas españolas están dispuestas realmente a llevar a cabo un diálogo abierto y fluido con sus clientes sobre sus productos y servicios? La mayoría de ellas entienden las interacciones con aquéllos como una obligación, no como una oportunidad de crear una relación entre iguales.

3.4 ¿La web 2.0 nos hace más estúpidos?

Las nuevas tecnologías 2.0 no nos hacen por sí mismas ni más inteligentes ni más estúpidos, pero un uso indebido de ellas puede convertirnos en más ignorantes. Creo que es muy necesario incorporar un pensamiento más crítico en el debate sobre la incorporación de las nuevas tecnologías en todos los ámbitos de nuestras vidas (personal, educativo y profesional), dado que estamos en pleno proceso de definición de la sociedad digital del siglo XXI.

Ya sabemos todos los defectos que tiene nuestro sistema educativo y cultural: los bajos niveles de lectura existentes en nuestro país, la limitada red de bibliotecas escolares, los obsoletos procesos de aprendizaje de nuestras escuelas, la abrumadora desaparición de librerías y quioscos de prensa y revistas de nuestros barrios, el supuesto escaso interés de las nuevas generaciones por todo lo relacionado con la lectura... y así un largo sinfín de quejas con más o menos fundamento que reflejan el precario estado actual de nuestra sociedad. Por muy deficiente que nuestro sistema cultural y educativo sea para muchos, debemos garantizar que la futura sociedad digital que estamos construyendo hoy en día sea mejor que la analógica.

Tras llevar cerca de doce años analizando el impacto de las nuevas tecnologías en las empresas y en la sociedad, estoy llegando a la triste conclusión de que en varios aspectos en lugar de progresar estamos retrocediendo. Si observamos con un espíritu crítico el impacto que está teniendo la irrupción de las tecnologías sociales en los hábitos de lectura y escritura de los ciudadanos, en la forma en que acceden a la información en internet y en cómo gestionan el conocimiento, podemos llegar a la conclusión de que la sociedad que estamos construyendo no sólo no mejora las deficiencias del anterior mundo analógico, sino que en algunos aspectos la empeora.

En la primera década de este nuevo siglo creo que hemos vivido un exceso de entusiasmo en relación con las bondades derivadas de la incorporación de las tecnologías de la información (TIC) en la sociedad sin analizar detenidamente las contraprestaciones que pagaremos a medio o largo plazo. Entre estas contrapartidas debemos señalar la escasa creación de contenidos originales por parte de los usuarios de la red (tan sólo el 5 por ciento de los internautas crea contenidos originales), los riesgos sociales que implica la posición dominante de un solo buscador como puerta global de acceso a la información, la escasa diversidad de fuentes de información divergentes, la interesada escuela de la gratuidad, el nulo respeto por los derechos de propiedad intelectual en internet, la gradual desaparición de derechos adquiridos como ciudadanos y consumidores en la era analógica y que no se traspasan a la era digital por motivos económicos (más información sobre este asunto en el último capítulo del libro), la cuestionable vinculación entre el aumento del uso de las TIC en el aula y un mayor rendimiento académico, etc.

3.4.1 Desmontando la teoría de la multitarea

Varios neurólogos de reconocido prestigio como Maryanne Wolf y Gary Small, entre otros, han demostrado en sus estudios que el cerebro humano está sufriendo un gran impacto debido a la agresión diaria que conlleva el uso de las nuevas tecnologías. Estos expertos aseguran que nuestro cerebro no está aún capacitado para asumir el ritmo constante y la intensidad de estímulos cerebrales que comporta el consumo de cualquier tipo de contenidos culturales a través de los diferentes tipos de pantallas.

Hace varias décadas, el cerebro humano recibió una agresión similar con la aparición de la televisión, pero la intensidad de utilización no es comparable. Así como distintos estudios señalan que los ciudadanos pasan hasta tres y cuatro horas diarias mirando la televisión, el consumo de tecnologías sociales (acceso a buscadores, lectura de blogs, seguimiento de Twitter, actualización del muro de Facebook, etc.) se eleva a cerca de ocho horas en muchos segmentos de la sociedad, dado que se utiliza tanto para fines personales como profesionales. La mayoría de los neurólogos afirma que el cerebro tardará al menos un par de generaciones en adaptarse plenamente a este nuevo medio.

El uso indebido y la aplicación errónea de las nuevas tecnologías sociales en los procesos de aprendizaje y acceso a la información están destruyendo habilidades cognitivas de gran valor para la construcción del pensamiento propio, como la concentración, la profundización en textos y la asimilación de datos. Los expertos mencionados señalan que la realización de varias tareas de forma simultánea, uno de los supuestos principales atributos de las nuevas generaciones de nativos digitales, es perjudicial dado que limita su capacidad de atención y concentración en los contenidos que están consumiendo en pantalla.

3.4.2 Analfabetos digitales

Al igual que no era cierto ese dicho de nuestras generaciones que refería que nacíamos con un pan bajo el brazo, tampoco es cierto que los nativos digitales nazcan con un ADN digital. Sin lugar a dudas, las nuevas generaciones se sienten muy cómodas con el uso de las herramientas 2.0, pero la mayoría de los sujetos son absolutos analfabetos digitales dado que desconocen los intereses comerciales, ideológicos y sociales que hay detrás de cada una de estas herramientas. Todas las tecnologías tienen sesgo, incluida el papel, que se nos olvida que no es más que una tecnología porque lleva más de quinientos años entre nosotros. Los inmigrantes digitales debemos enseñar a los nativos a descifrar los códigos e intereses que hay detrás de cada texto, vídeo o cada imagen publicada en internet.

La mayoría de los nativos digitales son meros «espectadores» de la web 2.0, ya que asumen una actitud totalmente pasiva en internet, similar a la postura que tenían los usuarios analógicos ante los medios de comunicación tradicionales (prensa, radio y televisión). Muchos se empeñan en pronosticar que todo cambiará, pero como vemos, la mayor parte de los usuarios de internet traslada los mismos vicios, actitudes y comportamientos a los nuevos medios digitales... Una pena.

Supuestamente, las nuevas tecnologías sociales nos permiten crear y desarrollar un nuevo modelo de intercambio cultural a través de la participación en redes sociales con personas de nuestro entorno que tienen las mismas afinidades culturales y con otras que conoceremos a través de la red. Pero desgraciadamente el nivel y calidad de los contenidos culturales generados por la mayoría de los usuarios en la web social deja, hoy por hoy, mucho que desear.

Si analizamos detenidamente los contenidos publicados en blogs, páginas web o perfiles en Twitter, encontraremos que son principalmente interpretaciones de contenidos elaborados con anterioridad por medios de comunicación tradicionales (prensa, radio y televisión) y, desgraciadamente, en muchas ocasiones sin sus respectivas fuentes y créditos. Aunque nos cueste aceptarlo, buena parte de los supuestos creadores de la nueva sociedad digital no publican contenidos originales, sino que son tan sólo meros interpretadores y altavoces de los contenidos generados por otras personas.

No sólo son pocos quienes aportan contenidos culturales originales, sino que debemos cuestionar la calidad de éstos. No cabe duda de que estas nuevas vías de comunicación son realmente enriquecedoras para toda la sociedad; sin embargo, no es oro todo lo que reluce en internet. Una proliferación de nuevas fuentes informativas no equivale necesariamente a un incremento de la excelencia de la información ni de la bondad de la recepción de la misma.

Muchos de estos nuevos blogs, foros y redes sociales carecen del rigor necesario para convertirse en una referencia informativa. Una amplia oferta de contenidos generados por los usuarios no significa que vayan a tener una mayor calidad. No debemos conformarnos con el hecho de tener más personas intercambiando todo tipo de contenidos en la red; como miembros de la nueva sociedad digital es preciso que aspiremos a contar con un mayor número de usuarios de internet que aporten creaciones originales y más pensamiento crítico. Esta reproducción masiva que tiene lugar en los nuevos medios digitales supone también una mayor dificultad para jerarquizar, seleccionar y establecer criterios diferenciadores. La multiplicidad de fuentes informativas obstaculiza al ciudadano la capacidad de gestionarlas coherentemente.

Como «evangelista» [bloguero que recomienda una empresa o una marca sin estar necesariamente vinculado a ella] empedernido de la web 2.0, esta proclamación por un pensamiento más crítico sobre el impacto de internet no significa que reste importancia y valor a los beneficios derivados de la incorporación de las TIC en las aulas ni a las posibilidades que brindan las nuevas formas de acceso a la información, tan sólo aspiro a abrir un debate para reflexionar respecto a si el futuro que estamos creando es mejor que el precario presente.

Que quede claro, no hay marcha atrás: el futuro es digital. Los usuarios de internet deben entender que lo verdaderamente importante de este debate es el modelo de sociedad que queremos construir. Cómo y a qué precio (sí, sí, precio: nada es gratis) incorporemos la tecnología en nuestras vidas determinará si somos capaces de crear una sociedad digital culta y multialfabetizada en vez de una sociedad ignorante.

3.5 Perfil del usuario 2.0. ¿Por qué la gente participa en la web social?

Muchos directivos se preguntarán por qué la gente dedica tanto tiempo, y de forma gratuita, a participar en la web 2.0 –editando artículos en Wikipedia, aportando comentarios en blogs, compartiendo enlaces en Delicious o subiendo noticias a Menéame, entre otros–. Sin duda, es un tema de gran interés para los sociólogos y el día de mañana será estudiado detalladamente por historiadores que analicen esta época. Aunque no tengamos todas las claves, es importante que las empresas hagan un esfuerzo por entender por qué sus clientes dedican tanto tiempo a compartir su actividad cotidiana en la red, qué les aporta esta participación, qué escalas de privacidad están dispuestos a asumir, cuáles son los asuntos que les interesa compartir, etc. Como no entiendan los verdaderos motivos por los que sus clientes forman parte de la web social, es posible que las compañías cometan un grave error en el enfoque de su estrategia empresarial en la red. Tras reflexionar sobre esta cuestión –también como usuario activo de la web social–, he llegado a varias conclusiones que me gustaría compartir con los lectores.

Desde el principio de la humanidad la gente ha querido compartir con sus seres más queridos sus experiencias, sentimientos y deseos. Hasta la llegada de internet a nuestras vidas compartíamos esta información de forma oral, por escrito, a través de cuadros o fotografías, entre otros soportes. No hay duda de que las nuevas tecnologías sociales nos permiten atender esta necesidad de comunicarnos a diario con nuestros semejantes de forma más rápida y, a la vez, dimensionada. Una vez cumplida esta necesidad básica de comunicación entre individuos, muchos usuarios de 2.0 buscan crear nuevas relaciones, personales y profesionales, a través de la web social. Nunca ha sido tan fácil buscar y encontrar a alguien con las mismas aficiones e intereses. Antiguas barreras como la distancia geográfica, el coste de los desplazamientos o la timidez para comunicarse en persona son amablemente abolidas por estas tecnologías.

La posibilidad de establecer nuevas relaciones profesionales a través de blogs, wikis o redes sociales es una de las principales razones por las que mucha gente dedica un gran número de horas a la web social. Durante el proceso de documentación para escribir este libro he tenido la oportunidad de conocer y conversar con decenas de blogueros, wikipedistas y miembros de redes sociales dispuestos a compartir sus opiniones y experiencias sobre el impacto de la web social en la estrategia empresarial. Aprovecho la ocasión para agradecerles su amabilidad y disposición, así como para destacar el excelente intercambio de conocimientos y opiniones que ha tenido lugar a través de la red.

También hay personas que colaboran con la web social para conseguir dinero y ganarse la vida de alguna forma. Existen blogueros que obtienen muchos ingresos derivados de la publicidad contextual. Otros, publicando contenidos publicitarios en sus blogs o perfiles de las redes sociales, los antiguos publirreportajes ahora en versión virtual. Wikipedia solicita a sus usuarios donaciones para pagar sus servidores. Otros cobran de las empresas para que hablen de sus productos y servicios, mientras que algunos son pagados por no hablar de la competencia... Ciertas personas critican estas prácticas en la web social. Como usuario activo creo que no hay nada malo en ello, siempre y cuando los gestores de esos blogs o redes sociales dejen bien claros sus posibles conflictos de intereses, patrocinios, a quién representan, sus fuentes de información, etc. No todos lo hacen, pero tampoco lo llevan a cabo los medios de comunicación tradicionales y no por ello les exigimos la misma transparencia ni los juzgamos con la misma vara de medir.

Por último, existe un amplio grupo de personas que participan activamente en la web social con el objetivo de convertirse en punto de referencia de una determinada materia. Muchos de estos sujetos lo negarán en público, pero si son sinceros reconocerán que utilizan las nuevas tecnologías sociales no sólo para compartir sus conocimientos con el resto de la sociedad, sino que también esperan obtener un cierto reconocimiento social por su competencia en esa materia. Admito que me incluyo dentro de este grupo. Creo que no hay nada malo en ello, todo lo contrario; pienso que hasta es saludable. Algunos interpretarán este tipo de participación «interesada» como una forma de alimentar el ego. No voy a negar que hay algo de ello, pero después de casi cinco años de dedicación plena colaborando en la web social a través de la publicación de todo tipo de estudios y artículos de opinión bajo licencias Copyleft, creo sinceramente que buscamos más el intercambio de opiniones y experiencias que un reconocimiento social.

3.5.1 Algunos datos sobre la dimensión de la web social

Hace una década, los usuarios de la red apenas llegaban al 1 por ciento de la población española. A mediados de 2008 ya superábamos la mítica cifra de los veinte millones y todo parece indicar que a finales de 2011 superaremos los treinta millones de internautas en España.

Según los datos del informe *Audiencia de internet* de la Asociación para la Investigación de Medios de Comunicación (AIMC, octubre-noviembre de 2010), más de la mitad de ellos tienen entre catorce y cuarenta y cuatro años. La red sigue siendo un lugar donde predomina el sexo masculino, con el 55,2 por ciento de usuarios hombres frente al 44,8 por ciento de mujeres. El 46,5 por ciento pertenece a la clase media, mientras que el 20,1 por ciento a la denominada clase media alta y el 14,6 por ciento a la clase alta.[8] Creo que es muy necesario conocer el perfil y el comportamiento de estos usuarios para determinar cuál debería ser el enfoque de la presencia de una empresa en la web social.

En los últimos años, las herramientas de la web 2.0 (blogs, podcast, vídeos, microblogging, etc.) se han convertido en el principal canal de información y comunicación entre muchos ciudadanos. A través de estas nuevas herramientas de comunicación, los usuarios de la web social pueden:

- Crearse un blog propio o publicar comentarios en los existentes.
- Participar en chats, foros, grupos de noticias, etc.
- Crearse un perfil en una red social generalista o especializada.
- Subir y compartir noticias en webs de intercambio de noticias como Menéame.
- Calificar un producto o servicio en páginas de opinión agregada.
- Subir un vídeo a YouTube o Vimeo.
- Compartir fotos en redes como Flickr o Panoramio.
- Editar Google Maps con información sobre una empresa.
- Escribir mensajes cortos en Twitter, Google+ o en su muro de Facebook, etc.

Según la decimotercera edición de la *Encuesta anual a usuarios de internet*, que realiza la Asociación para la Investigación de los Medios

8. Datos de la Asociación para la Investigación de Medios de Comunicación (AIMC). En http://www.aimc.es/-Audiencia-de-internet-en-el-EGM-.html

de Comunicación (AIMC),[9] la mayoría de los encuestados declara utilizar la red para leer noticias de actualidad, subir fotos y vídeos, así como para descargarse música y películas. Destacamos a continuación algunas de las principales conclusiones de este estudio, que ayuda a conocer mejor el comportamiento de los usuarios en la web social:

- En los últimos dos años ha ascendido aún más el número de lectores de periódicos que eligen la versión electrónica, y se ha pasado del 22,9 al 32,1 por ciento. Desciende el porcentaje de los que sólo leen la prensa impresa, que pasa del 13,5 al 7,3 por ciento. Siguen siendo mayoría quienes leen ambas versiones (54,8 por ciento). Continúa aumentando la importancia de internet para informarse: el 69,5 por ciento (frente al 64,2 por ciento en 2009 y el 53,1 por ciento en 2008) la señalan como su principal fuente.
- Poco menos de dos tercios de los internautas españoles, el 60,3 por ciento, afirman que las redes sociales no son una moda pasajera y que diariamente se conectan a ellas. Las redes sociales han experimentado en los últimos dos años un aumento espectacular si comparamos los datos de este año con el 43,5 por ciento de hace un año y el 28,6 por ciento de 2008.
- Las relaciones de amistad se sitúan como el uso principal de este fenómeno, que se ha incrementado casi tres puntos desde 2009 (del 82,3 al 84,9 por ciento), seguido de compartir *hobbies* (33,3 por ciento) y las relaciones laborales, que muestran un notable aumento y pasan del 24,4 al 31,1 por ciento.
- El teléfono móvil mantiene su imparable ascenso, pues son ya la mitad de los internautas, concretamente el 49,7 por ciento, quienes se conectan a internet con este dispositivo. Las actividades más comunes que se realizan en la red a través del teléfono móvil son la navegación y el uso del correo electrónico (81,3 y 78,7 por ciento respectivamente). Otras actividades efectuadas por internet a través del móvil son el acceso a redes sociales

9. http://www.aimc.es/aimc.php

(mencionado por el 53,5 por ciento), la lectura de noticias de actualidad (47,8 por ciento), envío de mensajería instantánea (36,3 por ciento), consultas o transacciones bancarias (25,5 por ciento), colgar fotos en la red (23,7 por ciento) y subir vídeos (5,1 por ciento). La visualización de vídeos tipo YouTube ha aumentado diez puntos en tan sólo un año, al pasar del 26,3 al 37,1 por ciento.

- Los dispositivos móviles como el teléfono, la videoconsola portátil o los ordenadores tipo tablet son cada vez más utilizados como equipos para conectarse a la red, y su aceptación entre el público está creciendo considerablemente en los últimos tiempos. Mientras que hace tres años el acceso diario a internet con estos aparatos se situaba en el 7,7 por ciento, en 2010 llegaba al 20,8 por ciento y este año se duplica y alcanza el 44,1 por ciento.
- Al preguntar a los internautas por los contenidos protegidos por copyright (música, películas, software...), el modelo elegido por el 54 por ciento es el acceso gratuito sin cortes publicitarios, aunque baja más de siete puntos respecto al pasado año: el 33,2 por ciento justifica esta elección por existir ya un «canon por copia privada», mientras que el 20,8 por ciento cree que además se debería eliminar ese canon.
- Tras varios años de subida, se confirma la tendencia decreciente iniciada en 2007 del uso de las redes P2P: 45,8 por ciento (2006), 41,3 por ciento (2007), 36,2 por ciento (2008), 26,6 por ciento (2009) y 21,4 por ciento (2010). Este cambio tan marcado se debe a la alta penetración que ha alcanzado el fenómeno de escuchar música o ver películas / series directamente online (sin descargar): el 50,7 por ciento de los entrevistados afirma haber escuchado música en el último mes y el 34,6 por ciento reconoce haber visto alguna película o serie.

En definitiva, las herramientas web 2.0 permiten a los consumidores expresarse libremente sin intermediarios, lo cual las convierte en el medio adicional idóneo para obtener información y compartir opiniones sobre una empresa y sus productos. Estos nuevos medios actúan como fuente complementaria de las notas de prensa de las compañías y la información publicada en los medios tradicionales. Poco a poco, algunas firmas españolas van viendo cómo los nuevos canales digitales se están convirtiendo de forma imparable en uno de los principales sistemas de información de sus clientes frente a los medios tradicionales. Las sociedades deberían estar al tanto de las conversaciones que tienen lugar en los medios digitales, ya que les permitiría conocer de primera mano las experiencias, opiniones e impresiones que tienen los consumidores sobre sus productos y servicios.

4
Visibilidad de la empresa en la web social

Sorprendentemente, la mayoría de las empresas gestiona el proceso de rediseño de su sitio web corporativo como un simple trámite administrativo, cuando debería considerarse una de las decisiones estratégicas más importantes de la organización. Normalmente, se convoca en un concurso a tres o cuatro proveedores de diseño web, los responsables de marketing y/o informática facilitan un briefing sobre qué es lo que supuestamente la compañía busca, y al cabo de unas semanas los proveedores vuelven con sus propuestas y presupuestos. En la mayoría de los casos, la decisión se toma por el diseño (estética de la web, secciones de la misma, colores que se utilizarán, formatos, gráficos, etc.) y también, cómo no, por el presupuesto. Desde nuestro punto de vista, este enfoque es erróneo dado que la entidad no explotará al máximo su presencia en la red ni rentabilizará la inversión realizada en el proceso del rediseño.

4.1 Factores clave a la hora de diseñar el sitio web de una empresa

Antes de contactar con cualquier proveedor informático la compañía debería definir el enfoque estratégico de su nuevo sitio web, determinar los criterios clave y las funcionalidades que debe tener en cuenta, analizar las diferentes tecnologías existentes en el mercado, etc.

Por desconocimiento sobre el impacto que el uso de una determinada tecnología u otra tiene en su negocio en el momento de rediseñar el sitio web de una empresa, la mayoría de los directivos dedica poco tiempo a analizar qué tecnología utilizará el proveedor para diseñar la web. Por ejemplo, en los últimos años se han diseñado en España muchos sitios web con Flash, que es una excelente tecnología para diseñar vídeos pero que dificulta al usuario el acceso a los contenidos e impide a la sociedad rentabilizar la inversión realizada a través de un posicionamiento correcto del sitio web en internet. El cliente ve una maravillosa página web que se abre y se cierra con mucho movimiento, pero que no sirve para nada cuando hablamos de situación.

No es que el proveedor lo engañe. Las empresas premian más la estética de su web que la funcionalidad que debería aportar, y los proveedores tendrían que pensar en ofrecer a sus clientes tecnologías totalmente accesibles y explicarles los beneficios del uso y la indexación correcta de los contenidos. Si diseñan sus sitios web con JavaScript, Flash, Frames o Applets de Java, los buscadores tendrán mayor dificultad en indexar correctamente sus contenidos. No obstante, esta situación puede cambiar en el futuro dado que Google está investigando diferentes técnicas para mejorar la indexación de contenidos publicados en Flash. Esto no quiere decir que no deban usar estos lenguajes informáticos en ninguna parte de la web, pero conviene que tengan en cuenta el impacto negativo derivado de su utilización. En este sentido, el equipo directivo debe familiarizarse con las tecnologías más «amigables» para los buscadores, como HTML, CSS, AJAX, XML..., y conocer los criterios clave para exigir al diseñador que desarrolle una buena estructura de la web con el mayor número de metadatos dentro de la programación (descripción de los contenidos a través del título, utilización de palabras clave, inclusión de metadatos en el código de las imágenes...) de cada página del sitio web, además de tener en cuenta otros factores clave como la fluidez de uso y la navegación interna. Por otra parte, facilitar el acceso a los contenidos de un sitio web a través de diferentes soportes es uno de los grandes retos de las empresas; éstas deberán adaptar el diseño de sus páginas para permitir el acceso a sus contenidos empleando cualquier tipo de pantalla. Desgraciadamente, la mayoría de las webs corporativas en España siguen teniendo un enfoque de comunicación muy tradicional. Son simples mostradores estáticos de productos y servicios, en vez de lugares dinámicos y colaborativos que fomenten una conversación sobre sus contenidos entre los usuarios; no invitan a la participación de estos últimos ni incitan a la recomendación de sus productos o servicios en la red. Aunque estas webs informativas han funcionado mejor o peor hasta la fecha, las nuevas tecnologías sociales ofrecen a las compañías una amplia gama de funcionalidades que les permitirá fomentar una mayor vinculación con sus consumidores y crear comunidades de clientes «evangelistas» alrededor de sus productos y servicios.

4.1.1 Reflexión interna sobre enfoque y posicionamiento en la red

Antes de contactar con los proveedores existentes en el mercado para rediseñar su web, recomendamos a las empresas que reflexionen sobre cuál debería ser el enfoque y el posicionamiento de su entidad en internet. A continuación detallamos algunos de los asuntos acerca de los que tendrían que recapacitar y tomar decisiones antes de proceder al rediseño:

- ¿Cómo gestionará la reputación corporativa de su empresa en internet?
- ¿Permitirá que los clientes dialoguen entre ellos sobre los productos y servicios de su empresa en su web?
- ¿Cómo gestionará la crítica negativa acerca de sus productos y servicios?
- ¿Cuál es su política interna respecto a la participación de sus empleados en la web social (blogs, redes sociales, etc.)?
- ¿Qué medidas tomará para fomentar una mayor participación de los usuarios en su web?
- ¿Permitirá que los usuarios exporten sus contenidos a la web social?
- ¿Qué palabras clave definen a su empresa?
- ¿Cómo se diferencia de su competencia en la red?
- ¿Complementará la venta tradicional con un canal de comercialización a través de internet?
- ¿Qué tecnología es la más amigable para lograr un mejor posicionamiento en los buscadores?

Todas estas preguntas, y muchas más que giran alrededor del impacto de internet en la organización de cualquier empresa, deberían analizarse y responderse antes de iniciar el rediseño de su web. El enfoque y el nivel de inversión necesario para acometer este proceso estratégico vendrán determinados por las respuestas a este proceso previo de reflexión.

4.1.2 Recomendación: contenido fragmentado y distribuido

La denominada web 2.0 está generando una transformación histórica en los hábitos de navegación y en el comportamiento de los consumidores en la red. Desgraciadamente, las empresas españolas no aprovechan las posibilidades que les brindan las nuevas tecnologías sociales para situar mejor sus productos en internet y, consecuentemente, venderlos a un mayor número de clientes potenciales. Ante esta transformación del comportamiento del consumidor en la red, las compañías deberían rediseñar sus webs permitiendo a los usuarios que «exporten» con toda facilidad el contenido de las mismas, a través de widgets, gadgets y otras herramientas, con el fin de lograr una mayor visibilidad en internet. En definitiva, recomendamos el diseño de sitios web que sean fáciles de navegar y que fomenten la lectura de sus contenidos, pero, sobre todo, deben ser sitios participativos –el consumidor debe ser el centro del sitio web– y amigables para los buscadores.

Las firmas deberían convertir su sitio web en una plataforma de contenidos distribuidos, siguiendo el enfoque de los blogs, los wikis y las redes sociales. Los diseñadores se equivocan al crear sitios web corporativos que intentan convertirse en el destino único de la navegación del usuario. La redistribución de los contenidos de su web –la prensa escrita digital ya lo está haciendo– comportará que se incremente la visibilidad de sus productos y servicios en los buscadores, redes sociales, la blogosfera, etc.

Con el fin de aportar más ideas prácticas para los lectores de este libro, adjuntamos las principales conclusiones del estudio *The New Rules of web Design*, de Jeff Wisniewski, y del análisis comparativo sobre comportamiento de los usuarios en la web *Not quite the average. An empirical study of web use* publicadas en el blog *Bibliotecarios 2.0* de

Nieves Fernández.[10] Ambos documentos plantean las nuevas reglas del diseño, que van más allá de la inclusión de herramientas 2.0 en el sitio web. Resumimos a continuación algunas conclusiones extraídas por Nieves:

- La mayoría de las entidades caen demasiado a menudo en el error de poner en la web todo lo que hacen, sin discriminación, y dando a todo el contenido la misma prioridad, aunque los clientes no se la den. Sin embargo, si analizamos el comportamiento de éstos en nuestra web veremos que tan sólo hay un par de cosas o secciones que son consultadas habitualmente. Habrá que resaltar esos puntos que más interesan a nuestros usuarios y establecer muy claramente el punto de partida para llegar al resto de los contenidos y que el visitante de la web no se pierda. Nieves resalta que es muy importante que éste encuentre un sitio que satisfaga sus necesidades, ya que esa primera impresión (que, efectivamente, es muy superficial) marcará su retorno.
- La mítica regla del siete para mantener bajo control la cantidad de información que mostramos en la web ya no funciona; ahora, si tienes diez niveles de categorías, estará bien. Tampoco es útil la regla de los tres clics (cualquier información debe estar accesible en la página tras tres clics). Este número es irrelevante si el usuario sabe que está en el buen camino.
- Evitar el scroll es otro mito que desecha el autor, pues argumenta que estudios recientes señalan que el 76 por ciento de los usuarios usan el scroll aunque la página se esté viendo en su totalidad.
- El webmaster de hoy debe estar permanentemente al día de los cambios en las expectativas del usuario, buscando una web más interactiva, rica y personalizable, centrada en el cliente, actual o potencial, y en sus necesidades, tal como mandan los cánones de la web 2.0, pero al mismo tiempo debe dominar los fundamentos de un diseño web que ofrezca páginas de gran facilidad de uso e información bien organizada.

10. http://bibliotecarios2-0.blogspot.com/2008/06/pinceladas-de-usabilidad-de-la-web.html

- El estudio *Not quite the average. An empirical study of web use* confirma el abandono del empleo del botón *atrás* en el navegador, lo cual ratifica la creciente importancia de los sitios interactivos y el diseño orientado al servicio. Los usuarios no navegan por las páginas web buscando información, sino interactuando con las aplicaciones online para realizar determinadas tareas. El abandono del botón *atrás* responde a una mayor utilización de múltiples ventanas y pestañas en el navegador que se mantienen abiertas para volver a ellas más tarde y a que las páginas no vuelven a ser visitadas tan a menudo como antes.
- La lectura rápida de las páginas en forma de ojeo se practica habitualmente, incluso en el caso de las que tienen mucho contenido y múltiples enlaces. Otro resultado destacable es que aunque el usuario emplea el scroll sólo hace clic en los enlaces colocados en el cuadrante superior izquierdo de la página.
- El poco tiempo que los usuarios permanecen en las páginas se constata con los siguientes datos: en el 25 por ciento de los casos, estuvieron menos de cuatro segundos ojeando un documento; en el 52 por ciento, menos de diez segundos; en el 10 por ciento, unos dos minutos. La razón que se aporta es la tendencia de la gente al ojeo y escaneo. El número medio de palabras por página que leemos es de 551, pero incluso en las que tienen 430 palabras el visitante de la web sólo permanecía doce segundos antes de empezar una nueva acción de navegación en el siguiente enlace.

En definitiva, el enfoque del sitio web, su posicionamiento en internet y la tecnología que conviene utilizar en el diseño del mismo es una decisión estratégica que debe tomar el equipo directivo de la empresa, no el responsable informático o el diseñador gráfico. Como hemos analizado, la decisión no sólo conlleva la selección de un buen proveedor que nos haga un excelente diseño y a un precio competitivo; estamos hablando, principalmente, de determinar el enfoque estratégico más adecuado y seleccionar la tecnología idónea para consolidar la presencia de nuestra firma en la red.

4.1.3 Comentarios a este artículo en la web social

Tal como he mencionado en la introducción, algunos artículos que forman parte de este libro fueron prepublicados intencionadamente en varias comunidades o redes sociales con el fin de sondear la opinión de los lectores. Por ejemplo, este artículo se publicó en Inusual, una comunidad virtual compuesta por profesionales de la creatividad interactiva, y generó un amplio debate entre sus miembros. Dado que los comentarios fueron muy interesantes, reproducimos a continuación algunos de ellos:

Christian Saraco, director general de Allegro 234, realizó las siguientes manifestaciones: «De forma análoga se podría hablar del tratamiento que le dan a su experiencia de marca y a los esfuerzos serios por captar y retener talento (los que saben hacerlo) dentro de las organizaciones... La página web es una de las bases para la construcción de capital estructural, que agrega valor a partir de un diálogo que genera conocimiento. La experiencia de marca es la base para la construcción de capital relacional, y crea valor a partir de las capacidades para generar demanda en el tiempo y de forma sostenida. El saber hacer de los talentosos determina el capital humano y la forma en que éste es capaz de gestionar el negocio de la empresa...»

Jorge Arévalo, director de proyectos de Iberpíxel, contribuyó al debate aportando los siguientes comentarios: «Creo que, en general, el cliente suele tener una idea, según él, clara de lo que quiere, pero que raramente es la mejor solución. La mayoría de las veces quiere un escaparate de productos o servicios, una especie de páginas amarillas modernas. No es fácil encontrarse clientes que quieran hacer negocio en la red, que su *site* sea una pata más de su negocio. Por eso, lo que más les suele preocupar es si ponemos una foto aquí o si cambiamos el rojo por el verde, en vez de interesarse realmente por implementar su modelo de negocio en la red y sacarle rentabilidad. ¿La culpa? Del cliente, si no es capaz de saber dejarse aconsejar por el proveedor; y del proveedor, si no es capaz de hacer virar el planteamiento inicial... Claro que luego el proveedor tiene que cumplir ventas, y lo normal es tragar con ruedas de molino.»

Por su parte, Daniel Marisma, especialista en desarrollo web, argumenta que «casi» está totalmente de acuerdo con mi artículo, pero... «De hecho, nuestra empresa ha realizado básicamente páginas web en Flash en los últimos años. Ahora, creo que es el momento del cambio y ofrecer a los clientes una estrategia basada en web 2.0. Pero... creo que simplificas demasiado el asunto del Flash diciendo que sólo se utiliza para vídeo. Las páginas web sin Flash pierden mucho dinamismo y atractivo. Creo que lo mejor sería diseñar un híbrido con tecnologías web 2.0 para fomentar la participación del usuario y con la potencia visual que ofrece Flash, sobre todo en la presentación del producto. Además, no se puede ser tan categórico y, en algunos casos, ofrecer páginas web completamente en Flash también puede ser una buena alternativa, digamos, para presentación de portafolios profesionales, productos... Otro inconveniente es que, con todos los respetos, no todas las empresas pueden ofrecer una web participativa basada en web 2.0 ya que, debido al coste que supone su mantenimiento y dinamización, no se lo pueden plantear. Entonces, ¿cuál es su alternativa...?»

Estos comentarios demuestran que las conversaciones que tienen lugar en la web social pueden enriquecer las cuestiones expuestas, ayudar a profundizar en diferentes aspectos, así como señalar otros puntos de vista. Aprovecho la ocasión para agradecer el interés y la buena disposición de las personas que han colaborado con sus comentarios.

4.2 Criterios para mejorar el posicionamiento de la empresa en la web

En los últimos años, los buscadores (principalmente Google) se han convertido en el método universal para navegar por internet y encontrar, en mayor o menor medida, la información que estamos buscando, ya sea un determinado producto, una empresa, la ubicación de una tienda, etc. Según el último *Estudio sobre el comercio electrónico B2C. 2010*,[11] elaborado por el Equipo de Estudios del Observatorio Nacional

11. http://www.red.es/media/registrados/2010-11/1288789343549.pdf

de las Telecomunicaciones y de la Sociedad de la Información (ONTSI) y publicado por el plan Avanza del Ministerio de Industria, Turismo y Comercio, el 77,6 por ciento de los encuestados inicia el proceso de decisión de compra de un determinado producto a través de un buscador generalista, mientras que el 42,4 por ciento lo hace directamente en una plataforma de comercio electrónico o tienda.

Hablar de buscadores en España es hablar de Google. Más del 90 por ciento de los internautas españoles utiliza sólo Google para acceder a la información publicada en la web, y además hemos desarrollado la mala costumbre de consultar únicamente los diez primeros resultados. Varios estudios indican que la mayoría de los españoles sólo consulta los primeros diez resultados que nos ofrece Google. Rara vez una persona busca resultados en la segunda pantalla, y sólo cuando está muy desesperada por encontrar esa información pasa a las siguientes pantallas de resultados. Es decir, si un determinado producto o servicio no aparece entre esos diez primeros resultados básicamente no existe para los consumidores. Estos malos hábitos de búsqueda por parte de los usuarios generan una lucha feroz entre las empresas españolas, para las cuales lograr una mayor visibilidad en Google se está convirtiendo en una de sus máximas preocupaciones. Aparecer entre los diez primeros resultados es muy importante para ellas si quieren fomentar un mayor número de visitas a sus webs, ya que los buscadores pueden generar más del 50 por ciento de las mismas.

Debido a su posición dominante en el mercado español, todas las compañías están supeditadas a Google en mayor o menor medida. No es malo depender de este buscador, hasta se le puede considerar un excelente socio de marketing, pero ninguna firma permite que un solo proveedor tenga un impacto directo tan grande en su negocio. Por este motivo, lo primero que debe analizar una entidad es su grado de dependencia de Google; es decir, cuánto tráfico de visitas proviene de los resultados de búsqueda y cuánto genera la empresa directamente a través de sus actividades comerciales y de marketing. Conocer a fondo cómo funcionan los buscadores, nuestro grado de dependencia respecto a ellos y cómo lograr una mayor visibilidad en los mismos se ha convertido en un objetivo estratégico para muchas sociedades.

En línea con el capítulo anterior de este libro, una de las principales consecuencias negativas derivadas de un mal diseño web es que esa empresa no maximizará la visibilidad de sus contenidos en internet. A los buscadores (Google, Yahoo, Bing, etc.) no les gustan los sitios web con excesivo diseño; más bien prefieren páginas con estructuras sencillas, textos originales y contenidos claros. Los motores de búsqueda son bastante eficaces para detectar textos y enlaces entre sitios web, pero tienen serias dificultades descubriendo y archivando imágenes, logotipos, archivos sonoros y visuales, etc. Todo lo que no puedan «leer» correctamente no será indexado y archivado en sus bases de datos y, consecuentemente, su visibilidad en la red se verá reducida.

Muchos directivos están empezando a advertir que la visibilidad de productos y servicios en la red depende de cómo los buscadores ordenen y muestren sus contenidos. Las webs que les faciliten el proceso de indexación de éstos (a través de la publicación de metadatos, palabras clave, categorías, etc.) obtendrán un posicionamiento más alto que las que no proporcionen esta información. Al dotar a la página de más significado y, por lo tanto, de más semántica, la empresa obtendrá mejores resultados en los motores de búsqueda gracias a la utilización de un diseño mediante el cual sea posible leer e indexar la información de forma sencilla.

4.2.1 Cómo Google ordena el mundo

La mayoría de los internautas españoles descubre una nueva página web o un blog a través de Google; por lo tanto, conocer qué tiene en cuenta este buscador y qué penaliza resulta clave para mejorar el potencial de visibilidad y posicionamiento de nuestra empresa en la red. Google atiende más de mil millones de consultas diarias. El número de búsquedas por usuario está aumentando cerca del 25 por ciento al año, y cuanto más jóvenes sean quienes navegan por internet o más estudios tengan, más búsquedas realizan. Con el fin de mantener su ventaja competitiva, Google ha estrenado una nueva versión de su motor de búsqueda, Google Instant, un sistema de búsqueda más semántico que también combina sus diferentes servicios para presentar en una sola página todos los resultados en formato texto, imágenes y vídeos.

Pero los criterios que tiene en cuenta Google al ordenar los más de 8.000 millones de páginas web que tiene indexadas en sus servidores es todo un misterio. El número de variables que considera un buscador para determinar la relevancia de un sitio web (factores onpage y offpage), así como la ponderación que tiene cada uno de estos criterios, son dos de los secretos mejor guardados. Es como el secreto de la fórmula de la Coca-Cola, todo el mundo habla de ella, pero pocas personas la conocen. En el caso de Google, supuestamente, sólo saben el número exacto de criterios tenidos en cuenta, y la ponderación de los mismos, los fundadores de esta empresa y un par de personas más.

Dada la importancia que tiene este algoritmo al determinar la visibilidad que pueda tener o no una empresa en internet, en los últimos años han surgido centenares de firmas y profesionales que ofrecen sus servicios de SEO y SEM para, teóricamente, mejorar el posicionamiento de una entidad en la red. SEO, sigla en inglés de Search Engine Optimization, puede definirse como un ejercicio constante de optimización de la información publicada en las páginas de una web con el fin de aparecer en las primeras posiciones de un determinado buscador, mientras que SEM, sigla en inglés de Search Engine Marketing, se suele definir como el conjunto de herramientas de marketing de pago utilizadas para mejorar el posicionamiento de una web.

El equipo directivo de una empresa debería conocer a fondo los aspectos clave que tienen en cuenta los buscadores en el diseño de una web, así como los errores más comunes y las prácticas que penalizan. Con el fin de ayudar a los lectores de este libro, detallamos a continuación una serie de aspectos clave que Google tiene en cuenta, según varios expertos en SEM y SEO:[12]

- Publicar contenido original. Con todo el ruido que se genera alrededor del concepto de la web 2.0, muchas veces se nos olvida que lo más importante al diseñar y mantener una web es su propio contenido. Si el publicado es de calidad y relevante para su públi-

12. Varias de las recomendaciones extraídas de http://google.dirson.com/posicionamiento.net/

co, el posicionamiento y la visibilidad se conseguirán de forma gradual y natural.

- Uno de los factores que más consideran los buscadores es el tiempo de permanencia de los visitantes en una web. Las empresas deberían llevar a cabo acciones de comunicación y actividades en sus sitios web para retener el máximo tiempo posible al usuario (descarga y lectura de manuales de uso de sus artículos, posibilidad de dejar comentarios, publicación de vídeos sobre sus productos, etc.).
- Los buscadores tienen en cuenta a las webs que realizan una actualización constante de sus contenidos. Debemos analizar qué secciones podemos actualizar de manera constante (noticias, agenda, novedades, etc.).
- Los buscadores valoran el número y la calidad de los enlaces de otras webs hacia la página de una empresa.
- Varios expertos indican que a Google le gustan los sitios web con muchas páginas pero con relativamente poco contenido en cada una de ellas (700-1.500 palabras).
- Los buscadores premian a las webs que tengan una buena indexación del contenido (texto, fotos, vídeos, etc.) a través de la publicación de metadatos con palabras clave, y títulos en cada página web y enlaces correspondientes.
- A Google le gustan las webs estables y de URL fijas, no dinámicas.
- Con la llegada de la web 2.0, los buscadores empiezan a tener en cuenta la presencia de nuestros contenidos en las redes sociales (Wikipedia, Menéame, etc.).

Si se implementan estas recomendaciones básicas y otras sugerencias, las nuevas webs tendrán un mayor nivel de visibilidad puesto que se facilitará la labor de indexación de los buscadores. No obstante, las empresas deberían tener en cuenta que el mínimo cambio de un criterio del algoritmo puede generar una nueva relación de resultados. Pongamos el caso de una entidad que hubiera conseguido aparecer, normalmente, entre los diez primeros resultados en cierto tipo de búsquedas; si el buscador deja de considerar determinados criterios o cambia la ponderación, su visibilidad en la red se verá alterada. Por este motivo, las firmas deberían elaborar estrategias de comunicación online que les permitan obtener una buena visibilidad en internet, pero sin depender de los buscadores.

4.3 Posición dominante de Google

Hablar de buscadores en España es hablar de Google, que cuenta con una cuota de mercado superior al 90 por ciento. Por una parte, este dato nos revela que la mayoría de los españoles busca información a través de una misma fuente, con todos los riesgos que esto conlleva. Por otra, tal como hemos explicado anteriomente , para las empresas esta circunstancia significa que si sus productos y servicios no salen entre los primeros resultados de este buscador, sencillamente son invisibles. Sin lugar a dudas, es un motor de búsqueda excelente, pero si su situación de dominio se mantiene a largo plazo en el mercado español, creo que deberían tomarse medidas a escala social y empresarial para corregir esta anomalía. Todas las partes implicadas (ciudadanos, empresas y medios de comunicación) tendrían que preguntarse si esta falta de competitividad en el uso de diferentes buscadores en España es buena para los intereses de los consumidores y las entidades.

Es cierto que los responsables de la Unión Europea han dado recientemente el visto bueno a la compra de DoubleClick por parte de Google, pero desgraciadamente esta decisión se ha realizado exclusivamente desde un punto de vista de competencia empresarial. No se han analizado los efectos de la misma en asuntos de mucho más calado social, como son el escaso conocimiento de los usuarios europeos sobre el uso de sus datos personales por parte de los buscadores, la escasa cultura acerca de técnicas de búsqueda en internet, la baja transparencia existente en la publicidad online, etc. Las autoridades competentes deberían vigilar la evolución de la nueva compañía Google-DoubleClick en el mercado europeo con el fin de evitar que la posición dominante de una de las partes deje sin opciones a anunciantes y consumidores.

4.3.1 ¿Por qué sólo utilizamos una única fuente de información?

Antes de la aparición de los buscadores de internet utilizábamos distintas fuentes de información para documentarnos respecto a cualquier materia. Consultábamos varios libros, leíamos diversos artículos en medios de comunicación, preguntábamos a diferentes personas expertas en esta cuestión. Ahora, casi toda esa información se halla publicada en internet y, además, tenemos acceso a muchos de esos expertos a través de las redes sociales. Hasta aquí todo perfecto. Pero debido a las enormes cantidades de información que se publican a diario en la web –las bases de datos de Google contienen más de 8.000 millones de direcciones URL–, utilizamos los motores de búsqueda para encontrar, en mayor o menor medida, la información que estamos buscando, ya sea un determinado producto, la ubicación de una tienda, la web de una empresa o servicio, etc. Hasta aquí sin problemas.

Cada buscador utiliza una fórmula diferente para ordenar la información que se publica en la web; por eso, obtenemos resultados distintos en cada uno de ellos (Google, Bing, Yahoo, Technorati, Exalead, etc.). Ni mejores ni peores, sólo diferentes. Es decir, si escribimos un par de palabras en el buscador de Google conseguiremos unas determinadas respuestas, y si hacemos la misma consulta en el buscador Bing de Microsoft obtendremos otras. Pero en España nos hemos vuelto muy comodones, y sólo buscamos en Google sin contrastar la información que aporta este buscador con la que proporciona otro. Y aquí empiezan los problemas.

4.3.2 ¿Por qué nunca cuestionamos los resultados?

El famoso dicho «aquí hay gato encerrado» desvela una actitud que hemos ido perdiendo con la irrupción de las nuevas tecnologías. Toda la vida hemos sospechado sobre la credibilidad de cualquier servicio gratuito. Si una compañía nos ofrece algo gratis siempre nos preguntamos qué nos está intentando vender por detrás o qué intereses económicos tiene esa sociedad para ofrecernos ese servicio gratuito. En cambio, los buscadores nos ofrecen gratuitamente sus servicios de búsqueda en la red y nunca nos preguntamos cómo ordenan la información, por qué una empresa aparece antes que otra, por qué no figura determinada información, etc.

¿Por qué los ciudadanos damos por válidos y creíbles los primeros resultados aportados por Google o por cualquier otro buscador? ¿Por qué nunca cuestionamos que pudiera haber intereses publicitarios detrás de esos primeros resultados? Los ciudadanos deberían saber que ningún buscador desvela los criterios que tiene en cuenta al indexar el contenido publicado en la red. Tal como ya hemos comentado, es comparable al caso de la famosa fórmula de la Coca-Cola, que nadie conoce y supuestamente está guardada bajo llave en la sede de la compañía en Atlanta. Entiendo que los buscadores no quieran publicar los criterios que tienen en cuenta para no dar pistas a su competencia, pero los ciudadanos usuarios de estos servicios gratuitos tienen que ser conscientes de que las respuestas que nos ofrecen son el resultado de una fórmula secreta cuyos ingredientes y ponderaciones desconocemos.

4.3.3 Nuestros datos personales en Google

Muchas empresas tienen datos sobre nuestro perfil personal y nuestros hábitos de consumo, pero existen leyes que les impiden utilizar esa información para vender publicidad o cualquier otro servicio. Por ejemplo, los bancos tienen un montón de datos acerca de nuestros hábitos de consumo a través de la utilización de las tarjetas de crédito, pero la legislación existente les impide utilizar esa información con terceros para vendernos cualquier producto o servicio.

En cambio, poca gente sabe que Google, al igual que Microsoft o Yahoo, guarda el historial de búsqueda y de navegación por páginas web de cada uno de nosotros durante nueve meses. No sólo la conserva, sino que además utiliza esa información para ofertarnos publicidad segmentada según qué palabras utilicemos en la búsqueda, los sitios que visitemos, las palabras que mencionemos en nuestras conversaciones personales en correos electrónicos, etc.

Es muy preocupante el nivel de desconocimiento acerca de estas prácticas entre la ciudadanía. Las autoridades competentes deberían exigir que estas empresas informaran más claramente sobre la recopilación y utilización de los datos de los usuarios, incluidos sus historiales de búsqueda y de navegación por páginas web.

Afortunadamente, las cosas parece que van por este camino. El 4 de abril de 2008 las Agencias de Protección de Datos de la Unión Europea, agrupadas en el seno del Grupo de Trabajo del Artículo 29 (GT 29), publicaron un informe[13] que recomienda la limitación a los motores de búsqueda de la posibilidad de conservar nuestros datos personales durante sólo seis meses. No obstante, las legislaciones nacionales podrán requerir períodos de conservación aún más breves. En relación con los datos de los usuarios tratados y retenidos por los mencionados motores de búsqueda, el informe establece dos roles a los buscadores:

1. Como proveedores de servicio tratan una gran cantidad de datos personales, los cuales son aportados activamente por los usuarios al registrarse en un servicio o bien generados por el uso de sus prestaciones, como las direcciones IP o los historiales de búsqueda, incluyendo datos proporcionados por medios técnicos, como las *cookies*. En este punto, la opinión del GT 29 destaca que los buscadores no explican suficientemente a los usuarios la naturaleza y finalidad de estas operaciones.
2. Como proveedores de contenidos, los buscadores ayudan a que la información sea más accesible. Si bien éstos no son responsables de esta información, el GT 29 destaca que, mediante la agrupación de la información de varios tipos de un mismo individuo, los buscadores pueden desarrollar un perfil con un riesgo mayor que si aquélla apareciera dispersa, hecho que puede afectar especialmente a las personas si los datos que surgen son incorrectos, excesivos o incompletos.

13. http://www.agpd.es/portalwebAGPD/canaldocumentacion/internacional/common/pdf/WP_148_Dictamen_Buscadores_es.pdf

¿Por qué permitimos que un buscador guarde nuestro historial de búsqueda o lea nuestras conversaciones personales en los correos electrónicos? De acuerdo con la legislación vigente, no hay nada ilegal en las actuaciones de estas compañías, pero me resulta chocante que un buscador utilice mi comportamiento en la web como base de sus servicios de publicidad a empresas anunciantes. Creo que los ciudadanos debemos conocer el modo en que se recaban, se utilizan y se conservan nuestros datos de búsqueda en el algoritmo de estos buscadores. Por ejemplo, muy pocas personas saben que los robots de Google leen los contenidos de nuestras conversaciones personales cada vez que usamos su servicio de correo electrónico Gmail. Basta con fijarnos, la siguiente vez que utilicemos este servicio, cómo al mencionar una palabra cualquiera –por ejemplo, *Bilbao*–, aparece en la barra de publicidad un montón de ofertas comerciales sobre esa ciudad (hoteles, ofertas de viajes en avión, exposiciones, etc.).

Teniendo en cuenta estas circunstancias, destacamos algunas recomendaciones del mencionado informe:

- Los buscadores de internet deben proporcionar a los usuarios una información clara e inteligible acerca de su identidad y localización y respecto de los datos que intentan recoger, guardar o transmitir, así como sobre la finalidad para los que fueron reunidos.
- Los buscadores sólo deberán recoger datos personales con objetivos legítimos, y la cantidad de los que se recopilen será proporcionada, y no excesiva, con respecto a sus propósitos.
- Los buscadores tienen que eliminar o convertir en anónima de una forma irreversible la información recogida una vez que estos datos dejen de ser útiles al fin para el que fueron recabados.
- Los usuarios de los buscadores deben tener derecho a acceder, inspeccionar y corregir todos sus datos personales, incluyendo perfiles e historial de búsqueda. Asimismo, se establece que los Estados miembros puedan considerar el derecho de oposición de los ciudadanos al tratamiento «por razones legítimas propias de su situación particular» (atendiendo, además, a que las leyes que regulan los servicios de la sociedad de la información facul-

tan a las autoridades competentes para adoptar las medidas necesarias a fin de que se interrumpa la prestación del servicio o para retirar los datos que las vulneran).

- El enriquecimiento de los perfiles de los usuarios cuyos datos no han sido aportados por ellos mismos tiene que estar basado en su consentimiento y en una información clara.
- La correlación de datos de usuarios registrados en diferentes servicios del buscador sólo podrá ser llevada a cabo si para cada prestación se garantiza el consentimiento de quien la usa.

Creo que los ciudadanos y las empresas deberíamos conocer el modo en que se recaban, se utilizan y se conservan nuestros datos de búsqueda en el algoritmo de estos buscadores. Es muy preocupante el nivel de desconocimiento sobre estas prácticas entre la ciudadanía.

4.3.4 Compra de DoubleClick

A finales de 2007 Google compró la compañía de publicidad en internet DoubleClick por unos 2.300 millones de euros. Esta adquisición otorga a Google una posición dominante en el campo de la publicidad en la red, al mismo tiempo que permite a esta empresa la extensión de sus servicios a la prensa escrita, la radio, la televisión y la telefonía móvil.

A través de esta operación, Google tendrá no sólo acceso a una inmensa base de datos con todo el historial de las compañías anunciantes en internet, sino que también controlará la mayoría de las herramientas publicitarias (publicidad online, búsquedas...). DoubleClick cuenta con DART, el sistema más utilizado en la red por las agencias de publicidad y los principales medios online. Un estudio publicado por Attributor señala que Google gestiona cerca del 69 por ciento del marketing en la web. Google cuenta con el 35 por ciento del mercado de usuarios únicos y DoubleClick con el 34 por ciento; juntos suman 2.200 millones de usuarios únicos, un tercio de la población mundial.

Varios expertos opinan que esta operación generará un posible conflicto de intereses en el sector publicitario. No hay que olvidar que la publicidad en la red es la primera fuente de ingresos del modelo de negocio de Google. A través de la compra de DoubleClick, Google se convierte en el principal asesor e intermediario de las empresas anunciantes que quieren realizar campañas de publicidad online, pero a la vez puede ser el mayor beneficiario de éstas por el hecho de contar con las plataformas más visitadas en internet (buscador, YouTube, etc.).

4.3.5 Motivos de preocupación ante la posición dominante

Me sorprende que ante los riesgos descritos debidos a la posición dominante de un solo buscador en España no se haya alzado la voz de las asociaciones de consumidores, los colectivos de internautas y los medios de comunicación. Pienso que esta pasividad inicial se debe a una falta de reflexión acerca de los riesgos de permitir la consolidación de una posición dominante de una sola compañía en la indexación de los contenidos de internet. Estos colectivos tendrían que exigir que todos los buscadores comuniquen de forma más transparente cómo utilizan nuestros datos personales para asegurarnos de que nuestra intimidad será respetada en la red.

Para terminar, exponemos unas recomendaciones básicas para los ciudadanos y las empresas que, de aplicarse, irán cambiando esta situación irregular del mercado español:

- Obviamente, nuestra primera recomendación es inculcar a las administraciones públicas las redacciones de los medios de comunicación y las compañías el uso de dos o más buscadores al realizar cualquier búsqueda. Las páginas de inicio de estas entidades deberían ofrecer automáticamente a sus usuarios una relación de los principales buscadores para facilitar esas búsquedas complementarias.
- Estas organizaciones tendrían que formar a todos los usuarios sobre técnicas y trucos para realizar búsquedas de manera más eficaz y no depender sólo de los diez primeros resultados.
- Convendría también que los usuarios aprendieran técnicas y herramientas de búsqueda de información en la red que no dependan directamente de los buscadores, como la sindicación de contenidos, alertas, etc.

- Las empresas tendrían que diversificar sus inversiones de publicidad online entre diferentes buscadores, redes sociales, blogs, etc., con el fin de evitar que la posición dominante de una de las partes deje sin opciones a anunciantes y consumidores.
- Los usuarios debemos exigir a las autoridades correspondientes que se nos informe honestamente, y sin jergas jurídicas, sobre el modo en que se recaban, utilizan y conservan nuestros datos de búsqueda en el algoritmo de los buscadores.
- Las instituciones competentes habrían de informar y orientar acerca de los procedimientos para hacer valer nuestros derechos en materias de intimidad y privacidad de datos (por ejemplo, cómo interponer un recurso relativo a nuestros datos privados), aligerando en lo posible los trámites para ello.

A ninguna empresa le gusta depender más de lo debido de un solo canal de distribución, venta o marketing. Por este motivo, varias firmas están empezando a tomar medidas, como la creación de comunidades virtuales y redes sociales, para lograr más independencia de los buscadores y preservar una mayor competencia dinámica en el mundo digital.

4.4 Otros buscadores, otras fuentes de información

El futuro desarrollo de los buscadores tiene un potencial ilimitado. Aunque en poco tiempo se hayan convertido en herramientas de uso masivo y diario, no debemos olvidar que nos encontramos aún en sus fases iniciales de progreso. Varios proyectos de investigación señalan que la segunda generación de buscadores contará con un algoritmo más semántico y que tendrá en cuenta otros criterios como la relación entre palabras o el significado de las mismas, en un intento de ir más allá del actual enfoque estadístico de los buscadores generalistas como Google, Bing, etc.

Como usuario habitual de internet, he reflexionado varias veces sobre los extraños hábitos que hemos adquirido al utilizar los buscadores. En vez de hacer preguntas normales como ¿dónde está tal tienda?, o ¿dónde puedo comprar este producto?, nos comunicamos con el buscador como si fuéramos máquinas. Escribimos únicamente un par de palabras clave y esperamos que el buscador nos aporte la respuesta correcta. ¿Cuándo interactuaremos de forma más natural con los buscadores? Varios proyectos de investigación nos indican hacia dónde van los buscadores semánticos. Por ejemplo, QueryCAT nos permite realizar búsquedas a través de preguntas. Tiene una base de datos con más de cinco millones de preguntas y respuestas, que son consultadas por cerca de un millón y medio de visitantes mensuales.

Muchas deficiencias actuales de los buscadores, que sorprendentemente muchos usuarios ignoran, serán resueltas con la llegada de la web semántica. El consorcio de la World Wide Web nos la define como «una web extendida, dotada de mayor significado, en la que cualquier usuario de internet podrá encontrar respuestas a sus preguntas de forma más rápida y sencilla gracias a una información mejor definida. Al dotar a la web de más significado y, por lo tanto, de más semántica, se pueden obtener mejores resultados en la búsqueda de información gracias a la utilización de una infraestructura común mediante la cual es posible compartir, procesar y transferir información de forma sencilla». En definitiva, el comportamiento y la experiencia que tenemos hoy en día para buscar en la red la información que nos interesa no tendrá nada que ver con las facilidades y resultados que nos ofrecerán los buscadores del futuro, cuando puedan indexar sitios web con más semántica y con mejores criterios de clasificación respecto a los contenidos publicados en internet.

4.4.1 Hacia dónde van los buscadores

¿Cuántas veces al día acudimos a Google para realizar una consulta? Muy probablemente, utilizamos la herramienta varias veces al día, pero durante muy pocos segundos, básicamente lo que tardamos en escribir un par de palabras clave y esperamos los resultados. Este modelo de negocio ha funcionado muy bien para los principales buscadores (Google, Yahoo y Bing, entre otros), pero reconocen que cuando el usuario adquiera un mayor conocimiento de otras técnicas y herramientas para buscar y encontrar contenido de calidad en la red –por ejemplo, la sindicación de contenidos (RSS)–, empleará menos los buscadores generalistas. Éstos sospechan que el escaso tiempo de permanencia en sus herramientas les supondrá menores ingresos publicitarios, algo que no se pueden permitir porque son la principal fuente de financiación de estas compañías.

Esta tendencia, que ya se ha observado en mercados más maduros como el anglosajón, ha provocado que algunos buscadores estén analizando la posibilidad de transformar su modelo de negocio ofreciendo contenido directamente en los resultados de la búsqueda. La división de Yahoo! en India lleva varios meses probando una nueva versión del mismo. Al escribir las palabras clave en el buscador, el usuario obtendrá una pantalla con un enfoque totalmente diferente al que conocemos hoy en día. Un tercio de ésta aportará los resultados tradicionales, una relación de direcciones web con, supuestamente, el asunto que estamos buscando, mientras que el resto de la pantalla proporcionará directamente contenidos encontrados en la red (Wikipedia, imágenes, widgets, noticias de última hora, etc.). En otras palabras, en vez de ir a un determinado sitio web para leer la cuestión que nos interesa, los buscadores nos ofrecerán el tema fragmentado directamente en sus páginas. Desde el punto de vista del usuario este enfoque es perfecto dado que le brinda un servicio; ya no tiene que desplazarse a otros sitios web para acceder al contenido. Sin embargo, las empresas pueden ver cómo pierden tráfico de visitas en sus páginas, puesto que los usuarios las leerán directamente en los buscadores.

Otra área en la que los principales buscadores están trabajando intensamente es para determinar cuáles deberían ser los futuros criterios clave de sus algoritmos. Por lo que hemos advertido en la web, los proyectos de innovación de los buscadores no van encaminados hacia la incorporación o salida de nuevos criterios en su algoritmo, sino que más bien parece que están pensando en descifrar un modelo de ordenación de internet totalmente diferente. Básicamente, este nuevo modelo de clasificación de la información publicada en la red tendría como eje la identificación de varios nodos de autoridad. Supuestamente, el algoritmo ya no se basaría exclusivamente en una fórmula matemática a partir de unos criterios con una ponderación determinada. El nuevo modelo añadiría a esta fórmula una serie de factores como el valor de influencia de ese sitio web en una determinada comunidad especializada. Los buscadores segmentarían la red en varios nodos de influencia y establecerían las relaciones de dependencia y superioridad entre los sitios web.

Por último, nuestra manera de acceder y utilizar la web cambiará radicalmente en muy poco tiempo. El principal eje de cualquier estrategia de comunicación del futuro será el acceso a los contenidos de una determinada página a través de un soporte móvil. Varias empresas están reorganizando su estrategia web para conocer las claves del desarrollo de la movilidad en internet: ¿Qué partes del negocio se pueden llevar de la red al móvil? ¿Qué campañas de marketing y comunicación podemos lanzar a través del móvil? ¿Cómo conseguir la autorización del cliente? Mediante una conexión Bluetooth, el 80 por ciento de los móviles dispone ya de esta tecnología inalámbrica; el potencial cliente recibe un SMS del anunciante pidiéndole permiso para mostrar en su pantalla una oferta para comprar un determinado producto en ese mismo momento. Los expertos denominan *marketing permisivo* a este nuevo concepto de campañas. La clave de su éxito radica en que la tecnología nos permite conocer la situación actual del cliente potencial y podemos enviarle una oferta para que compre el producto que está viendo en ese momento en un escaparate. Por ejemplo, para el lanzamiento de Windows Vista, Microsoft España lanzó 103.000 mensajes multimedia que fueron descargados en cerca de 80.000 móviles. Según Pyramid Research,[14] el marketing permisivo pasará de facturar cerca de 1.200 millones de euros a 5.000 millones en menos de cuatro años. Para aumentar el número de usuarios de este tipo de navegación es necesario reducir los costes de entrada. Con una mayor competencia y transparencia en precios veremos cómo la gente se descarga más información y navega por sus sitios web preferidos a través de soportes móviles.

En resumen, las empresas que piensen que el modelo actual de búsqueda e indexación es definitivo se llevarán muchas sorpresas a corto

14. http://www.pyramidresearch.com/documents/PYR_GEO_CVG_429.pdf

o medio plazo. Los buscadores que utilizamos hoy en día no tienen, en el mejor de los casos, más de quince años de existencia, por lo que se encuentran en sus primeros ciclos de vida como cualquier otro producto o servicio.

4.4.2 Principales características de otros motores de búsqueda

Ya sabemos que Google es un excelente buscador y que todos lo utilizamos a diario, pero recomendamos a los directivos de las empresas españolas que se familiaricen con las principales características de los otros buscadores, dado que posiblemente su futuro posicionamiento en la red dependerá de algunos de ellos.

A continuación, describiremos brevemente las principales características de varios motores de búsqueda.

Buscadores sociales: En los últimos meses, hemos advertido la aparición de varios buscadores que facilitan el hallazgo de contenidos sectoriales o muy especializados en la red. Kakia.com, WolframAlpha, Chacha.com y Powerset.com (recientemente comprado por Bing)[15] están desarrollando y utilizando una nueva gama de tecnologías más «sociales» para rastrear e indexar los contenidos. El mayor exponente de esta nueva gama de buscadores es Wikia, el buscador del fundador de Wikipedia.[16]

Technorati.com: De ser el principal motor de búsqueda especializado en detectar conversaciones en blogs, se está transformando en un motor para buscar todo tipo de información (fotos, blogs, podcasts y vídeos) que haya sido etiquetada por los usuarios de la red. A través de este buscador se pueden rastrear y evaluar miles de opiniones de consumidores en más de 145 millones de bitácoras. Además, aportan datos muy interesantes sobre el perfil de la fuente de información, su nivel de influencia en la red, número de enlaces, etc.

15. Más información sobre buscadores sociales en los siguientes enlaces:
http://www.josemariapena.net/2011/01/buscadores-sociales-y-atencion-al-cliente/,
http://edelmandigital.com/2010/08/16/social-search-tools-for-awareness/
y http://www.geekgyan.com/top-social-network-search-engines/
16. http://search.wikia.com/wiki/Main_Page

Exalead.es: Es el único buscador de origen europeo y aporta nuevas técnicas de búsqueda, como sugerencias de palabras adicionales, utilizar la fonética o afinarla a través de términos clave de los resultados iniciales. También permite buscar exclusivamente en archivos sonoros y visuales o sólo en contenidos que hayan sido publicados con RSS (sindicación de contenidos).

Yahoo Search: Tercer buscador más importante del mundo, aunque con escasa visibilidad en el mercado español. Para diferenciarse de sus principales competidores (Google y Microsoft), el algoritmo de Yahoo! tiene muy en cuenta los contenidos publicados en las redes sociales (Flickr, y la recientemente vendida Del.ici.ous) en los resultados que aporta. Una de sus herramientas más innovadoras es Yahoo! Answers, donde otros usuarios, expertos en la materia, pueden ayudarte a encontrar lo que buscas, con más rapidez y facilidad que nunca.

Bing.com: Aunque casi el 60 por ciento de los ordenadores personales utiliza el sistema operativo de Microsoft,[17] su nuevo buscador Bing todavía ocupa el segundo lugar en el ranking de uso y sólo el 4,37 por ciento de los usuarios lo utilizan.[18]

Este eterno rival de Google ha intentado de mil maneras ofrecer una alternativa a quienes navegan por la red, pero sin mucho éxito. La cuota de mercado que alcanza Microsoft en Estados Unidos es inferior al 10 por ciento, mientras que Google tiene más del 60 por ciento y la novia que todos quieren en el mercado, Yahoo, cuenta con el 20 por ciento.

17. http://www.cddesarrollo.net/?option=com_content&view=article&id=750:netmarketshare-publica-ranking-de-los-buscadores-mas-usados&catid=74:innovacion-tecnologica&Itemid=277&fontstyle=f-larger
18. http://www.dacompc.com/index.php?option=com_content&view=article&id=82:bing-desplazo-a-yahoo-y-es-el-segundo-buscador-mas-usado-en-el-mundo&catid=35:tecnogia

5
Transformación del modelo de comunicación empresarial

5.1 Impacto de internet en los medios de comunicación

Estamos viviendo un cambio de época en el que la manera de transmitir la información, que tradicionalmente estaba basada casi exclusivamente en la prensa escrita y en los libros, empieza a complementarse con los medios digitales. Durante una o dos generaciones los libros no desaparecerán, ni la prensa escrita, pero todos los medios de comunicación tradicionales sufrirán múltiples transformaciones a muy corto o medio plazo. Por lo tanto, las empresas tienen que innovar el enfoque de su estrategia de comunicación para ser más ágiles a fin de responder a futuros cambios en los medios.

Todos los medios tradicionales (prensa, radio y televisión) están perdiendo audiencia de forma gradual debido a factores externos como la existencia de nuevos canales para obtener información, los hábitos de lectura de las nuevas generaciones y la pérdida de credibilidad de algunos de ellos, pero principalmente por la consolidación de los medios digitales. Muchos directores de comunicación de empresas se empeñan en analizar este período de transición como una batalla entre los medios tradicionales y los digitales. Consideramos que es un error contemplar este proceso desde esta óptica. El hecho de que surja un nuevo medio no significa que el anterior desaparezca; más bien veremos una transformación de todos ellos para adecuarse a los tiempos.

No hay duda de que cada día leemos más en pantallas, ya sea en un ordenador, una PDA, un móvil o los nuevos soportes de lectura de libros electrónicos como Kindle e iPad. Continuamente argumentamos que leer en pantalla es incómodo o cansino, pero varios datos reflejan ya un cambio en el hábito de lectura de medios en España. Según el último estudio de la AIMC, el tiempo promedio de consumo de internet es ya superior al empleado en la lectura de prensa diaria. Tal como señala este estudio, en los últimos dos años ha ascendido aún más el número de lectores de periódicos que eligen la versión electrónica y se ha pasado del 22,9 al 32,1 por ciento. Desciende el porcentaje de quienes sólo leen la prensa impresa, que han pasado del 13,5 al 7,3 por ciento. Continúan siendo mayoría los que leen ambas versiones (54,8 por ciento). Sigue aumentando la importancia de internet para informarse: el 69,5 por ciento (frente al 64,2 en 2009 y el 53,1 de 2008) la señalan como su principal fuente.[19]

Además, expertos en comunicación han observado que la gente que visita las páginas web pasa más tiempo leyendo las noticias de estas páginas que quienes llevan a cabo la misma tarea con los periódicos tradicionales.

Pero no sólo estamos experimentando cambios en los hábitos de lectura de los consumidores; los propios periodistas también están variando sus hábitos de búsqueda de información y rastreo de fuentes. Según un estudio de la Universidad de Connecticut,[20] el 80 por ciento de los periodistas consulta blogs para contrastar y recabar información, identificar fuentes o ampliar contenidos. El 53 por ciento de los entrevistados manifestó que usa los blogs con el fin de hallar ideas para sus artículos; el 43 por ciento, para la investigación; el 36 por ciento, para encontrar fuentes, y una tercera parte lo utiliza para descubrir exclusivas.

Una de las tendencias más interesantes que hemos advertido durante los últimos años es el fuerte incremento del uso de las tecnologías 2.0 por los periodistas para realizar su tarea informativa. De acuerdo con los datos de un estudio de PR Week y de PR Newswire, cerca de un tercio de los redactores utiliza los blogs corporativos como fuentes de investigación.[21] El estudio indica que estos profesionales cada vez llevan a cabo con más asiduidad sus investigaciones en la

19. http://www.aimc.es/Navegantes-en-la-red-muestra-por.html
20. http://www.uconn.edu/research/
21. http://internetesmercadeo.com/blogs-se-incorporan-en-los-medios-de-comunicacion-y-el-marketing/

blogosfera. En este sentido, el 45 por ciento de los encuestados afirma haber entrecomillado el contenido del blog en la noticia. La utilización más común de la investigación es usar las bitácoras para averiguar qué otras publicaciones están escribiendo sobre el mismo tema. Por otra parte, según señala este estudio, más del 50 por ciento de los periodistas profesionales emplea también Twitter como herramienta de investigación para redactar las noticias.[22]

No se han publicado aún en España estudios ni referencias sobre el uso de blogs entre los periodistas españoles, pero dada la continua aparición de estos espacios gestionados por estos profesionales no nos extrañaría encontrarnos con resultados similares o superiores en nuestro país.

A raíz de la transformación de los hábitos de acceso a la información, la prensa escrita, la radio y la televisión han sido los primeros en experimentar cambios fundamentales en sus modelos de negocio. A continuación veremos cómo estos factores externos han afectado a cada medio de comunicación.

5.1.1 Transformación de la prensa escrita

Durante una entrevista en el programa «Cara a Cara» del canal de televisión CNN+, Javier Moreno, director de *El País*, manifestó que la versión en papel que conocemos dejará de existir en menos de quince años. En el mundo anglosajón algunos directores de periódicos han pronosticado tiempos aún más cortos: menos de ocho años. Estas declaraciones de los propios gestores de estos medios, en vez del típico gurú en alguna conferencia 2.0, indica que ellos mismos reconocen que su futuro está en el formato digital.

A escala mundial, la venta de diarios creció el 2,3 por ciento,[23] pero el aumento se debe al incremento de los periódicos gratuitos en los

22. http://www.robertocerrada.com/2010/tendencias-los-periodistas-usan-twitter-como-fuente-de-informacion/

23. Asociación Mundial de Periódicos (WAN) http://www.233grados.com/blog/2011/02/la-venta-de-diarios-cay%C3%B3-en-un-42-en-2010.html y http://www.periodistadigital.com/periodismo/prensa/2011/02/18/prtiofidts-venta-crisis-periodicos-papel-mundo-desplomado-pais-vocento.shtml

mercados asiáticos. La Asociación Mundial de Periódicos (WAN) afirma que 515 millones de personas compran periódicos todos los días, y calculan el número de lectores en 1.400 millones. En Europa, las principales cabeceras de la prensa de pago pierden una media de un millón de ejemplares al día de tirada respecto a los impresos hace una década. En España, la Fundación Telefónica[24] publicó un informe sobre el estado de los medios de comunicación españoles, su transformación y su proyección futura. En relación con la circulación de prensa diaria en este país, el informe ya constataba que se sitúa por debajo de los cien ejemplares por mil habitantes. La prensa escrita española no ha sido capaz en los diez últimos años de superar los dieciséis millones de lectores anuales, lejos de los valores históricos de referencia registrados en décadas anteriores. Con quince millones de lectores diarios, según el Estudio General de Medios (EGM), los periódicos llegan al 38 por ciento de la población, su peor cuota en siete años, con un consumo diario de sólo quince minutos de lectura.[25]

Los datos del Estudio General de Medios (febrero a noviembre de 2010) que realiza la AIMC indican que el diario deportivo *Marca* lidera el ranking de los rotativos más leídos, con 2.888.000 lectores de media al día; en segundo lugar se encuentra *El País*, con 1.924.000 lectores, seguido de *El Mundo*, con 1.282.000. Aunque la saturación de oferta de prensa gratuita ha generado una pérdida de lectores, el periódico *20 Minutos* destaca, con 2.279.000 lectores de media al día, seguido de *Qué!* con 1.496.000 lectores; por último, *ADN* tiene 1.203.000 lectores.

La pérdida gradual de lectores en los medios de pago y gratuitos supone paralelamente el riesgo de una reducción progresiva de ingresos por publicidad.

A tenor de los datos de Penetración de Medios de febrero a noviembre de 2010 (EGM) e Inversión publicitaria de enero a septiembre de 2010 (Infoadex), observamos que la tendencia sobre el descenso de inversión publicitaria ha continuado desde el año 2008, por lo que se han cumplido las predicciones respecto al menor impacto de la pu-

24. Informe *Medios de Comunicación. Tendencias 2006*. Fundación Telefónica.
25. http://periodistas21.blogspot.com/2011/02/peor-2010-para-los-diarios-de-lo.html

blicidad en los medios de comunicación. Entre los controlados por Infoadex, hay tres grupos que han decrecido en sus cifras de facturación publicitaria respecto al mismo período del año 2009, que son: Diarios, el segundo medio por su cuantía absoluta de ingresos por este concepto, que ha registrado entre enero y septiembre de 2010 una caída del 4,8 por ciento, y se ha situado en 801,9 millones de euros; Revistas, que decrece el 2,5 por ciento de modo que se queda en un volumen de 289,8 millones; y Radio, que disminuye el 1,1 por ciento, y logra una cifra de 385,8 millones de euros en los tres primeros trimestres del año.[26]

Aunque parezca que estas cantidades se compensan, todos sabemos que el precio que se paga por la publicidad en papel sigue siendo hoy en día muy superior a la inversión requerida en formato digital.

Juan Valera, reputado bloguero y colaborador habitual en Soitu.es, nos aporta datos muy significativos que reflejan la situación real de los medios en España:[27]

- Los medios han perdido el 26,7 por ciento del mercado (2.135,6 millones de euros) desde 2007. El 40 por ciento de la publicidad se ha esfumado de los periódicos (770 millones de euros) entre 2007 y el año 2010.
- Las revistas han perdido el 45 por ciento de sus ingresos publicitarios entre esos años y hasta la todopoderosa televisión sufre una caída del 26,7 por ciento a pesar del crecimiento de la oferta de canales con la TDT.
- Internet es el gran ganador, con un crecimiento del 63 por ciento desde el inicio de la crisis, pero sus ingresos de 789,5 millones en 2010 no compensan las pérdidas de los otros medios de comunicación. Los periódicos reducen su cuota hasta el 19,2 por ciento de la tarta con 1.124,4 millones de euros, una caída del 4,2 por ciento, y los ingresos de las ediciones digitales todavía

26. http://www.marketingdirecto.com/actualidad/publicidad/infoadex-crecimiento del 27 de-la-inversion-publicitaria-en lo que va-de-ano/ y www.aimc.es/spip.php?action=acceder...pdf%2Fresumegm310.pdf
27. http://www.soitu.es/soitu/2008/06/12/sociedadcableada/1213270273_164467.html

son bajos, inferiores al 10 por ciento de la publicidad en casi todas las cabeceras.[28]

En esta misma línea, varios especialistas internacionales señalan que, debido a la migración de lectores y espectadores hacia los nuevos medios digitales, la inversión publicitaria en los tradicionales se reducirá en un 50 por ciento en los próximos cinco años. No debemos olvidar que la primera vía de ingresos de los periódicos de pago es la publicidad y que las principales empresas anunciantes están empezando a cambiar sus planes de medios y marketing-mix teniendo en cuenta los nuevos hábitos de información de los españoles.

Con el fin de frenar la caída de ventas y de inserción de publicidad, vemos en los quioscos cómo la prensa escrita se ve obligada a lanzar una campaña de promoción tras otra (venta de películas, libros, CD) para evitar la continua pérdida de lectores. Datos de la Asociación de Editores de Diarios Españoles (AEDE) indican que los periódicos ofrecieron a sus lectores un total de 1.601 promociones en el año 2005, el 18,4 por ciento más que en el año anterior. A través de estas campañas de promoción, estos medios obtuvieron unos ingresos de 334 millones de euros, casi el 30 por ciento más que en 2004. Un buen ejemplo de este tipo de promociones es el incremento de la venta de libros en quioscos a través de cupones; en 2007 ascendió a 271 millones de euros, el 59,5 por ciento más que el año anterior. El éxito de estas promociones ha conseguido disfrazar la cuenta de resultados de muchos medios de comunicación. Una especialista en esta materia, Paz Álvarez Sánchez-Arjona, señala que los lectores aceptan inicialmente estas promociones, pero posteriormente «cuando pasamos a pedir cantidades importantes de dinero y lo que estamos ofreciendo tiene tan poco que ver con los contenidos de un diario como un producto tecnológico, entonces el lector descubre que lo importante para el editor ya no es ni siquiera aumentar la difusión, sino solamente hacer negocio con ellos». En el momento en que estas operaciones comerciales dejen de ser atractivas y rentables, debido a la

28. http://periodistas21.blogspot.com/2011/02/la-crisis-reduce-el-40-la-publicidad-de.html

excesiva oferta existente en el mercado y la saturación de los lectores, muchos medios se enfrentarán a una realidad que difícilmente podrán gestionar.

5.1.2 Futuro digital

Ningún medio tiene hoy en día un esquema claro sobre cuál será el futuro modelo de negocio, qué nivel de ingresos obtendrá a través de la publicidad online, si podrá cobrar en adelante por el acceso a cierto tipo de contenidos, cómo rentabilizar los millones de visitas diarias que generan estos medios, etc. Por este motivo, algunos de ellos llevan varios años probando diferentes modelos y enfoques; contenido en abierto, contenido de pago, creación de comunidades, etc. Desgraciadamente, la innovación en la cultura corporativa de este país no es muy bienvenida. Cada vez que alguna de estas iniciativas no cumplía las expectativas deseadas, enseguida emergían voces, desde dentro y fuera de ese medio, declarando que el proyecto había sido un fracaso, que las personas eran unas ineptas, etc. Desde mi punto de vista, ninguna iniciativa fue un fracaso; todo lo contrario, aportaron un mayor conocimiento a la empresa sobre el funcionamiento de internet y el comportamiento real de los usuarios en la red. Por muchos cursos de formación a los que asistan los directivos o aunque lean decenas de libros como éste, sólo hay una manera de tener criterio para tomar las decisiones adecuadas: innovando. Es cierto que existe una gran incertidumbre ante el reto de internet, pero no nos podemos permitir el lujo de frenar la innovación a la espera de que se despejen todas las incógnitas.

Afortunadamente, en los últimos años he detectado un cambio de actitud muy positivo en el sector ante la innovación de tecnología. En apenas un par de años hemos pasado de negar la posibilidad de leer en pantallas a ser uno de los países de Europa con más iniciativas relacionadas con la distribución y comercialización de contenidos digitales (Orbyt, Kiosco y más, etc.). La puesta en marcha de todas estas iniciativas demuestra, una vez más, que ante cualquier innovación tecnológica somos un país que pasa rápidamente del pasado analógico al futuro digital sin detenerse mucho tiempo en el presente.

Con el fin de evitar perpetrar las mismas equivocaciones, las empresas de otros sectores relacionados con la creación de contenidos deberían tener en cuenta los errores cometidos por los rotativos durante su proceso de transformación del papel al digital para no llevarlos a cabo ellas en un futuro próximo. Por ejemplo, uno de los primeros errores en los que cayeron los medios fue volcar la edición en papel a un formato electrónico pensando que lo importante era el contenido y no el contexto. Este mismo error lo producen hoy en día muchas compañías. Sus webs son un mero volcado de los folletos corporativos o de sus productos: son sitios web absolutamente estáticos, que no enlazan con nadie, que no permiten la participación del usuario, etc.

Ya no basta con estar en la red o manifestar en público o en privado que valoramos su importancia, lo primordial es entender cómo obtener provecho de ella. Como consecuencia de llevar a cabo diferentes proyectos de innovación, los medios de comunicación tradicionales saben que la clave del éxito en la web está en la fragmentación del contenido, en la vinculación con el usuario, en el fomento de su participación, en la segmentación de audiencias, etc. Al comprobar que los lectores están ya migrando del papel a internet, los gestores de los medios tradicionales se han dado cuenta de que la versión digital de éstos debe incorporar los últimos avances tecnológicos para dar un mejor servicio a unas personas que acceden a la información por canales cada vez más diversos. Las nuevas tecnologías sociales nos permiten diseñar un periódico electrónico con contenidos personalizables por el lector, ofrecer la geolocalización de noticias y la sindicación de contenidos (RSS), permitir la descarga de podcasts (archivos de sonido), así como crear comunidades de blogs o versiones para acceder desde varios dispositivos: móviles, WAP, PDA, PocketPC y PlayStation, entre otros.

5.1.3 Radio

Los datos de la segunda ola del Estudio General de Medios (febrero a noviembre de 2010) que realiza la AIMC indican que la SER lidera la lista de emisoras con 4.415.000 oyentes de media al día, seguida por Onda Cero con 2.043.000, y después por la COPE, con 1.384.000.

El total de oyentes de radio en España se mantiene en poco menos de once millones de personas, con una dedicación media de ciento siete minutos diarios.

La radio podría crecer entre 2010 y 2011 el 2,6 por ciento, después de dos años de caídas inferiores a la media del mercado.[29] La radio está agotando también el modelo tradicional de contenidos y difusión debido a la incorporación de los nuevos formatos digitales como el mp3 y el iPod. Estos formatos han creado nuevos hábitos de consumo de radio que obligan a las cadenas a mejorar los procesos de divulgación de sus contenidos. El informe de la Fundación Telefónica ya indicaba en 2006: «La aparición de las radios temáticas de noticias, información general o especializada, introduce importantes novedades en el panorama de la radio en España, no sólo por el cambio que supone en la oferta, sino también por el valor de la síntesis y acceso no secuencial que abren las soluciones digitales.»[30]

La consultora de tendencias tecnológicas Pew Internet prevé que las suscripciones a podcasting crecerán en importancia debido a la continua fragmentación del mercado de contenidos, lo cual originará un cambio masivo en la entrega de éstos provenientes de la radio y la televisión. De acuerdo con un estudio realizado por esta consultora, hace un par de años tan sólo el 7 por ciento de los usuarios de internet se descargaba archivos sonoros (podcast) de la red, mientras que en 2010 esta práctica alcanzó ya al 19 por ciento.

No obstante, la gran transformación de los medios radiofónicos tradicionales está aún por llegar. Las radios digitales personales y las redes sociales de recomendación de todo tipo de podcast, como la británica Last.fm y Pandora.com, han logrado hacer temblar a los medios tradicionales. Para frenar este proceso de transformación, las compañías discográficas han conseguido que el Congreso norteamericano considere la promulgación de una nueva ley que frenará el desarrollo de las radios digitales. «La supervivencia de las radios de

29. http://www.periodistadigital.com/periodismo/internet/2010/03/02/zenith-media gran ano-facturacion-publicitaria-internet.shtml

30. Informe *Medios de comunicación. Tendencias 2006*. Fundación Telefónica.

internet está amenazada por la decisión del Copyright Royalty Board en Washington de casi triplicar el coste de las licencias. Las nuevas cifras son irracionalmente altas, más de cuatro veces lo que pagaría una radio por satélite y que una radio normal y corriente no tiene que pagar. Algunas emisoras digitales se dicen incapaces de sobrevivir a un maremágnum de licencias, tarifas, países y normas.»[31]

5.1.4 Presente y futuro de la televisión

Sin lugar a dudas, la televisión sigue siendo el medio de comunicación con más audiencia en la sociedad española, pero todos los datos señalan que la televisión tradicional se enfrenta a una profunda reconversión. Según el último Estudio General de Medios (EGM), la audiencia está más o menos estancada en torno al 90 por ciento en los últimos tres años. En esta última oleada, TVE se sitúa en el primer puesto, que arrebata a Telecinco, con el 21,5 por ciento del share. Esta última cadena le sigue con el 17,24 por ciento y Antena 3 con el 14,4 por ciento. Aunque la mayoría de la población dedica una media de doscientos veinte minutos diarios a la televisión desde hace unos años, todo el mundo coincide en que este medio se tiene que reinventar.

Con la consolidación de YouTube y la irrupción de nuevos modelos de televisión por internet como Joost, los usuarios exigen un medio televisivo más interactivo y participativo con el telespectador. Varios indicadores señalan el declive de la programación convencional. El liderazgo de la televisión se va reduciendo por la tendencia de mirarla menos como resultado del incremento del uso de internet. Los españoles dedican ya más tiempo a navegar por la red –13,6 horas a la semana– que a ver la televisión –13 horas–, según el estudio Mediascope Europe. Los jóvenes de entre dieciséis y veinticuatro años son los más enganchados a internet, seguidos por las personas de entre veinticinco y treinta y cuatro, más de diez millones de españoles sumando ambos tramos de edad. Frente a esas 13,6 horas semanales de media que los españoles emplean en navegar por la web y las 13 que se sientan ante el televisor, el estudio de la Asociación Europea de Publicidad Interac-

31. http://www.abc.es/abcd/noticia.asp?id=7220&dia=&sec=38

tiva (EIAA, por sus siglas en inglés) asegura que dedicamos 12,6 horas a escuchar la radio, 4,6 a leer periódicos y 3,6 a la lectura de revistas.[32]

La convergencia de internet y el mundo audiovisual se está acelerando en los últimos meses. Francis Pisani, experto en nuevas tecnologías, considera que el principal competidor del modelo de televisión existente en la red es la plataforma audiovisual Joost, que cuenta con una amplia relación de prestigiosos accionistas, tales como Turner, Sony, CNN, Coca-Cola, Hewlett-Packard, Intel, Nike, entre otros. Sobre una arquitectura P2P, Joost aporta más de 150 canales de televisión por internet y una amplia gama de funcionalidades derivadas de la web 2.0 que permiten al usuario formar parte del proceso informativo: «Los comentarios y los chats permiten conversar entre amigos a medida que avanza la película. El modelo funciona con publicidad. Cualquier inscrito debe dar un mínimo de información personal. El sistema aprende de los sitios que visita, de los programas que visiona y propone publicidad.»[33] Durante su fase de prelanzamiento, esta plataforma audiovisual logró atraer la atención de más de 100.000 personas. Sus fundadores, Janus Friis y Niklas Zennström, y sus accionistas esperan alcanzar el millón de telespectadores en todo el mundo en apenas unos meses.

La amplia oferta de contenidos en formato audiovisual por internet certifica el futuro declive de la audiencia en los tradicionales equipos de televisión. Fernando Santamaría, autor del blog *Gabinete Informática*,[34] disecciona el modelo TV 2.0 en cuatro grupos según su enfoque y utilización:

1. Punto de partida: La televisión 1.0. En primer lugar, Fernando segmenta el mercado agrupando los servicios de alojamiento de vídeos como YouTube, blip.tv, Revver, etc., que permiten ver vídeos

32. http://www.eiaa.net/news/eiaa-articles-details.asp?id=218&lang=5 y http://www telecinco.es/informativos/tecnologia/noticia/1216877/1216877
33. http://www.elpais.com/articulo/semana/Joost/incierto/futuro/television/linea/elpeputec cib/20070531elpciblse_3/Tes
34. http://gabinetedeinformatica.net/wp15/2007/06/19/%c2%bftelevision-20-por-donde-nos-movemos/

como microcontenidos audiovisuales. Al ser 1.0, todos estos servicios generan una actitud pasiva al sentarse en el ordenador o la televisión para mirar los contenidos audiovisuales seleccionados.
2. En el segundo grupo pasamos de la televisión de canales a las plataformas web. Existen ya en el mercado varias de éstas, como Zattoo y Joost, donde el usuario puede descargar una aplicación que le permite acceder a distintos canales de televisión vía IP. Las cadenas nacionales (TVE 1, La 2, Antena 3, Telecinco, Cuatro y La Sexta) forman parte del dial de esta plataforma de televisión basada en un sistema de intercambio de ficheros P2P. Ofrece una calidad de retransmisión muy aceptable con un retardo de apenas unos segundos respecto de la retransmisión por el canal tradicional.

   En esta batalla por el futuro de la televisión a través de internet, Microsoft ha lanzado recientemente su proyecto Mediaroom, que aspira a colaborar con los operadores de redes de banda ancha para ofrecer conjuntamente servicios de televisión digital y entretenimiento en la red.
3. La capacidad de crear, remezclar y reutilizar contenidos. Son plataformas de intercambio de vídeos y televisión por internet con enfoques y modelos de negocio muy distintos de YouTube, que prestan a sus miembros herramientas para crearlos, convirtiendo el repositorio público en un recurso para las creaciones del usuario.
4. Por último, Fernando Santamaría nos señala la irrupción de servicios «Live» en plataformas web 2.0, como Ustream.tv y Livestream, antes Mogulus, donde la televisión «es la más personalizada, creativa e integrable (también interoperable) en nuestros espacios de la web. Se necesita una buena conexión, una webcam y un poco de imaginación para empezar a moldear contenidos multimedia o también screencasting, transparencias, etc.».

Estas cuatro categorías confirman que los profundos cambios en los hábitos de acceso a la información están generando una transformación imparable del sector audiovisual. Gracias a estas alternativas y al fenómeno del videoblogging, los usuarios pueden acceder a cualquier hora y en cualquier momento a un contenido audiovisual más amplio y diverso. No obstante, el futuro de la televisión por internet dependerá de su capacidad de atracción a un mayor número de anunciantes y de cómo se soluciona el polémico tema de los derechos de autor. Según el último estudio de PWC sobre inversión publicitaria en internet, la publicidad online experimentará un crecimiento medio del 10,5 por ciento entre 2010 y 2014, y será la industria que más crezca en los próximos cinco años. Esta consultora sostiene que el negocio digital –acceso a internet y publicidad online– agrupará el 40 por ciento del mercado en España para el año 2014.[35]

También está por ver cuál será su modelo de negocio de compra, venta, descarga o alquiler de los contenidos, puesto que varios análisis sectoriales señalan que menos del 10 por ciento de los internautas ha comprado un vídeo online, mientras que las ventas de música en línea en formato podcast aportan crecimientos cercanos al 300 por ciento.

A todos los lectores interesados en profundizar en la transformación que está viviendo el sector audiovisual, les recomendamos la lectura del artículo publicado al final de este libro sobre el videoblogging, por ser complementario de esta materia.

35. http://www.pwc.com/es/es/sala-prensa/notas-prensa/gemo-201010.jhtml

Tal como comentaba anteriormente, ningún medio de comunicación tiene hoy en día un esquema claro sobre cuál será el futuro modelo de negocio, qué nivel de ingresos obtendrá a través de la publicidad online, si podrán cobrar en el futuro por el acceso a cierto tipo de contenidos, cómo rentabilizar los millones de visitas diarias que generan estos medios, etc. Afortunadamente, en los últimos años, varios emprendedores han lanzado nuevos modelos de negocio como Netflix, Hulu y Wuaki, que señalan que existe un futuro de pago en internet cada vez más prometedor.

WuakiTV[36] ofrece a sus usuarios los últimos contenidos audiovisuales (películas, cortos, series de televisión) a través de un servicio de streaming. Cuando se alquila la película, existe un plazo de cuarenta y ocho horas para verla desde el momento en el que se paga. Durante ese período, el usuario puede verla tantas veces como le apetezca. Si la compra, se almacena en la cuenta del usuario en la plataforma y podrá volver a verla siempre que quiera. Para disfrutar de este tipo de servicios, los clientes tan sólo necesitan un ordenador personal o un aparato de televisión o tableta que tenga una conexión a internet mínimamente decente.

5.2 Las empresas no se comunican, sólo informan

A lo largo de los últimos años, muchas empresas han cambiado el nombre de sus gabinetes de prensa por el de departamentos de comunicación. Este cambio de denominación tendría sentido si, paralelamente, la compañía hubiera asumido también una variación en el enfoque de la estrategia de comunicación empresarial, pero no ha sido así. Desde mi punto de vista, la mayoría de los departamentos de comunicación no son más que gabinetes de información. Las firmas no comunican, sólo informan. El diccionario de la Real Academia Española (RAE) define la palabra *informar* como «dar a alguien datos o noticias sobre cierta cosa que le interesa», que es lo que hacen la mayoría de las entidades, mientras que la palabra *comunica*r implica «una relación entre dos o más puntos que se comunican», es decir, establecer una relación entre el emisor y el receptor.

36. http://wuaki.tv/

La mayoría de las organizaciones empresariales utilizan un modelo de comunicación lineal (figura 2) que informa a sus públicos objetivos sobre sus productos o servicios, pero no establece ninguna relación con ellos. Este modelo se basa en la generación y el envío unidireccional de información de la entidad (notas y ruedas de prensa, campañas de publicidad) con poco o casi ningún tipo de participación del público receptor de sus mensajes corporativos.

Figura 2. Modelo de comunicación lineal. Fuente: Web Media.[37]

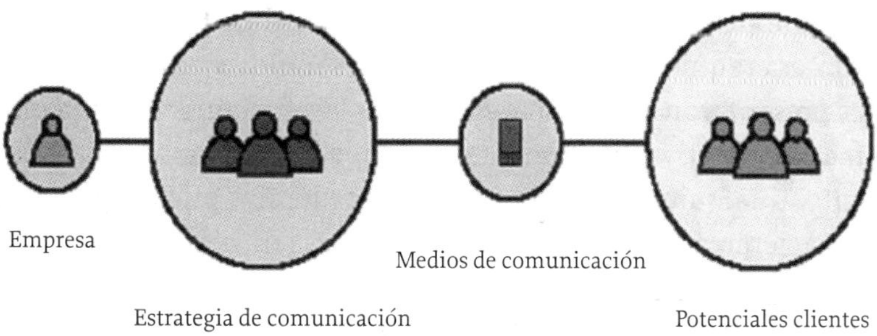

Las empresas se sienten muy cómodas con este enfoque de comunicación, ya que controlan más o menos el mensaje corporativo en la prensa escrita, la radio y la televisión a través de importantes campañas de relaciones públicas, inserciones de publicidad y acciones vía patrocinio. Sin embargo, estas mismas sociedades reconocen en privado que este modelo pierde eficacia día a día y que cada vez les cuesta más dinero y esfuerzo llegar al público objetivo a través de los medios tradicionales. Es tentador para algunos directivos pensar que todo este debate sobre el impacto de las nuevas tecnologías sociales en la comunicación es una moda pasajera y que, por lo tanto, sus compañías podrán mantener, sin grandes cambios, el tradicional modelo de comunicación durante muchos años. Pero, tarde o temprano, estos directivos tendrán que asumir que las nuevas tecnologías han cambiado radical-

37. Gráfico de http://www.mediacenter.org/

mente las relaciones entre las organizaciones y los consumidores y que el modelo de comunicación actual es cada día más ineficaz. Si uno de cada dos internautas considera la web su principal fuente de información, y los propios medios están transformando sus modelos de negocio hacia un entorno digital, me sorprende el escaso número de empresas que han incorporado alguna herramienta de comunicación participativa (blogs, wikis o redes sociales) en su estrategia empresarial.

Uno de los proyectos más innovadores que hemos observado en este campo es la iniciativa Bankinter Beers & Blogs, mediante la cual esta entidad financiera organiza reuniones informales con varios blogueros, líderes de opinión y generadores de tendencias para intercambiar opiniones sobre tecnología, internet, movilidad e innovación. En la primera reunión, que tuvo lugar en el verano de 2008, sus promotores presentaron el proyecto Bankinter Ideas (figura 3),[38] una plataforma colaborativa que fomenta la gestión e intercambio del conocimiento. Cualquier persona (cliente o no cliente) puede aportar sus ideas, sugerencias o comentarios a la entidad a través de este sitio web.

Figura 3. Página principal de Bankinter Ideas.

38. https://ideas.bankinter.com/webideas/

En la misma línea, Ana María Llopis, una de las fundadoras de Openbank y actual miembro del Consejo Mundial de ABN Amro, ha lanzado el proyecto de *Ideas4all*, una plataforma cuyo fin es el fomento de la innovación y el intercambio de conocimientos. Los usuarios de esta red social, pertenecientes a varios países europeos, han publicado una media de treinta ideas diarias, de modo que han superado el millar en pocas semanas. Según su creadora, su objetivo es alcanzar un millón de ideas en dos años. Estos dos ejemplos demuestran que la comunicación entre las personas y las empresas e instituciones ha dejado de ser lineal y pasiva. Con la consolidación de las nuevas tecnologías sociales hemos dejado atrás la era de la información para adentrarnos en la era de la participación. Los clientes actuales y potenciales, que hasta ahora eran meros receptores de información corporativa, se convierten con la ayuda de los nuevos medios digitales en emisores de información y opinión.

Desde siempre, los clientes han hablado entre sí y se han recomendado cosas, pero con la llegada de la web 2.0 estas conversaciones se han multiplicado por miles. No obstante, el diálogo que tiene lugar en la web social sobre diferentes productos y servicios no afecta de la misma forma a todas las empresas. Para determinar el papel que podrían desempeñar las nuevas tecnologías sociales en la estrategia empresarial, recomendamos el análisis de factores como la naturaleza del producto o servicio y el perfil del público objetivo, es decir, las personas a las que se quiere llegar. Existen en el mercado muchos artículos y servicios que generan a diario conversaciones entre personas, sean o no consumidores de ellos. Películas de cine, programas de televisión, libros, vinos, hoteles, restaurantes, coches, software, ropa de marca, viajes, etc. Todo ello genera conversación. Algunos productos requieren ser probados antes de empezar a tratar sobre los mismos con otras personas (vinos, viajes, hoteles), otros necesitan unos conocimientos técnicos o especializados (medicinas, software) y otros son meramente observables (ropa de marca, programas de televisión). Si el lector es profesional de la comunicación de su empresa, debe analizar qué tipo de conversación se genera sobre aquello que comercializa, en qué lugares, quién inicia la conversación y qué atributos emplea para describir su producto o servicio.

Dado que la web social es el canal preferente de comunicación e información de los jóvenes, es más fácil generar una conversación en la red entre este público que entre adultos. Si su producto se dirige a personas de entre dieciocho y treinta y cinco años, los nuevos medios digitales deberían ser uno de los ejes clave de su estrategia de comunicación. Por otra parte, si lo que su empresa ofrece en el mercado se dirige a un público especializado, como científicos, programadores o médicos, las redes sociales especializadas le presentan muchas oportunidades para escuchar qué dicen sobre su artículo y crear una conversación directamente con ellos.

5.3 Del *potestas* al *autoritas*

Tal como hemos señalado, estamos viviendo un cambio de época en el que el modo de acceder a la información sobre los productos y servicios de una determinada empresa, que se basaba tradicionalmente en inserciones publicitarias en la prensa escrita, la radio y la televisión, empieza a ser sustituido por inmensas cantidades de información creada por los propios usuarios de estos productos y publicadas en millones de sitios web, infinidad de redes sociales, blogs, wikis, etc.

Esta transformación del acceso a la información está generando un intenso debate, dentro y fuera de internet, sobre el papel y la credibilidad de los blogueros o las redes sociales. ¿Son los blogueros los nuevos periodistas? ¿Son las redes sociales los nuevos intermediarios del siglo XXI? ¿Son sólo gente que opina?

Nos guste más o menos esta nueva realidad, los empresarios deben asumir que la información y la prescripción de productos ya no son posesiones de unos pocos reconocidos periodistas y expertos sectoriales. Los redactores seguirán siendo muy influyentes, pero también lo serán los nuevos líderes digitales que crearán opinión a través de sus conversaciones en blogs y redes sociales especializadas.

Venimos de un mundo en el que a un grupo selecto de personas (periodistas, tertulianos, columnistas, etc.) le había sido otorgada la potestad de decidir qué merecía la pena leer, escuchar o ver. Nos adentramos en un mundo digital donde se sigue el criterio de una persona por la credibilidad ganada día a día a través de los artículos publicados en su blog, por los comentarios o recomendaciones que hace a través de su perfil en una determinada red social o por sus argumentaciones acerca de un determinado producto o marca en un foro. La *autoritas* de estos nuevos creadores de opinión es validada todos los días por sus lectores, mientras que en el mundo analógico la *potestas* es muchas veces otorgada de por vida.

El hecho de que cualquier persona pueda aportar información u opinión gracias a la facilidad de las nuevas tecnologías sociales web 2.0, genera un amplio rechazo en algunos sectores de la sociedad, causado por el supuesto escaso criterio que tiene la ciudadanía para contribuir en cualquier proceso de intercambio de conocimiento. Es cierto que muchos artículos publicados en blogs, wikis y redes sociales contienen imprecisiones, datos erróneos o erratas, pero no debemos olvidar que también se publican todos los años miles de artículos en los medios tradicionales con mucha ideología entre líneas, multitud de imprecisiones en datos y abundantes errores.

En la web 2.0 existen personas que gozan de mayor credibilidad que otras debido a su *autoritas* o reputación digital, trayectoria de contribución en la red, coherencia en la argumentación, etc. Aunque la mayoría de estos individuos no son periodistas ni académicos, muchos de ellos han convertido su blog o perfil en una red social como Twitter o Facebook en un canal de información diaria muy fiable para multitud de lectores. Bastantes de estos líderes de opinión tienen niveles de audiencia e influencia muy superiores a los de muchos medios de comunicación tradicionales.

En este contexto de transformación del mundo de las prescripciones de todo tipo de productos y servicios, las empresas deberían determinar el objetivo de negocio y el enfoque de su presencia en las redes sociales. Sorprendentemente, en los últimos meses hemos descubierto que muchas compañías se han lanzado a crear perfiles o grupos en las diferentes redes (Facebook, LinkedIn, Entrelectores o Twitter, entre otras) sin haber reflexionado previamente acerca de cuáles son los objetivos de comunicación empresarial que quieren lograr con su presencia en estas plataformas.

Individualmente, cualquier persona puede crearse un perfil en alguna de estas redes, pero algo muy distinto es establecer una página o grupo de la propia empresa. Dejándose llevar por las modas o pensando que estas herramientas son un mero juego, muchas entidades han entrado en ellas sin analizar sus consecuencias e implicaciones en la organización.

Antes de lanzarse a la web social, las organizaciones deberían reflexionar sobre algunos aspectos básicos con el fin de evitar cometer errores y generar malentendidos:

- ¿Cuál es el objetivo de estar presente en las redes sociales? Por ejemplo, una sociedad debería preguntarse si quiere utilizar su presencia en una determinada red social como canal de información para sus actuales clientes o bien emplearla para captar nuevos clientes que no conocen los productos que comercializa. El enfoque y los contenidos del perfil serán totalmente distintos.
- ¿Qué contenidos específicos ofrecerá ese perfil/grupo? Uno de los errores más comunes que hemos advertido es que las entidades divulgan en las redes sociales los contenidos ya publicados en su propia web o a través de su boletín. Es decir, saturan al usuario enviando la misma información a través de tres o cuatro canales diferentes. Al final, quien la recibe acaba harto y se da de baja de uno o varios canales. Estas nuevas herramientas de comunicación nos permiten complementar los canales tradicionales, no machacar al público con un simple autobombo.
- ¿Quién gestionará el perfil? Otro error frecuente es que al cabo de unas semanas el perfil de muchas entidades deja de actualizarse. Antes de lanzarse a la web social, la organización no ha previsto quién será la persona encargada de la actualización. Si queremos hacer bien las cosas deberíamos asignar a alguien la responsabilidad de gestionar y promover el perfil.
- ¿Hemos comunicado internamente la futura presencia de la entidad en las redes sociales? El equipo directivo debería tener presente que muchos de sus empleados ya cuentan con perfiles personales en éstas. Si una empresa crea un perfil o grupo corpo-

rativo, ¿debe el trabajador hacerse amigo? ¿Qué ocurre con quienes no quieran ser «amigos»? Estos malentendidos se pueden evitar llevando a cabo un proceso de comunicación interna sobre cuáles son los objetivos de la compañía en la web social.

- ¿Cómo mediremos los resultados y el retorno de inversión del tiempo y los recursos dedicados a la gestión de la presencia de la empresa en las redes sociales? Uno de los errores más extendidos es creer que la relevancia o el éxito de una editorial en estas plataformas se mide a través del número de fans o supuestos amigos. Desde mi punto de vista es uno de los criterios menos relevantes para medir la visibilidad de una compañía en las redes sociales. Existen otras variables como el grado de participación o el nivel de influencia de los usuarios que ayudan a determinar mejor la rentabilidad de su presencia.

Las firmas deben estar y participar en las redes sociales, pero antes de darse de alta en ellas deberían tener en cuenta estos aspectos básicos, así como otros más estratégicos, con el fin de evitar errores, desagradables sorpresas o la sensación de recibir una rentabilidad nula por su presencia en la web social.

Más bien pronto que tarde, las compañías se verán obligadas a preguntarse de qué forma las tecnologías sociales están modificando el modo en que deberían comunicarse e interactuar con todos sus públicos. Dado el alto potencial que las tecnologías 2.0 tienen en la promoción de todo tipo de productos y servicios, más vale que las entidades empiecen a familiarizarse con estas nuevas herramientas de comunicación social y con el lenguaje multimedia (sonido en formato podcast, imágenes e hipertextos, videoblogs, fotoblogs, etc.) de la comunicación digital.

5.4 Factores que están transformando el modelo de comunicación empresarial

Los directivos deben ser conscientes de que los cambios que se están produciendo en el ámbito de la comunicación no sólo se deben a la fuerte irrupción de los medios digitales; otros factores externos, como la sobrecarga de información, el incremento de clientes escépticos y la pérdida de credibilidad de los medios tradicionales, están acelerando el proceso de transformación de la comunicación empresarial.

A continuación, analizaremos cada uno de estos factores para ver su impacto en el modelo de comunicación.

5.4.1 Incremento de clientes más inteligentes

Aunque parezca una ironía, uno de los beneficios derivados de esta sociedad de consumo es que el cliente se ha transformado en un ser más inteligente y exigente. El consumidor del siglo XXI ha aprendido a diferenciar calidades y ofertas, a exigir como comprador, a reclamar y a comparar precios. Una encuesta elaborada por el instituto canadiense GlobeScan señala que entre el 20 y el 30 por ciento de los consumidores han tenido en cuenta la responsabilidad social de la empresa antes de comprar su producto o servicio. Todavía son pocas las personas que tienen en cuenta estos criterios, pero nadie duda de que es una tendencia creciente e imparable. En una economía de mercado, el público tiene en sus manos la última decisión sobre lo que consume.

¿Empezará algún día el consumidor español a premiar o castigar a las firmas por su política de compromiso social y transparencia informativa? Un estudio elaborado por la Fundación Empresa y Sociedad refleja que el 90 por ciento de los españoles asegura estar dispuesto a pagar entre el 5 y el 10 por ciento más por un producto si se destina parte de su precio a un proyecto social. La mayoría de las personas opina que es un proceso lento y complejo, pero lo cierto es que la sociedad española es cada vez más crítica y exigente hacia los medios de comunicación tradicionales y las empresas.

5.4.2 Avalancha de mensajes comerciales

Todos somos conscientes de que vivimos una época de saturación de información y congestión publicitaria. Los residentes en núcleos urbanos reciben cerca de 1.500 mensajes comerciales al día a través de los diferentes medios de comunicación. En este contexto de enorme ruido mediático, cada día es menos rentable bombardear el mercado con intensas campañas de marketing, publicidad y comunicación a través de los medios de masas.

5.4.3 Nuevos líderes de opinión

Antes de elaborar una estrategia empresarial, las organizaciones siempre han identificado a los líderes de opinión que influyen directa o indirectamente sobre sus clientes. Las empresas son conscientes de que en todo proceso de compra los clientes potenciales siempre buscan un punto de referencia que les ayude a filtrar y entender mejor la gran cantidad de información sobre las diferentes alternativas. Hasta ahora, estos líderes de opinión de referencia solían ser tertulianos de radio y televisión o columnistas de opinión en la prensa escrita, pero con la llegada de los nuevos medios digitales muchos compradores acuden a los blogs y a las redes sociales para filtrar la información de las compañías.

En relación con estos nuevos líderes de opinión, el estudio *Trust Barometer*, de la consultora Edelman, destacaba la aparición de una figura que en los últimos años ha ganado credibilidad entre los consumidores. Se trata del interlocutor cercano con el que el receptor de la información se puede identificar fácilmente, alguien que responde al concepto de «una persona como yo» o «semejante a mí». De hecho, la credibilidad de estos portavoces en España alcanza un porcentaje elevado que llega incluso a superar a expertos, directores generales de entidades y analistas financieros. Si los clientes se informan cada vez más a través de internet, ¿por qué las organizaciones no incluyen a estos nuevos líderes de opinión en sus estrategias de comunicación empresarial?

5.4.4 Pérdida de credibilidad de los medios tradicionales

Un factor que está generando la transformación del modelo de comunicación es la paulatina pérdida de credibilidad de los medios tradicionales. La erosión de ésta afecta a todos los órganos de la información. Tras los últimos acontecimientos sociales, políticos y económicos en nuestro país, los lectores, oyentes y telespectadores de aquellos medios perciben que detrás de cada noticia hay intereses económicos y políticos, manipulación informativa, adulación, agendas ocultas...

El mencionado estudio *Trust Barometer 2010*[39] refleja que las empresas y los medios de comunicación sufren un claro déficit de confianza por parte de los consumidores. Este estudio indica que sólo el 56 por ciento de los entrevistados declara confiar en la información emitida por las compañías, mientras que la publicada en los medios sólo acaba de convencer al 49 por ciento de los encuestados. Ignacio Ramonet, ex director de *Le Monde Diplomatique*, afirma: «Cada vez más ciudadanos se muestran más sensibles respecto de las manipulaciones mediáticas, convencidos de que en nuestras sociedades hipermediatizadas vivimos, paradójicamente, en estado de inseguridad informativa. La información prolifera, pero sin ninguna garantía de fiabilidad. Asistimos al periodismo de especulación y del espectáculo, en detrimento del periodismo de información».[40] Existe una gran falta de transparencia en los medios informativos europeos. ¿Quiénes son los verdaderos dueños de los principales grupos de comunicación? Sólo el 4 por ciento de la propiedad de éstos tiene una estructura dispersa entre muchos pequeños accionistas. El 54 por ciento de los grandes rotativos del mundo pertenece a grupos familiares, y el 30 por ciento restante tiene algún tipo de relación accionarial con el Estado. Estos estudios demuestran que los blogs y las redes sociales son para muchos lectores unos medios de comunicación alternativos a la prensa tradicional y una fuente fiable de información para los consumidores.

5.4.5 Clientes en red

A lo largo de la historia, la mayoría de las personas han querido formar parte de una comunidad con otros individuos que tengan los mismos valores, hábitos de consumo y de ocio. Las nuevas tecnologías han desarrollado la creación de múltiples comunidades con los mismos

39. http://www.edelman.com/trust/2011/uploads/Edelman%20Trust%20Barometer%20Global%20Deck.pdf

40. Dossier «Medios de comunicación en crisis», *Le Monde Diplomatique*, edición española, 2005.

gustos, aficiones, tendencias u opiniones. A través de la navegación por internet, el uso de los teléfonos móviles, el envío de SMS y las conversaciones en los blogs, la gente se recomienda productos y servicios, critica los aspectos que no le gustan, establece comparaciones sobre las ventajas de unos productos frente a otros, etc.

Las empresas deben tener en cuenta el alto grado de interconexión entre los compradores de cualquier producto y servicio. La tradicional segmentación de mercados ha sido reemplazada por una red de comunidades, dentro y fuera de la web, promovidas por las nuevas tecnologías. No debe caerse en la trampa de pensar que son meras páginas personales de cuatro colgados que pierden el tiempo en internet. En la actualidad, las últimas estadísticas de Technorati,[41] buscador especializado en la blogosfera, indican que existen más de 146 millones de blogs en el mundo, el 6 por ciento de los cuales está escrito en castellano (3 por ciento en Latinoamérica y otro 3 por ciento en España), que se han convertido en auténticas fuentes de información alternativas y en herramientas que difunden la actualidad empresarial de forma fluida y eficiente. En los últimos años estamos viendo en España un auge de medios digitales gestionados por especialistas en diferentes actividades económicas, desde el sector farmacéutico hasta el financiero. Muchos de estos medios son dirigidos por expertos en la materia; otros, por periodistas, pero la mayoría son escritos por simples consumidores que quieren conversar a favor o en contra de un determinado asunto.

En resumen, nuestra recomendación es que el lector no ignore esta nueva realidad y se pregunte si su empresa vende un producto o servicio que genera o puede generar una conversación sobre el mismo en la web social. Si la respuesta es «sí», entonces debería tener en cuenta a estos nuevos medios digitales en su estrategia empresarial. Cuanto más conectados estén sus clientes entre sí, más dependerá de las nuevas tecnologías para situar correctamente su producto o servicio en el mercado.

41. http://technorati.com/blogging/article/state-of-the-blogosphere-2010-introduction/

6

La empresa en las redes sociales

Por naturaleza, a la mayoría de los humanos nos gusta relacionarnos y necesitamos formar parte de una comunidad. A lo largo de la historia las personas hemos creado todo tipo de grupos, clubes y asociaciones para compartir opiniones, experiencias y aficiones. Mucha gente acude todos los domingos a sus peñas deportivas para apoyar a su equipo de fútbol; otra participa en un club de lectura de su biblioteca municipal, mientras que muchos adolescentes son socios de algún club de fans para seguir a sus músicos favoritos. En las últimas décadas, las universidades han creado asociaciones de ex alumnos que organizan todo tipo de actividades, y las empresas más innovadoras han creído conveniente crear una red interna de ex empleados para mantener algún vínculo con la institución. Las redes sociales existentes en internet no son más que un mero reflejo de este tipo de asociaciones en el mundo analógico.

La rápida adopción de las nuevas tecnologías sociales, en comparación con otras como el teléfono o la radio, ha convertido a internet en uno de los canales de distribución más importantes para muchas entidades, por lo que el precio de no invertir en tecnologías web es altísimo. Si antes la red servía básicamente como canal de búsqueda y oferta de información, con la llegada de la web 2.0 se ha transformado en un lugar en el que se premia a las compañías que ofrecen una personalización de sus contenidos y la posibilidad de crear comunidades para colaborar y compartir.

En el informe de tendencias sobre marketing online de la consultora McKinsey en 2008 se señalaba ya que en el año 2011 la mayoría de los consumidores descubriría nuevos productos y servicios en la web social y, además, un tercio decidiría comprarlos. Debido a este cambio en el comportamiento de los usuarios durante el proceso de compra, todas las empresas deberían participar en aquella donde se encuentra su público objetivo y algunas tendrían que considerar la posibilidad de crear su propia red social.

Figura 4. Número de usuarios de la redes sociales en España.

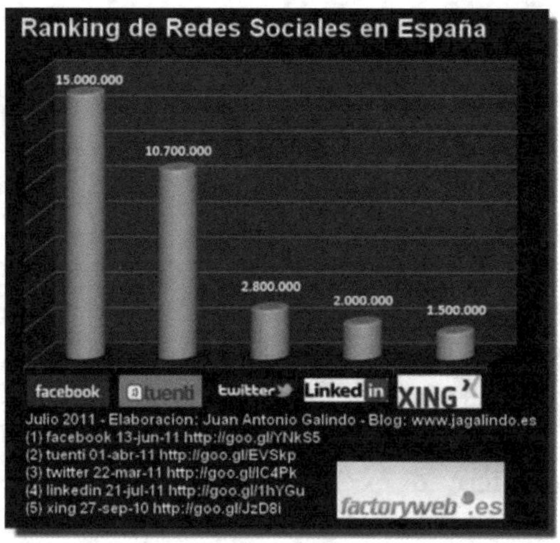

Al igual que en las otras herramientas de la web 2.0, existe un continuo baile de cifras sobre el supuesto número de usuarios españoles en las redes sociales. La figura 4 indica claramente que Facebook lidera el ranking de miembros con más de quince millones, seguido de Tuenti con casi once millones y en tercer lugar nos encontramos con Twitter, que cuenta ya con casi tres millones de usuarios en España. Las redes sociales profesionales, LinkedIn y Xing, tienen casi cuatro millones de perfiles entre ambas.

Pero más que mencionar el número total de supuestos participantes activos –estos portales nunca indican el número de personas que lo han abandonado–, lo verdaderamente importante es analizar la progresión de estas plataformas de un año para otro. El crecimiento o descenso de una red social indica una tendencia de uso y su viabilidad en el ecosistema 2.0 a medio o largo plazo.

La tabla 1, elaborada por Juan Antonio Galindo,[42] que agrega diversas fuentes de noticias sobre usuarios en las redes sociales, indica que Twitter y LinkedIn crecen a un ritmo impresionante (cerca del 70 por ciento anual), mientras que Facebook también lo hace, pero ya de un modo más moderado (39 por ciento). ¿Ha tocado techo Facebook en el mercado español? No lo creo, pero en los últimos meses he advertido en círculos personales y profesionales un cierto hartazgo relacionado con esta red social. La mayoría de los usuarios señalan el excesivo «ruido» que genera esta plataforma. No debemos olvidar que en ella se publican mensualmente más de 30.000 millones de contenidos (vídeos, fotos, comentarios en los muros, etc.). Muchos de sus miembros empiezan a describir esta cantidad de contenido como «ruido». Sorprende el continuado crecimiento de Tuenti (cerca del 50 por ciento) dado que ésta lleva implantada años en el mercado español y todo indicaba que no podía crecer más. La única lectura que puedo hacer de este dato es un posible aumento de su público en los mercados de habla hispana (en Latinoamérica y entre los cincuenta millones de hispanohablantes residentes en Estados Unidos).

Tabla 1. Ranking de crecimiento de usuarios.

	julio-11	marzo-10	Inc. (%)
Facebook	15.000.000	9.100.000	**39%**
Tuenti	10.700.000	5.600.000	**48%**
Twitter	2.800.000	910.000	**68%**
Linkedin	2.000.000	630.000	**69%**
Xing	1.500.000	1.200.000	**20%**

Autor: Juan Antonio Galindo
Blog: www.jagalindo.es
Julio 2011
factoryweb.es

42. http://www.jagalindo.es/

No obstante, estos ritmos de crecimiento pueden verse muy afectados con la llegada de Google+, que en menos de un mes ha logrado atraer la atención de más de 300.000 usuarios españoles. Aunque ninguna de las plataformas mencionadas admita que la entrada de Google+ afecta a su tasa de crecimiento –ya hemos señalado que ninguna de ellas publica la «tasa de defunción» de sus usuarios–, no hay duda de que les «robará» afiliados. ¿Qué plataforma se verá más afectada por la entrada de Google+: Facebook o Twitter?

Aunque los datos sobre la cantidad de miembros de las redes sociales en España sean muy impresionantes, no debemos olvidar que queda aún mucho camino por recorrer en el ámbito empresarial. Aunque las principales empresas y entidades de España están presentes en las redes sociales, las pequeñas y medianas aún no han asumido este reto digital. Por ejemplo, según el reciente estudio *La visibilidad de los museos en la web 2.0*,[43] se aprecia que existe un interés ascendente en el sector cultural por conocer a fondo los beneficios derivados de la aplicación de tecnologías 2.0 en las estrategias de marketing de museos, centros de arte y fundaciones, pero desgraciadamente los porcentajes de su utilización siguen siendo bajos: sólo el 15 por ciento de los museos está presente en Twitter y el 35 por ciento de ellos tiene presencia en Facebook.

Desde el inicio de internet se han creado todo tipo de redes de intercambio de información de productos y servicios, desde comunidades virtuales, en las que los usuarios se intercambian información financiera de empresas de cualquier clase, hasta foros y chats de recomendaciones de viajes, música o libros. Con la llegada de las nuevas tecnologías, muchos agoreros pronosticaron que internet provocaría un mayor aislamiento entre las personas, pero la realidad ha demostrado absolutamente lo contrario. Gracias a las nuevas redes sociales y a las comunidades virtuales, hoy en día es mucho más fácil conocer nuevos amigos, así como recuperar viejas amistades, buscar mejores trabajos, intercambiar opiniones, comprar y vender con menos intermediarios, etc.

43. http://www.dosdoce.com/articulo/estudios/3071/la-visibilidad-de-los-museos-en-la-web-2-0/

La red está cambiando la sociedad, y está transformando la manera en que las empresas venden sus productos y servicios. No hay que olvidar que las nuevas generaciones de consumidores identifican a una compañía y a su marca según su experiencia en la web. Cada vez hay más consumidores que toman decisiones de compra de productos o servicios orientados o motivados por la información que encuentran en internet. Un estudio de CP Proximity, que indaga en el comportamiento de los usuarios en la web social, explica que el 31 por ciento de los encuestados se siente más coqueto online, el 43 por ciento más valiente, el 31 por ciento más imaginativo y el 29 por ciento más expresivo. Además, indica que un quinto de los participantes en la investigación reconoce haber comprado determinados productos como consecuencia de intervenir activamente con sus marcas en webs o haber seguido recomendaciones de redes sociales. Las empresas deben tener muy presente que las conversaciones y sugerencias que tienen lugar en estas redes ocupan ya más del 15 por ciento del tráfico en internet. Cuanto más conectados estén los clientes entre sí, más dependerán las firmas de las redes sociales para posicionar correctamente su producto o servicio en la web. La facilidad de participación en la web social, pero sobre todo su gratuidad, han supuesto que el consumidor se haya convertido en el principal protagonista de la red. El éxito de las redes sociales es tal entre la sociedad civil que los políticos, escritores y empresarios no pueden permitirse el lujo de quedarse fuera de ellas.

Las compañías deberían analizar el papel que estas plataformas pueden desarrollar en su estrategia de posicionamiento al permitir crear canales para atraer clientes y comercializar nuevos productos y servicios. Este innovador enfoque de comunicación les permite desarrollar el lado humano de las transacciones comerciales con sus clientes para establecer una relación más estrecha basada en el compromiso y la relación personal. Las redes sociales no son una moda pasajera. No cabe duda de que varias de las que disfrutan hoy de mucha popularidad se fusionarán con otras, e incluso algunas desaparecerán, pero el concepto de red social permanecerá puesto que representa una extensión natural del uso de internet.

6.1 ¿Qué es una red social?

Las redes sociales son lugares en internet donde las personas publican y comparten todo tipo de información, personal y profesional, con terceras personas, conocidos y absolutos desconocidos. Wikipedia nos ofrece una definición más formal: «Una red social es una estructura social que se puede representar en forma de uno o varios grafos donde los nodos representan individuos y las aristas las relaciones entre ellos.»[44]

Muchas veces se confunden los términos *comunidad virtual* y *red social*. Conceptualmente existen diferencias entre ambos, pero en algunos casos es difícil decir si una determinada red social es una comunidad virtual o viceversa. Esta última puede definirse como un grupo de personas que tienen un interés común y que desean relacionarse a través de la red para compartir sus experiencias y opiniones sobre esa materia. Al igual que en el mundo analógico, una comunidad virtual suele tener una estructura, unos gestores, una organización interna, un lazo que las une, etc., mientras que en una red social los asuntos publicados y los vínculos entre los usuarios son infinitos. Es interesante señalar que la mayoría de las comunidades virtuales pueden definirse también como algún tipo de red social, pero no todas las redes sociales virtuales forman necesariamente una comunidad.

El papel de las redes sociales y las comunidades virtuales de intercambio y recomendación entre personas será cada vez más importante para los consumidores en sus procesos de búsqueda de determinados productos y servicios en la red. Nuestros contactos en la web social, así como la tecnología de estas plataformas, nos ayudarán a mejorar nuestra búsqueda al indexar nuestras preferencias en relación con anteriores procesos de sugerencia y nos aportarán una serie de recomendaciones más ajustadas a nuestras necesidades.

6.1.1 Teoría de los seis grados en las redes sociales

A lo largo de la vida, las personas van conociendo gente en diferentes escenarios. Primero hacemos amigos en la escuela y luego en la uni-

44. http://es.wikipedia.org/wiki/red_social

versidad. Más tarde, nos incorporamos al mundo laboral y conocemos más individuos. Sin darnos cuenta, vamos creando a lo largo de nuestra vida una red social de carácter personal.

El sociólogo Duncan Watts,[45] autor del libro *Teoría de los seis grados*, sostiene que la mayoría de las personas mantienen un contacto directo, y más o menos permanente, con unos cien sujetos, entre amigos, familiares y compañeros de trabajo. Todos hemos visto cómo hemos ido perdiendo contacto con los mejores amigos que teníamos en la escuela y en la universidad, pero hemos ido añadiendo nuevos contactos en el trabajo, al casarnos, etc. Las personas con vidas sociales más activas pueden superar los 150 o 200 contactos, pero la mayoría mantiene el centenar durante su vida. Watts ha sido capaz de transformar el famoso dicho de que «el mundo es un pañuelo» en toda una teoría científica que nos permite describir el funcionamiento de las redes sociales en internet. De acuerdo con esta teoría, si cada uno de nuestros cien contactos tiene, a su vez, otros cien, todos nosotros podemos acceder a unas 10.000 personas. En la vida real, así como en las redes sociales virtuales, estos 10.000 nuevos contactos serían considerados de segundo nivel, dado que no los conocemos directamente. Si pedimos a cualquiera de nuestros cien contactos directos que nos presenten a uno de sus contactos estamos utilizando las redes sociales. Sin darnos cuenta, hemos realizado esta tarea en muchas ocasiones. ¿Cuántas veces hemos preguntado a un familiar si conoce algún médico, algún especialista o que nos recomiende un libro o un restaurante? La teoría de los seis grados (figura 5) asume que nuestros 10.000 contactos de segundo nivel conocen a otras cien personas, lo que implicaría que nuestra red de tercer nivel alcanzaría el millón de personas. Y así sucesivamente; ese millón se convertiría en cien millones de contactos en el cuarto nivel, en 10.000 millones en un quinto nivel y en un billón en un sexto nivel. En otras palabras, cualquier persona puede contactar y conocer a otro ser humano en el mundo a partir de su red de contactos inicial.

45. http://en.wikipedia.org/wiki/Duncan_J._Watts

Figura 5. Teoría de los seis grados. Fuente: Laurens van Lieshout Licencia GFDL.

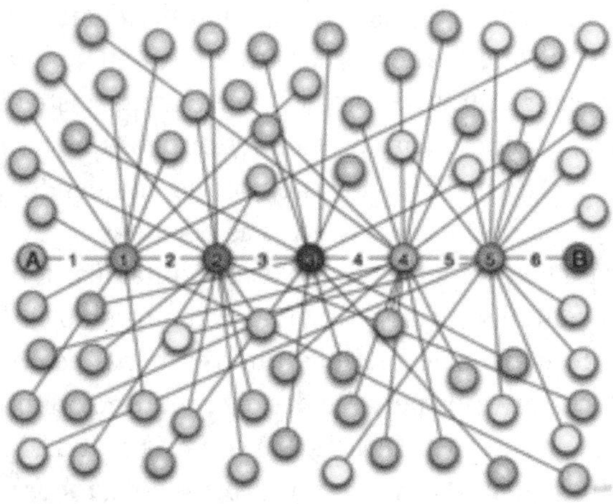

Como la mayoría de las teorías, ésta no ha estado exenta de polémica. En los últimos años se han presentado artículos de opinión que la avalan o la cuestionan. Con el fin de aportar datos reales a este interesante debate, el departamento de Microsoft publicó, en agosto de 2008, el mayor estudio que se ha realizado en el mundo sobre la interconexión de la gente a través de las herramientas de la web social. Este estudio analiza el comportamiento de los 180 millones de usuarios que utilizan la herramienta de mensajería instantánea Messenger de Microsoft. Examinando las relaciones existentes entre los 30.000 millones de conversaciones que tuvieron lugar entre los miembros de esta red social, los promotores del estudio concluyeron que el 78 por ciento de ellos tenía una separación media de 6,6 grados con otro usuario. No obstante, algunos tenían una separación superior a 29 grados.

No hay duda de que las nuevas tecnologías nos permiten extender nuestros círculos sociales. El antropólogo Robin Ian MacDonald Dunbar sostiene que en el mundo analógico una persona mantiene relaciones sociales permanentes y fluidas con alrededor de otras 150 (familia, amigos, trabajo). Con la llegada de las nuevas tecnologías sociales, cualquiera puede incrementar su comunidad de «conocidos» entre 500 y 1.500 individuos, según su grado de participación en las redes sociales. Una manera muy práctica de conocer el alcance real de la red social personal consiste en sumar el número de contactos que se tengan en la agenda del móvil. Esas personas conforman la red social más inmediata. Para determinar el alcance de la red social profesional, se puede sumar el número de tarjetas de visita que se tengan en el tarjetero, descontando esa inmensidad que normalmente está «caducada» debido a que muchas personas han cambiado de trabajo, la empresa ha sido absorbida o se ha perdido todo contacto con ellas. En varios artículos de este libro analizaremos el comportamiento de algunos usuarios en las redes sociales que se asemeja bastante al de muchos individuos que parecen coleccionar tarjetas de visita cuando acuden a encuentros, presentaciones de libros o ferias sectoriales.

6.2 Tipos de redes sociales

Dada la amplia diversidad de redes sociales, es casi imposible mencionarlas a todas en este libro, pues necesitaría elaborar un anexo del tamaño de una guía telefónica. Para simplificar la tarea a los lectores, he decidido reunirlas formando tres grandes grupos:

- redes profesionales (LinkedIn, Xing, Viadeo, etc.).
- redes generalistas (Facebook, Tuenti, Google+, Myspace, etc.).
- redes especializadas (Ediciona, Entrelectores , eBuga, CinemaVIP, 11870, etc.).

Posiblemente, al hacer esta segmentación me deje algunas redes o comunidades virtuales fuera del listado, o algunas de ellas consideren que deben estar en un grupo en vez de en otro, pero no he visto mejor manera de ordenar este emergente mundo social.

Las redes sociales generalistas, como Facebook, Tuenti, Hi5 o MySpace, cuentan con un gran número de usuarios con perfiles totalmente dispares y comportamientos muy diferentes. No obstante, y para que sus miembros tengan la sensación de pertenecer a una *comu-*

nidad, estas plataformas generalistas permiten a los participantes en ellas crear subgrupos de intereses comunes para atender las necesidades específicas de un colectivo concreto. Dado que la publicidad es básicamente la única vía de ingresos de estas redes, la captación de nuevos miembros y el incremento de visitas únicas son los reclamos utilizados para atraer a los anunciantes. Según diversos estudios, Tuenti reúne cerca de once millones de perfiles en España, frente a los casi quince millones de usuarios de Facebook, los 420.000 de Hi5 y los 670.000 de MySpace.[46]

Como veremos posteriormente, el tamaño de una red social es un criterio importante que las empresas deben tener en cuenta al definir su estrategia en la web social, pero no debería ser el único, ya que en muchos casos el número de usuarios o visitas únicas es un factor menor.

Por el contrario, las redes profesionales, como Xing, Viadeo y LinkedIn, tienen un crecimiento más homogéneo y un perfil de usuarios similar. La mayoría de los miembros de estas plataformas las utilizan para incrementar y gestionar su red de contactos con fines profesionales. Independientemente del sector al que pertenezca, cualquier usuario puede establecer nuevos contactos profesionales con otros de diferentes actividades económicas o profesiones, contratar asesoramiento de especialistas, buscar trabajo, participar en eventos, conocer otros puntos de vista relativos a su actividad, etc. Dado que los motivos de participación en las redes sociales profesionales giran casi exclusivamente alrededor del conocido networking, el número de integrantes es infinitamente menor que en las redes generalistas. Por lo tanto, a la hora de medir la eficacia de este tipo de redes sociales no sólo debe tenerse en cuenta el número de usuarios que utilizan la plataforma, sino que más bien habría que analizar su perfil y la calidad de las relaciones entre ellos. Por último, las redes especializadas facilitan a sus miembros que encuentren a otras personas con sus mismos gustos, aficiones o necesidades. Ya que los intereses de la gente en la red abarcan todo tipo de áreas y materias, puede decirse que en el futuro exis-

46. http://www.davidnovillo.es/2011/01/02/tecnologia/redes-sociales-en-espana-2011-algunos-datos/

tirán casi tantas redes sociales especializadas como individuos interesados en un determinado asunto.

A continuación, analizaremos el enfoque y las funcionalidades de las principales redes sociales.

6.3 Redes de contactos profesionales

Estas redes sociales profesionales han tenido un gran éxito en Estados Unidos y poco a poco van consolidándose en otros mercados. Xing, LinkedIn y Viadeo son las redes de contactos profesionales con mayor número de participantes en España: LinkedIn y Viadeo tienen más de un millón y más de 600.000, respectivamente, mientras que Xing supera el millón y medio de miembros en nuestro país. Las redes profesionales han ayudado mucho al desarrollo del concepto de networking entre las pymes y los mandos intermedios de las empresas españolas, algo que era, hasta hace poco, un coto reservado para los altos directivos. Las redes virtuales nos permiten crear y gestionar una amplia agenda de contactos profesionales que utilizaremos posteriormente, según nuestro objetivo de presencia en la web social. Aunque estas redes permiten extender nuestros esfuerzos de networking tradicional al mundo virtual, que nadie se engañe, puesto que uno no sustituye al otro. Hay que seguir asistiendo a eventos, ferias y conferencias para estar al día sobre el sector al que pertenecemos y ampliar la red de posibles contactos en el mismo.

Son muchas y diferentes las razones que motivan a una persona a participar en estas redes: algunos buscan contactos profesionales para cambiar de trabajo, otros quieren rescatar viejas relaciones de antiguos empleos para mantenerlas de forma virtual, unos pocos tienen un verdadero interés altruista por compartir conocimientos y los más comerciales quieren buscar nuevos canales de comunicación y marketing para vendernos sus productos y servicios.

Todas las redes de contactos profesionales ofrecen, más o menos, las mismas funcionalidades, aunque, como veremos en las descripciones individuales, cada una de ellas tiene un enfoque diferente. Tras haber seleccionado la versión más acorde con nuestros intereses –todas ellas nos ofrecen una versión gratuita y otra de pago–, el usuario debe elaborar un perfil con sus datos personales, académicos y trayectoria laboral. En este apartado los miembros de la red describen las empresas donde han trabajado, el número de años que han ocupado un cargo, las responsabilidades que tenían, los idiomas que conocen, etc. En otras palabras, se elabora una versión digital del tradicional currículum vitae. Una vez rellenados los datos personales y profesionales, el usuario empieza a buscar posibles conocidos en esa comunidad virtual.

Todas las plataformas tienen un buscador interno que nos permite rastrear la base de contactos por el nombre de quien buscamos o por el de la empresa o universidad. Los integrantes dedican bastante tiempo a leer los perfiles de otros miembros, buscar personas con inquietudes similares, formar parte de grupos de interés, etc. Cuando encontramos a alguien que conocemos y queremos que forme parte de nuestra red de contactos, podemos enviarle un breve texto a través de un sistema de comunicación personal que ofrecen todas estas plataformas. Este sistema impide que cualquiera añada nuestro perfil a su red de contactos sin nuestra autorización. Aquel con quien queremos contactar recibe en su cuenta un mensaje nuestro solicitando que forme parte de nuestra red de contactos. El receptor decide si acepta la solicitud o la rechaza.

Estas redes sociales, al dar visibilidad a miles de perfiles laborales, fomentan el empleo mediante la interacción entre profesionales y empresas interesadas en descubrir talento, pero no todas las redes son iguales ni ofrecen los mismos servicios. Paulo Saffo, director del Institute for the Future, argumentaba en un artículo en *The Economist*: «El valor de una red social se define no por quien está en ella, sino por quien está excluido.» Con el fin de ayudar al lector de este libro a saber quién es quién y por dónde empezar, he realizado una selección de las más representativas.

6.3.1.1 LinkedIn

A mediados de 2008, la página web de LinkedIn indicaba que poseía más de veinticinco millones de perfiles de profesionales de todo el mundo. Desde que Reid Hoffman fundó esta compañía en 2003, el desarrollo de esta red es vertiginoso. Su ritmo de crecimiento es imparable:

todos los días capta una media de 43.000 nuevos perfiles. Hoy cuenta con más de cien millones de usuarios en más de doscientos países.[47]

Al igual que las demás redes profesionales, LinkedIn ofrece a sus miembros la posibilidad de contactar con ex compañeros de trabajo, establecer nuevas relaciones profesionales, buscar perfiles para un proceso de selección, recibir propuestas de otras compañías, etc. Siguiendo la teoría de los seis grados descrita en este libro, los más de dos mil contactos que tengo hoy en día en esta red social (figura 6) me permitirían acceder a cerca de dos billones de personas, que son, supuestamente, amigas de mis amigos.

Figura 6. Perfil público de la cuenta del autor en LinkedIn http://www.linkedin.com/in/javiercelaya

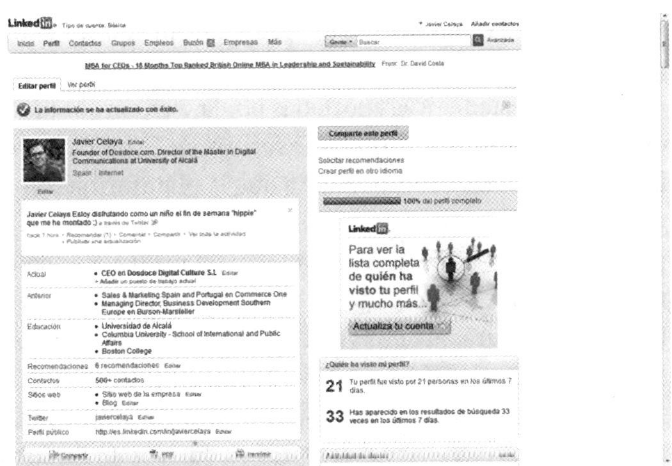

LinkedIn goza de buena salud financiera, alcanzó el punto de equilibrio a finales de 2006 y en estos momentos se encuentra en pleno proceso de expansión internacional. A principios de 2008 abrió una oficina en Londres con diez personas para incrementar su presencia en Europa, un mercado clave para las redes sociales. Dado que hasta

47. http://press.linkedin.com/about/Acerca-de-LinkedIn.php

julio de 2008 los usuarios sólo podían comunicarse en esta plataforma en inglés, no es de extrañar que la comunidad con mayor número de profesionales fuera la norteamericana, seguida de la europea, mientras que en tercer lugar se encuentran los profesionales asiáticos.

Hoy, más de la mitad de los usuarios de LinkedIn son de fuera de Estados Unidos, y LinkedIn está disponible en seis idiomas: inglés, español, alemán, francés, italiano y portugués. La nueva versión en castellano ha propiciado un fuerte crecimiento de nuevos miembros procedentes de España y Latinoamérica, al igual que experimentó Facebook en el mes de febrero de 2008 cuando tradujo su plataforma a este idioma. A mediados de 2011, la página corporativa de LinkedIn afirma que tiene cerca de noventa millones de perfiles de profesionales de todo el mundo, y crece a un ritmo de 600.000 integrantes por semana. No obstante, si la compañía quiere seguir creciendo a escala internacional debería considerar la posibilidad de lanzar diferentes versiones de la plataforma en otros idiomas muy extendidos en el mundo: ruso, japonés, indio y chino.[48]

Según las estadísticas aportadas por la web corporativa de LinkedIn, existen más de un millón de inscritos en España. Debido al origen internacional de la compañía y a que la plataforma sólo estaba disponible en inglés, es muy probable que la mayoría de estos usuarios sean profesionales españoles que trabajan en multinacionales o empresarios que mantienen contactos regulares con sociedades extranjeras. LinkedIn asegura que el 75 por ciento de sus miembros poseen estudios universitarios y más de la mitad tienen capacidad de decisión en sus empresas. A diferencia de Xing o Viadeo, se encuentran más perfiles de altos directivos y directores ejecutivos en LinkedIn que en las redes sociales de la competencia.

Modelo de negocio

De acuerdo con estimaciones de varios analistas sectoriales, LinkedIn está valorada en cerca de 2.000 millones de dólares[49] y además ha lo-

48. http://www.trecebits.com/2010/11/26/linkedin-suma-600-000-usuarios-a-la-semana/
49. http://www.trecebits.com/2010/07/29/linkedin-ya-valdria-mas-de-2-000-millones-de-dolares/

grado convencer a varios inversores institucionales para que inviertan 53 millones de dólares en la compañía. Las redes sociales de contactos profesionales cuentan con varias vías de ingresos. La principal se deriva de la venta de suscripciones de pago para particulares. La versión Premium ofrece una amplia gama de servicios de valor añadido que son muy valorados por sus clientes. Por otra parte, la inversión publicitaria representa, en la mayoría de los casos, entre el 20 y el 30 por ciento de los ingresos de estas comunidades. Paralelamente, estas redes ganan mucho dinero mediante la inserción de anuncios de trabajo por parte de las empresas interesadas en captar talento a través de la web social. Por último, estas redes profesionales apuestan firmemente por la venta de soluciones privadas de su plataforma para las grandes entidades.

Es conveniente analizar el perfil de quienes compran las licencias de servicios Premium en estas redes sociales. Un profesional con un alto número de contactos en su vida real probablemente no necesite adquirir una licencia de pago dado que tiene muchas formas de llegar directamente a quien le interese, mientras que un profesional con pocos contactos en el mundo empresarial estará dispuesto a pagar una tarifa Premium si ésta le permite acceder a quienes no conoce directamente. En otras palabras, los usuarios menos conectados en la vida real son los que hacen spam en las redes sociales. Esta plataforma permite a sus clientes Premium contactar al día con tres personas a las que no conocen, pero con quienes les gustaría establecer algún tipo de relación empresarial.

Valor añadido de estas plataformas

Muchos usuarios desconocen los servicios gratuitos de valor añadido que les ofrece esta plataforma. La mayoría sólo utilizan el servicio de creación de su perfil y captación de contactos, pero olvidan que también puede servirles para buscar perfiles de personas o servicios concretos, responder a dudas a través del panel de expertos o informarse de noticias del sector. Por ejemplo, el panel de noticias sectorial permite al usuario mantenerse gratuitamente al día sobre noticias, nombramientos y datos clave del sector en el que trabaja sin salir de la plataforma. Para mejorar este servicio, LinkedIn llegó a un acuerdo con *The New York Times* a través del cual los integrantes de esta red reciben de forma personalizada la información publicada por este periódico, en función de las materias y los sectores mencionados en sus perfiles. Como contrapartida a este servicio gratuito, el rotativo tiene acceso, de forma agregada, a los datos personales publicados en la plataforma por sus miembros –edad, sexo, cargo en la empresa, temas de interés, estudios realizados, grupos a los que pertenece–, una información muy valiosa para el departamento de publicidad del *New York Times.*

Una de las secciones más interesantes, pero menos utilizadas por los participantes en esta red social, es el servicio *Respuestas de expertos.* Éste permite consultar gratuitamente a una amplia gama de expertos sobre cualquier duda que tengamos. Al crear nuestro perfil en LinkedIn manifestamos las áreas de interés y la experiencia que tenemos en diversos sectores o habilidades empresariales, y si queremos nos ofrecemos para compartir este conocimiento con el resto de la comunidad.

Desgraciadamente, tal como veremos en otro apartado de este libro, la mayoría de las personas sólo acuden a las redes profesionales para añadir nuevos contactos en su perfil, rara vez vuelcan o comparten su conocimiento con el resto de los miembros. En mi opinión, quienes colaboran aportando artículos de opinión o respondiendo a las preguntas de los usuarios son los que mayor beneficio obtienen de su participación en estas redes, ya que realizan su contribución con un claro objetivo profesional y en línea con sus necesidades. No buscan notoriedad ni amiguismos, sólo quieren gestionar de un modo más ordenado y eficaz sus relaciones laborales y personales.

6.3.1.2 Xing (antes Neurona y eConozco)

Lars Hinrichs fundó la compañía Xing AG en agosto de 2003, y en noviembre de ese mismo año lanzó la primera versión de la plataforma. Esta red social era totalmente desconocida en el mercado español hasta 2007. Ese año se recordará como el de las compras y las fusiones de las redes sociales profesionales en España.

La red de contactos profesionales en castellano más conocida era Neurona, que tenía más de 150 comunidades de carácter profesional. En junio de 2007 Neurona se fusionó con la red internacional de este tipo de contactos Xing, perteneciente al grupo alemán Open Business Club AG. Esta misma compañía había comprado, en marzo de 2007, la otra red de networking en España, eConozco. Con motivo de estas adquisiciones, el nuevo equipo directivo de Xing ha llevado a cabo una integración ordenada y gradual de los usuarios de Neurona y eConozco en su plataforma, así como una adaptación al diseño e interfaz de la misma. A través de estas adquisiciones, el mercado hispanohablante ha pasado a ocupar el segundo lugar en relevancia estratégica para Xing, con cerca de un millón de usuarios registrados, por detrás del mercado de habla germana, y consigue no sólo liderar el mercado hispano, sino también consolidar el liderazgo europeo. A día de hoy, más del 60 por ciento de sus miembros reside fuera de Alemania.

Tras un año de intensa expansión internacional –esta red social conversa en dieciséis idiomas–, Xing ha logrado el mayor crecimiento de su historia corporativa al superar los seis millones de usuarios y obtener unos ingresos de casi veinte millones de euros durante el año fiscal 2007. Con sede principal en Hamburgo (Alemania), la empresa cuenta con 109 trabajadores de más de veintiuna nacionalidades y es la única red social profesional que cotiza en bolsa. Durante el primer trimestre de 2008 incrementó sus ingresos en un 91 por ciento, hasta alcanzar los 7,5 millones de euros, según la nota emitida por su departamento de Relaciones con los Inversores.[50] Los ingresos de esta plataforma se derivan del cobro de cuotas por el servicio Premium, que ascendieron a unos seis millones de euros en el último trimestre. Si alguien dudara de la rentabilidad de estos proyectos web 2.0 debe saber que Xing ha logrado incrementar su beneficio neto en un 500 por ciento en los tres primeros meses de este año.

50. http://corporate.xing.com/english/investor-relations/

Perfil de usuarios de Xing

Según los responsables de esta red social, la mayor parte del millón y medio de sus usuarios españoles[51] son ejecutivos internacionales, profesionales autónomos y emprendedores. El perfil demográfico de este usuario se puede resumir con estas variables: hombre de treinta y cuatro años de edad, con un nivel de formación elevado y que desempeña un cargo intermedio. En los últimos datos facilitados por la red (noviembre de 2010), España es el país que cuenta en Xing con una presencia femenina porcentualmente más elevada de entre todos los países observados, con el 45 por ciento de mujeres frente al 55 por ciento de hombres.[52]

Figura 7. Perfil público de la cuenta del autor en Xing.

La proporción global de mujeres es del 35 por ciento, con el 65 por ciento de hombres, así que España (42 por ciento), Rusia (40 por ciento) e Italia (39 por ciento) están por encima de la media en participantes

51. http://blog.xing.com/2010/09/xing-supera-los-10-millones-de-miembros-con-mas-de-1-500-000-en-espana/
52. http://www.readwriteweb.es/socialmedia/mujeres-levanta-xing/

del sexo femenino. Curiosamente, se observa que la proporción de mujeres frente a hombres aumenta entre las usuarias más jóvenes, sobre todo en el tramo de veintiséis a treinta años, edad a la que prácticamente se igualan ambos sexos en el número de integrantes de Xing. De los cuarenta y un años en adelante, los hombres duplican a las mujeres.

Modelo de negocio

El modelo de negocio de esta red social es muy sólido porque se basa en tres áreas de ingresos muy diversificadas: venta de licencias Premium, comercio electrónico y publicidad segmentada.

La principal vía de ingreso de esta plataforma es el cobro de cuotas por el servicio Premium. A mediados de 2008 contaba con casi 500.000 clientes suscritos a la licencia de pago Premium, cuya cuota mensual es de 5,95 euros. Parece que la crisis económica no afecta a las redes sociales, puesto que la venta de estas licencias creció el 60 por ciento durante el primer trimestre de 2008.

Estos usuarios disponen de más funciones y opciones para contactar con otros miembros de la comunidad. Disponen, por ejemplo, de un buscador bastante más completo para encontrarlos, pueden publicar ofertas en la plataforma de comercio electrónico y ver cuáles de entre ellos visitaron su perfil recientemente.

La segunda vía de ingresos proviene de los servicios prestados en la recientemente creada sección de comercio electrónico, Marketplace PremiumWorld, a la cual sólo tienen acceso los clientes Premium. A través de esta sección, los usuarios pueden optar a determinadas ofertas y descuentos en viajes, servicios financieros y en todo tipo de artículos de empresas colaboradoras. A diferencia de los portales convencionales para buscar empleo, en el Marketplace PremiumWorld de Xing los ofertantes y los demandantes de empleo se localizan mutuamente gracias a un algoritmo inteligente. Los usuarios pueden elegir que el sistema les envíe ofertas que se ajusten a su perfil de forma automatizada, mientras que las personas o empresas dedicadas a la selección de personal pueden hacer llegar sus ofertas a millones de integrantes de la plataforma.

Por último, la compañía espera rentabilizar con ingresos publicitarios el alto tráfico que tiene la red social: 40.000 sesiones de usuario por segundo. Las empresas anunciantes deben tener en cuenta que, según afirman sus responsables, el portal tiene un elevado nivel de actividad entre sus miembros: el 92 por ciento de ellos realiza todos los meses alguna acción en la red social. Un dato que refleja este elevado grado de movimiento son los numerosos eventos reales que los usuarios organizan para estrechar las relaciones existentes y conocer a gente nueva. Sólo en el año 2007 los participantes en Xing organizaron más de 44.000 eventos públicos, en Madrid, Nueva York, Barcelona, París y San Francisco, entre otros lugares. En España se celebraron más de 450 eventos a través de la plataforma.

Análisis comparativo entre LinkedIn y Xing

Con el fin de conocer mejor las redes sociales profesionales, hemos llevado a cabo un análisis comparativo del funcionamiento, perfil de los usuarios y potencial de crecimiento de los dos principales portales de estas características.

Dado que LinkedIn aún no cotiza en bolsa,[53] y por lo tanto no podemos acceder a sus resultados de explotación, es muy difícil comparar ambas compañías desde un punto de vista financiero. Pero si tenemos en cuenta que la valoración bursátil de Xing ronda los trescientos millones de dólares y LinkedIn tiene un tamaño nueve veces superior a Xing (casi cien millones de usuarios frente a diez millones), podemos concluir que la valoración de LinkedIn se sitúa en unos 2.200 millones de euros.[54]

En cambio, si analizamos los datos de tráfico de los usuarios en ambas redes, Xing demuestra todo su potencial. Aunque LinkedIn tiene nueve veces más miembros inscritos en su red social, el número de visitas es sólo tres veces superior en relación con las que recibe Xing. Estos datos nos señalan que un alto número de usuarios de LinkedIn son inactivos o que los de Xing la consultan más que los de aquélla. Los directivos de esta última aseguran que la plataforma ha experimentado un crecimiento del 20 por ciento de miembros en 2010. Asi-

53. http://blog.linkedin.com/2011/01/27/linkedin-ipo-registration/

54. http://www.readwriteweb.com/archives/online_business_networking_linkedin_xing.php#more

mismo, los ingresos totales ascendieron en un 20 por ciento y supusieron 45,1 millones de euros, lo cual equivale a un EBITDA de 16,7 millones de euros y una tasa de crecimiento del 41 por ciento.

Pero el dato más significativo se desprende del comportamiento de los usuarios. Su tiempo de permanencia en Xing es cinco veces superior al de su competencia. Quienes la consultan dedican una media de 43,4 minutos cada vez que acceden a la plataforma, mientras que los que entran en LinkedIn permanecen en ésta menos de seis minutos. Estos datos demuestran que Xing ofrece una amplia gama de servicios e información de interés para sus usuarios, lo cual implica que dediquen más tiempo a estar en ella, mientras que parece ser que en LinkedIn sólo se entra para consultar algún correo pendiente, actualizar el currículum o buscar un dato de algún contacto y poco más.

Estos datos sobre el comportamiento de la gente en las redes sociales es de máximo interés para las empresas al aportar mucha información de valor sobre el potencial uso de aquéllas en su estrategia empresarial. Desde un punto de vista publicitario, el retorno de inversión probablemente sea más alto en Xing que en LinkedIn debido al tiempo de permanencia de los usuarios. Esta última, por su parte, ofrece a las firmas un mercado potencial de veinticinco millones de clientes y casi un monopolio del mercado norteamericano. No obstante, el futuro de ambas compañías está en Asia, donde ninguna de ellas ha logrado obtener una cuota de mercado significativa.

6.3.1.3 Viadeo

La red Viadeo, antes llamada Viaduc, nació en junio de 2004 en Francia como punto de encuentro virtual de un club de negocios formado por doscientos emprendedores. Uno de los aspectos diferenciadores de esta plataforma es su enfoque netamente empresarial. Se dirige exclusivamente a profesionales, directivos y empresarios, y parece ser que con bastante éxito, ya que cuenta con 35 millones de clientes,[55] de los cuales cerca de 600.000 son españoles, estas cifras la han convertido en una de

55. http://www.lavanguardia.es/economia/20110113/54100992939/la-red-social-viadeo-ya-cuenta-con-35-millones-de-usuarios.html

las redes sociales de referencia para profesionales y directivos europeos. La plataforma ofrece la posibilidad de intercambiar ideas y contactos en siete idiomas: español, alemán, inglés, francés, italiano, portugués y holandés. El grupo tiene oficinas en España, Francia, China, Italia e Inglaterra, y cuenta con 110 empleados. Ya está presente en más de 226 países.

Cada plataforma tiene sus propios rasgos de identidad. El diseño austero y funcional de Viadeo y el hecho de ser la única red social profesional que trata de «usted» a sus usuarios pueden ayudar a transmitir ese mensaje de comunidad virtual de confianza. No hay que olvidar que el comportamiento y la comunicación interna en las redes profesionales tienen una estructura más formal que en las generalistas. En éstas los usuarios tienden a comunicarse con un trato más igualitario, debido al carácter distendido de la red, en la que no se tiene tanto en cuenta el cargo o la experiencia profesional de las personas con quienes compartimos cosas. En cambio, en las redes de networking se percibe una comunicación interna y un trato más formal, dado que la finalidad de esos contactos virtuales es puramente profesional y nuestra reputación personal está siendo evaluada en todo momento.

A diferencia de los perfiles de usuarios de otras plataformas profesionales, el de Viadeo es un directivo o empresario de mediana edad (entre treinta y cinco y cincuenta años) que busca clientes y oportunidades de negocio en la red. Debido a los mencionados orígenes de esta comunidad virtual –el 15 por ciento de sus integrantes son fundadores de empresas–, el 75 por ciento son asalariados y el 5 por ciento autónomos. Los 35 millones de usuarios de esta plataforma establecen cerca de 10.000 conexiones entre sí por día y consultan diariamente más de 130.000 perfiles. Al igual que en las otras redes profesionales, la mayoría de sus miembros son hombres (más del 60 por ciento). A los lectores interesados en analizar el escaso número de mujeres que hay en estas redes les recomendamos el artículo «La invisibilidad de las mujeres en las redes profesionales», que hemos publicado al final de este capítulo.

6.3.1.4 Womenalia

La mujer representa un 45 por ciento del empleo, pero sólo ocupa un 11 por ciento de puestos directivos. Además, todavía hay pocas mujeres emprendedoras. Por ejemplo en España, el año pasado se crearon 77.000 empresas de las cuales sólo un 3,88 por ciento fueron creadas por mujeres.

En este contexto se acaba de crear Womenalia, el «LinkedIn» de las mujeres profesionales. Lo que pretende esta red es dar una mejor visión de las mujeres en puestos directivos para ayudarles a mejorar su visibilidad y ampliar su red de contactos. Cuenta ya con más de 11.000 usuarias.

6.4 Redes sociales generalistas

Las redes sociales generalistas, como Facebook, Tuenti, Google+ y MySpace, cuentan en España con unos perfiles de usuarios muy similares, pero con unos ritmos de crecimiento muy dispares. En general, en ellas sus miembros comparten fotos, música, vídeos, diarios personales y opiniones sobre infinidad de asuntos. Según diversos estudios, Tuenti reúne cerca de once millones de perfiles en España, frente a los más de quince millones de usuarios de Facebook, los 420.000 de Hi5 y los 670.000 de MySpace.[56]

A diferencia del modelo de LinkedIn y Xing, donde predomina la autenticidad de los perfiles publicados, las redes generalistas cuentan con infinidad de caracteres ficticios y con un control casi nulo sobre ellos. En la batalla por lograr el mayor número de usuarios en el menor tiempo posible, las grandes redes sociales han permitido conductas internas que han generado rechazo entre muchos de sus miembros: creación de identidades falsas, auge de relaciones irrelevantes, envío de invitaciones a gente desconocida para todo tipo de eventos y para adhesión a grupos, etc. Ante este panorama, muchos usuarios han empezado a dedicar menos tiempo a las plataformas que están inundadas de perfiles falsos.

Al igual que ocurrió con el fenómeno blog –al principio vivimos la gran explosión de los blogs, pero después las cosas se estabilizaron–, con las redes sociales está sucediendo lo mismo. Los gestores de estas plataformas deben tener en cuenta que cerca del 40 por ciento de sus

56. http://www.davidnovillo.es/2011/01/02/tecnologia/redes-sociales-en-espana-2011-algunos-datos/

usuarios mantienen perfiles similares en otras redes y que tarde o temprano se inclinarán por una u otra, en función de los servicios que preste y el enfoque de la propia red.

Aunque varios estudios señalan que la gente dedica cada vez más tiempo a estos portales, pocos estudios indican el número de personas que los dejan o mantienen sus perfiles inactivos. En los próximos años veremos una tendencia creciente de deserción en estas redes sociales por diferentes motivos: saturación, aburrimiento, mayor preocupación por los datos personales. Esta inclinación a la baja en el número de inscritos en las redes generalistas no significa que vayan a desaparecer, sino más bien que tendrá lugar una transformación de las mismas que las convertirá a medio plazo en redes especializadas.

Con el fin de evitar un mayor hartazgo de sus miembros y, en consecuencia, una huida masiva de los mismos hacia otros sitios más responsables, las redes generalistas están desarrollando sistemas de moderación del contenido publicado, supervisión aleatoria de los perfiles creados y unas reglas de conducta para todos sus integrantes con la intención de frenar la usurpación de la identidad y otras malas prácticas. Los usuarios empiezan a premiar a las redes que ofrecen un mayor nivel de privacidad de sus perfiles para evitar invitaciones de gente que no conocen a eventos o grupos de discusión que no les interesan, o simplemente spam. Cada vez hay más componentes de las redes sociales que quieren tener la posibilidad de limitar el acceso de los desconocidos a secciones específicas de su perfil, y tener la flexibilidad de hacer pública o privada la entrada en determinados contenidos, aplicaciones y conversaciones con terceros. No obstante, estas nuevas reglas de control y supervisión del comportamiento de la gente pueden condicionar el futuro crecimiento de las redes generalistas, ya que muchas personas sólo participan en ellas a través de perfiles ficticios.

Un continuado descenso en el número de usuarios o en sus tiempos de permanencia es un asunto que preocupa mucho a los gestores de estas plataformas, puesto que su modelo de negocio se basa principalmente en facturación por publicidad, en acuerdos de colaboración con los principales buscadores y en los ingresos derivados del acceso a través de soportes móviles. Varios informes indican que no se están cumpliendo las expectativas de beneficios debido a la escasa atención que quienes participan en estas redes prestan a la publicidad en ellas. Desde mi punto de vista, el problema radica en el enfoque de las campañas publicitarias realizadas aquí por las empresas. La mayoría de ellas han utilizado mensajes y formatos que no tienen en cuenta el comportamiento de los usuarios de estos portales. En muchas ocasiones se ve claramente que los responsables de esas campañas no utilizan habitualmente las redes sociales.

A medio o largo plazo, estas grandes plataformas se transformarán en nodos de comunidades verticales, que ofrecerán contenidos y eventos muy especializados para fidelizar a diferentes públicos objetivos con comportamientos y afinidades muy determinados. Veamos con mayor detalle las funcionalidades y las características de cada una de las tres principales redes sociales generalistas en España para determinar cuál de ellas es la más idónea para una estrategia empresarial.

6.4.1 MySpace

Esta red social, que pertenece al imperio mediático de Rupert Murdoch, fue la líder mundial y llegó a tener 120 millones de usuarios únicos que compartían sus gustos, fotos, vídeos y datos de contacto con otras personas. Hoy tan sólo cuenta con unos sesenta millones en todo el mundo.[57] En España, esta red social tenía en 2009 ya más de 1,5 millones de usuarios registrados, aunque últimamente presenta tasas importantes de abandono: las últimas cifras –enero de 2011– se refieren a más de 650.000 perfiles en nuestro país. Durante el año 2010 ha sufrido una pérdida del 15 por ciento en el número de visitas, lo cual ha supuesto una disminución de setenta millones de dólares en ingresos por publicidad; es decir, unas pérdidas operativas de 156 millones de dólares en todo el año.[58]

Hoy en día podemos decir que MySpace ha dejado de ser una red social generalista para especializarse en el mundo de la música. Tal

57. http://www.marketingdirecto.com/actualidad/social-media-marketing/los-internautas-huyen-en-estampida-de-myspace/

58. http://online.wsj.com/article/SB10001424052748704199504576060103578782180.html?mod=WSJ_Tech_Europe_LeftTopNews

como señalábamos anteriormente, las grandes plataformas generalistas se irán transformando en nodos de comunidades verticales, dirigidas a la fidelización de un público que tenga un comportamiento y unas afinidades muy determinados.

Una de las razones iniciales de su alto índice de popularidad es que otorga al usuario un control directo sobre el diseño de su página personal. A diferencia de Facebook, MySpace permite a sus miembros la personalización de su perfil en la red social. Pueden añadir colores, gráficos y sonido a sus páginas personales. Para ello, sólo se precisa un conocimiento básico de HTML, el lenguaje de programación que se utiliza para crear páginas web en internet. Además, la plataforma incluye funciones avanzadas para etiquetar fotos, vídeos y podcasts con el fin de compartirlos más ágilmente con el resto de la comunidad.

A través de estos perfiles personalizables, MySpace permite que cada cual se cree una comunidad privada para compartir fotos, vídeos, periódicos y asuntos de interés con amigos de toda la vida y nuevos conocidos tanto a escala local como global. Los usuarios valoran mucho el sistema de mensajería instantánea y la posibilidad de que alertas en el móvil les informen de cuándo han recibido un mensaje, un comentario o una petición para establecer relación de amistad. También aprecian la posibilidad de subir y etiquetar fotos y vídeos para compartir momentos con la familia o los amigos y la posibilidad de saber quién ha visto su perfil y el de otros usuarios. La plataforma facilita igualmente las búsquedas de contactos potenciales mediante múltiples criterios: nombre, correo, colegio, empresa, intereses profesionales o personales similares, etc. Asimismo, pueden establecerse distintos niveles de privacidad y la posibilidad de enviar a alguien a la lista negra y bloquear sus comunicaciones. No obstante, una de las funcionalidades más utilizadas por la gente es la búsqueda de nuevas canciones de grupos y artistas que publican su obra en esta red social con el fin de darse a conocer. Si al usuario le gusta lo que escucha, puede añadir las canciones en su perfil y compartirlas con sus amigos.

Figura 8. Página principal de MySpace España.

Mucha gente piensa que esta red social no es más que un lugar donde los chavales intercambian opiniones, pero, sorprendentemente, el 40 por ciento de los usuarios de MySpace.com supera los treinta y cinco años. Según la información publicada por la propia red social en su web, sus miembros deben ser mayores de catorce años para registrarse. Si alguien advierte la presencia de menores de esa edad en MySpace.com puede ponerse en contacto con el equipo gestor de la red social aportando la dirección URL o el número ID del menor y, supuestamente, este perfil será eliminado. En la misma línea, si alguien descubre que su trabajo, protegido por las actuales leyes de propiedad intelectual, se ha publicado en MySpace.com sin el permiso de su autor, los gestores de la plataforma admiten solicitudes de infracción del copyright remitiendo la siguiente información: «1) una firma electrónica o física de la persona autorizada para actuar en nombre del propietario del interés del copyright; 2) una descripción del trabajo con copyright cuya infracción se ha reclamado; 3) una descripción del lugar donde está ubicado el material cuya infracción reclama en el sitio web; 4) su dirección, número de teléfono y dirección de correo; 5) una declaración por escrito en la que afirme tener la creencia de buena fe de que el uso en litigio no está autorizado por el propietario del copyright, su agente o la ley, y 6) una declaración suya, realizada bajo pena de perjurio, en la que se asegure que la información anterior de su notificación es precisa y que usted es el propietario del copyright o está autorizado a actuar en nombre de éste.»

Al igual que en Facebook, MySpace permite a sus usuarios crear grupos de interés para compartir aficiones. Existe todo tipo de grupos en esta red: Arte y literatura, Automoción, Bares y vida nocturna, Cine y televisión, Comidas, bebidas y vinos, Cuerpo, salud y bienestar, Deportes y recreo, Dinero e inversiones, Empresas / colaboradores, Gays, lesbianas y bisexuales, Lugares y viajes, Mascotas y animales, Moda y estilo, Música, Negocios y empresarios, Ordenadores e internet y Organizaciones profesionales, entre otros. El papel de estos grupos en las redes sociales será cada vez más importante para los consumidores en determinados procesos de búsqueda de productos y servicios en la red. La tecnología de estas plataformas les ayudará a mejorar sus procesos de compra teniendo en cuenta sus conversaciones anteriores, su historial de búsqueda, las recomendaciones de sus amigos, etc. Las empresas que no participen, directa o indirectamente, en estas redes sociales verán cómo las conversaciones sobre sus productos pueden verse sustituidas por las que traten acerca de la competencia.

6.4.2 Facebook

Creada en febrero de 2004 con una inversión de 500.000 dólares, esta red social cuenta hoy en día con cerca de mil millones de usuarios. Con un crecimiento de ocho nuevos miembros por minuto,[59] Facebook se ha convertido en muy poco tiempo en la red social de referencia en todo el mundo. A diferencia de las comunidades profesionales descritas anteriormente, como LinkedIn, Viadeo y Xing, Facebook inició su modelo de negocio como una red social centrada en el ámbito universitario norteamericano, pero en los últimos años se está situando muy rápidamente en el mundo empresarial. Hoy en día, el 50 por ciento de los usuarios de esta red se ha graduado ya en la universidad.

59. http://www.facebook.com/press/info.php?statistics

Su ritmo de crecimiento no es la única variable que sorprende a los expertos en marketing y comunicación cuando analizan esta red social. Otras variables, como el tiempo de dedicación de los usuarios –una media de cincuenta minutos diarios– y su alto grado de fidelización –el 50 por ciento de ellos lo utiliza a diario–, son tenidas en cuenta por muchas empresas para determinar su participación en esta red.

El ritmo de crecimiento y adicción de sus miembros es impresionante. Éstos suben todos los meses más de 30.000 millones de contenidos a la plataforma (fotos, vídeos, comentarios en su muro, etc.). Cada usuario posee una media de 130 «amiguitos» y tiene algún vínculo con un promedio de ochenta páginas de empresa, grupos o eventos al mes.

Según el estudio *Uso de Facebook por parte de las empresas españolas*, elaborado por la Asociación Española de la Economía Digital (Adigital), el 12 por ciento de las empresas presentes en Facebook utiliza esta red para vender; el 7 por ciento de las compañías españolas está presente en Facebook y el 60 por ciento de ellas lleva menos de un año; el 72 por ciento utiliza Facebook para potenciar su imagen de marca; apenas el 5 por ciento posee una plataforma de comercio electrónico en Facebook; el 44 por ciento de las organizaciones que han efectuado campañas publicitarias en la red social asegura que han podido contactar con nuevos clientes e incrementar sus ventas; el 50 por ciento de las páginas de empresa tiene menos de quinientos seguidores.[60]

Uno de los factores del éxito de esta plataforma se basa en permitir que cualquier empresa interesada en compartir sus contenidos o servicios pueda crear una aplicación para ser utilizada por todos los usuarios de la comunidad. Cada día, quienes usan esta plataforma acceden a más de doscientos millones de aplicaciones de todo tipo de contenidos (juegos, música, libros, deportes, etc.). A través de éstas, la red de amigos del usuario conocerá sus intenciones de compra, sus gustos literarios o musicales, los conciertos o presentaciones de libros a los que piensa asistir, etc.

60. http://www.adigital.org/resources/image/adigital_Estudio_Uso_Facebook_Empresas_enEspana_2011.pdf

La mayoría de estas aplicaciones se basan en el conocimiento colectivo y permiten que el perfil de cada miembro genere recomendaciones personalizadas y que quienes tengan gustos similares se pongan en contacto. Las personas interesadas en mantener conversaciones sobre cualquier producto o servicio pueden incorporar decenas de aplicaciones a sus perfiles para compartir con su red de amigos sus gustos y los productos que quisieran comprar o intercambiar con otros. El 95 por ciento de los usuarios de Facebook ha añadido al menos una de estas aplicaciones a su perfil.

Figura 9. Perfil de la cuenta del autor en Facebook.

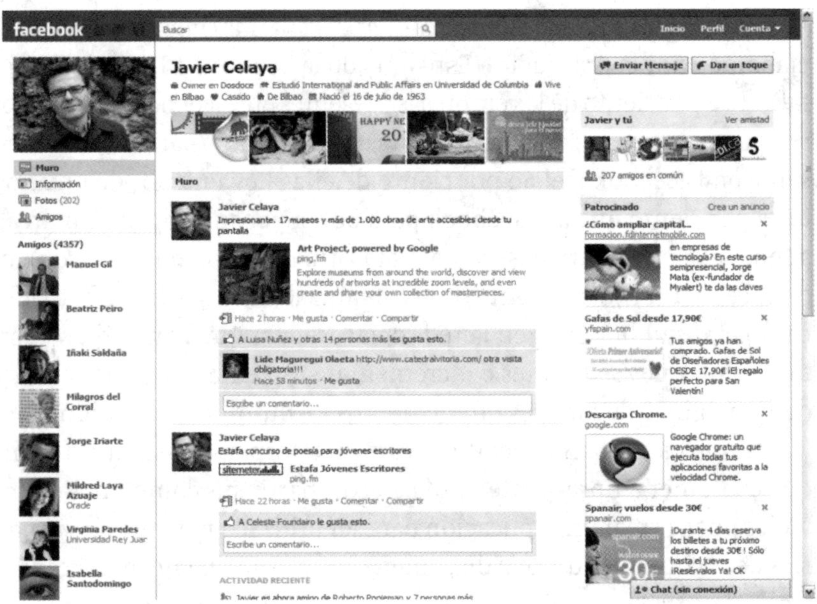

El potencial de marketing y comunicación de esta red social no ha pasado inadvertido entre las grandes empresas del sector tecnológico. Durante los primeros años obtuvo más de cuarenta millones de dólares de financiación, pero su consolidación como líder de las redes sociales vino de la mano de Microsoft. En octubre de 2007, Microsoft invirtió 163 millones de euros para adquirir el 1,6 por ciento de la compañía. La incorporación de Microsoft al accionariado ha permitido a la empresa consolidar sus necesidades de financiación e invertir en la internacionalización de la entidad para competir contra su principal rival, Twitter, y más recientemente Google+, además de traducir la plataforma a quince idiomas (español, francés, alemán, turco, etc.) en menos de cinco meses.

A mediados de 2008, de los cerca de cien millones de miembros registrados, más del 60 por ciento pertenecía a países de habla inglesa; en apenas tres años, el 70 por ciento de aquéllos ya es de fuera de Estados Unidos. Los usuarios norteamericanos ocupan el primer lugar en esta plataforma, seguidos de los de Indonesia y Reino Unido. Entre los diez primeros países que utilizan Facebook, México es el único de habla hispana representado en este ranking.[61]

La versión en castellano de la plataforma se presentó en febrero de 2008. En aquel momento, contaba con cerca de 350.000 usuarios españoles, pero apenas tres años después varias fuentes sitúan en cerca de quince millones de personas el índice de quienes se conectan a Facebook en España. Muchos pensaron que la principal razón por la que esta entidad tradujo su plataforma al español era para atender el crecimiento en Latinoamérica y en España, pero olvidaban que los usuarios de habla hispana residentes en Estados Unidos formaban la quinta comunidad más importante de Facebook en esta lengua, después de México, Colombia, España y Argentina. Estados Unidos es el mercado con mayor número de usuarios (cerca de 152 millones), pero la plataforma ha experimentado grandes crecimientos en países de habla hispana desde que ha sido traducida a este idioma.

La traducción al español de esta plataforma desató alguna que otra «envidia» en el sector. La tarea contó con más de 1.500 colaboradores que participaron de forma altruista durante seis semanas traduciendo cerca de 40.000 frases del inglés al español. Sorprendentemente, son los propios usuarios de Facebook quienes deciden cuáles son las lenguas a las que se debe traducir, así como su prioridad. Una vez acordado el plan de acción, los usuarios de Facebook colaboran a través de

61. http://www.checkfacebook.com/

un wiki traduciendo frases, palabras o términos. La plataforma ha sido traducida a más de quince idiomas, incluido el catalán.

Esta política de cooperación en línea es muy coherente con los principios de la denominada web 2.0, pero sospecho que no tendría el mismo éxito de convocatoria en LinkedIn o Xing. El perfil de usuario de Facebook, en su mayoría estudiantes, es un nativo digital dispuesto a colaborar, sin remuneración alguna, en este tipo de iniciativas. Sin embargo, el perfil de los miembros de LinkedIn o Xing se centra, mayoritariamente, en profesionales y autónomos que no tienen tanto tiempo libre y que, en consecuencia, no estarían dispuestos a dedicarlo a traducir miles de frases sin ningún tipo de compensación (reconocimiento de la autoría, licencias Premium gratuitas, etc.).

Aunque por definición Facebook sea una plataforma generalista, muchas personas piensan que esta red social arrebatará en el futuro el liderazgo de LinkedIn en el ámbito de las redes sociales profesionales. A medida que los actuales usuarios, principalmente universitarios, lleguen al mundo empresarial, el enfoque y la gama de servicios de esta plataforma cambiarán. Las empresas tampoco deberían olvidar que muchos de sus empleados es probable que sean participantes activos de estas redes sociales. Facebook contaba en 2008 con perfiles de más de 30.000 trabajadores de Microsoft, al igual que otros 9.000 de empleados de Google. En España, el estudio *Visibilidad del sector asegurador en la web 2.0* (BPMO, 2008) descubrió que el 45 por ciento de las compañías españolas de este sector tiene presencia en Facebook, seguramente sin el conocimiento del equipo directivo de las mismas. Si se entera de que su personal forma parte de esta red social u otras le aconsejo que no prohíba su utilización. Muy probablemente, una prohibición generaría una reacción negativa en la web social a través del anonimato con todas las consecuencias que comportan estas actuaciones de represalia. Por lo tanto, es aconsejable que las empresas reflexionen sobre este asunto y redacten una política interna precisando cuáles deberían ser los límites de actuación de sus trabajadores en la web social con el fin de evitar futuros conflictos. Recomendamos a todos los interesados en esta cuestión la lectura de los artículos *¿Deben las* *empresas «espiar» los perfiles de sus empleados en las redes sociales?* y *Directrices para empleados* para obtener más claves y criterios de actuación.

La llegada de Google+, el último intento de Google para hacerse un hueco en la batalla de las redes sociales, ha obligado a Facebook a redoblar sus esfuerzos comerciales para atraer el interés de las empresas. Con el fin de convencer a éstas de las bondades de una mayor utilización de su plataforma, Facebook ha lanzado una guía para ellas, *Facebook for Business*,[62] que les enseña cómo utilizar su plataforma para fines comerciales. Esta guía visual aporta una relación de consejos, pautas y documentación para publicar anuncios, crear historias patrocinadas y desarrollar aplicaciones sociales.

La rivalidad con Google+ no sólo se centrará en la gestión de la presencia online de las empresas, sino también en la oferta de servicios de valor añadido a los usuarios tales como la videoconferencia o la movilidad, como veremos posteriormente en Tuenti. Facebook acaba de lanzar su servicio de videochat a través de Skype, que permite la comunicación entre dos personas, Google+ ofrece un servicio similar, pero entre varios de sus miembros. Los promotores de esta red saben que las videoconferencias entre varios individuos son muy demandadas en el mundo empresarial. La compra de la compañía Motorola por parte de Google indica claramente la apuesta de ambas compañías por el Internet Móvil.

6.4.3 Tuenti

En apenas tres años, Tuenti no sólo ha logrado posicionarse como una de las principales redes sociales en España, sino que también ha iniciado su plan de expansión internacional en Latinoamérica y Estados Unidos. No debemos olvidar que internet no tiene fronteras físicas, tan sólo idiomáticas. En este contexto, el crecimiento de Tuenti tiene un gran potencial dado que el español es el tercer idioma más hablado del mundo, después del inglés y el chino.

Al desarrollar el plan de marketing y comunicación muchas empresas se preguntan dónde están los jóvenes consumidores y cómo

62. https://www.facebook.com/business

llegar a ellos. Son conscientes de que este público ha dejado de ver la televisión, sobre todo las películas interrumpidas con anuncios, no lee prensa escrita, excepto la gratuita, y tampoco escucha la radio, sólo a través de podcasting. No le dé más vueltas. La gran mayoría están en Tuenti, la red social que mayor interés ha despertado en el mercado español. En opinión de muchos analistas es un fenómeno sociológico, y, a juicio de otros, un caso de éxito en la web social. Para sus usuarios es uno de los lugares de ésta, junto con YouTube y Messenger, donde más cómodos se sienten.

Tuenti es la red social por excelencia para los estudiantes de secundaria, los universitarios y la gente joven en general: el 85 por ciento de los españoles entre los quince y treinta años está registrado en esta red social. Si su empresa tiene productos o servicios dirigidos a estos públicos objetivos no espere más tiempo, ésta es la red social donde debe estar. En apenas un par de años esta compañía española ha logrado atraer la atención de los medios de comunicación y de varias firmas que han empezado a publicitar sus productos en esta red social, pero sobre todo ha conseguido enamorar a sus miles de usuarios de habla hispana, que ven en la plataforma más de 33.000 millones de páginas al mes.

No dar cifras sobre el número real de usuarios forma parte de la política de marketing. Algunos cifran el número de éstos de Tuenti en España entre ocho y doce millones, según si se tienen en cuenta o no los mercados latinoamericanos.[63] Es una vieja fórmula, utilizada en el lanzamiento del iPod en 2001 y recientemente por Amazon en la comercialización de su e-book Kindle, la cual origina que la gente hable del negocio y su posible evolución generando mucha rumorología. En cualquier caso, tarde o temprano tendrán que revelar su verdadera audiencia con el fin de atraer el interés de los anunciantes.

Al igual que en las otras dos plataformas descritas, el objetivo de Tuenti es permitir que sus miembros puedan estar al día de todo lo que hacen o comentan sus amigos en la web social. No obstante, los gestores de este portal hacen un gran esfuerzo por convencer a quienes participan en él de que establezcan relaciones con personas a las que conocen realmen-

63. http://mangasverdes.es/2011/01/18/uso-redes-sociales-espana-enero-2011/

te, o desean conocer, con el fin de que su experiencia sea lo más fructífera y relevante posible. Parece ser que este criterio ha calado, puesto que un alto porcentaje de sus usuarios regresa todos los días para actualizar su perfil y conversar con sus colegas, a lo cual dedican más de ochenta y dos minutos al día en la plataforma. Estos altos índices de fidelidad y permanencia en la web son atributos que las empresas deben tener en cuenta en el momento de determinar su presencia en la web social.

Figura 10. Perfil de una cuenta en Tuenti.

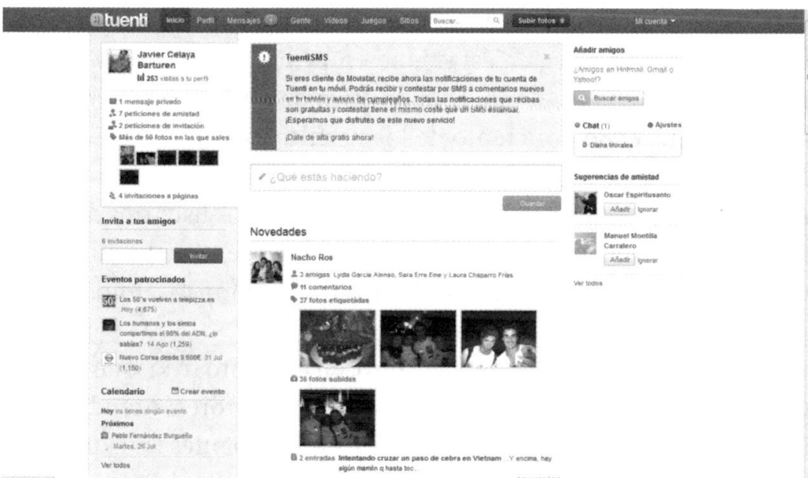

Con el fin de diferenciarse de su competencia (Facebook y más recientemente Google+), Tuenti aspira a convertirse en la red social en la que tus amigos son los mismos que tienes en realidad, en vez de coleccionar un montón de perfiles de personas a las que nunca has conocido y nunca conocerás en la vida real. Así, es significativo que entre los usuarios de Tuenti la media de amigos añadidos a sus perfiles ronde entre cuarenta y cincuenta personas, mientras que en otras redes supera en muchos casos el centenar y otros aspiran incluso a tener un millón de amigos. Existe un buen número de miembros de las redes sociales que coleccionan perfiles de supuestos amigos en la web social con el fin de transmitir una imagen de persona muy conectada. Estos individuos aceptan todo tipo de solicitudes de amistad, conozcan o no a quien se las envía. Saben que nunca contactarán con ese sujeto ni seguirán las actividades y recomendaciones de su perfil; sólo aceptan la solicitud con el fin de aumentar el número de contactos en su portafolio de conexiones. A los lectores interesados en profundizar en este asunto les recomendamos el artículo «Comportamiento de los usuarios en las redes sociales», publicado al final de este capítulo.

A fin de limitar este tipo de comportamientos «extraños», Tuenti restringió la entrada de nuevos socios a través de un proceso de invitación personal. Cada miembro de Tuenti podía invitar hasta diez personas a formar parte de la red social. De esta manera, cada vez que un nuevo usuario llega a ésta tiene en principio un amigo real, la persona que le ha invitado. Esta política de entrada restringida ha generado que el 80 por ciento de los perfiles publicados en esta red sean reales: los integrantes en ella se dan de alta con su nombre y dos apellidos y con su foto personal. Parece ser que los usuarios de Tuenti han llegado a la conclusión de que no tiene sentido participar en esta plataforma con una identidad falsa si vas a compartir fotos, vídeos y experiencias con tus amigos de verdad.

Tuenti tiene un diseño muy austero, en absoluto friki, que responde fielmente a la cultura corporativa de sus gestores. Atendiendo a este criterio de reflejar la vida real de los participantes en la plataforma, los criterios de filtro de perfiles son mucho más simples: colegio o instituto donde supuestamente aquéllos estudian, zona de marcha por la que se mueven o empresa en la que trabajan.

Aunque Tuenti inició su posicionamiento como un lugar de ocio y punto de encuentro entre universitarios y adolescentes, en apenas tres años sorprende ver el grado de «maduración» de sus miembros. Durante estos años han dado de alta en ella a miles de pequeñas y medianas empresas. Son las empresas donde trabajan como «mileuristas» o en las que han llevado a cabo prácticas o desarrollado alguna beca. Aquí no se encontrarán directores generales ni mandos intermedios como en LinkedIn, Xing o Viadeo, pero sí está la próxima generación de directivos. El presidente y cofundador del portal, Zaryn Dentzel, está estudiando sinergias con sociedades interesadas en descubrir talento en la web social. Dado que el perfil de los usuarios es mayoritariamente universitario, varias compañías están muy interesadas en utilizar los servicios de esta plataforma para llevar a cabo sus procesos de selección de personal. Probablemente, muy pocos usuarios pensaron que al darse de alta en esta web social iban a encontrar su primer empleo en ella.

El futuro de Tuenti reside en el acceso y la utilización de su plataforma a través de internet móvil. Al igual que otras redes sociales, Tuenti está alcanzando acuerdos estratégicos en este ámbito con el fin de ofrecer servicios de valor añadido. Hace un par de años, llegó a un acuerdo con Vodafone y Orange para que los clientes de éstas puedan acceder a la plataforma a través de su móvil. Mediante estos operadores, los usuarios de Tuenti podrán actualizar sus perfiles, mantener conversaciones con sus amigos, subir fotos o vídeos, sin necesidad de estar delante de un ordenador.

Para llevar a cabo su plan de crecimiento y expansión, Tuenti necesitaba un fuerte socio financiero con implantación en los principales mercados de habla hispana. Después de analizar todas las alternativas, la compañía que ofrecía más sinergias era Telefónica. A mediados de 2010, la operadora Telefónica adquirió el 90 por ciento de las acciones de Tuenti por cerca de setenta millones de euros. A través de esta compra, ambas compañías se benefician mutuamente. Por una parte, Telefónica adquiere una plataforma para acercarse y fidelizar a un creciente segmento de sus clientes, jóvenes de catorce a veinticinco años, que representan el grueso de los usuarios más activos en Tuenti. Por otra parte, los fundadores de esta red social llevaban un tiempo buscando un fuerte socio financiero para llevar a cabo sus planes de expansión internacional a fin de combatir en igualdad de condiciones contra su principal competidor, Facebook.

La incorporación de Telefónica ha permitido a la red social lanzar servicios de valor añadido como la operadora TU, que redefine el concepto de telefonía móvil al trasladar la experiencia social al móvil. Como oferta de lanzamiento, la operadora TU permite a sus usuarios hacer llamadas y SMS de Tu a Tu y navegación por Tuenti gratis y sin límite por una recarga de diez euros al mes con una tarjeta de prepago. Para el resto de servicios el precio es de ocho céntimos: ocho céntimos el minuto, ocho céntimos el SMS, ocho céntimos el mega. El equipo directivo de Tuenti está analizando permanentemente el comportamiento móvil de los usuarios para determinar nuevas ofertas que se ajusten a sus necesidades.

Al igual que las otras redes sociales, su modelo de negocio se basa en los potenciales ingresos publicitarios, pero a diferencia de sus inmediatos competidores, Tuenti ofrece a las empresas anunciantes un target comercial muy definido, un tráfico web muy alto y unos niveles de fidelidad envidiables. La plataforma ofrece criterios de segmentación y servicios de geolocalización que han permitido a Coca-Cola, Hewlett-Packard, Iberia, BBVA, Fanta, Tommy Hilfiger, J&B y Sony Ericsson, entre otras empresas, lanzar campañas de comunicación con resultados muy por encima de los ratios obtenidos en el sector.

Los gestores de Tuenti entienden que los usuarios están hartos de las campañas de publicidad online, que son muy intrusivas y molestan al usuario con páginas que se abren y se cierran, con objetos que no nos dejan leer el contenido que realmente nos concierne, etc. Las compañías interesadas en posicionar su producto o servicio en la web social deben entender que el modelo de comunicación ha cambiado y que el usuario quiere contenido relevante, no publicidad. En este contexto, Tuenti está experimentando con futuros modelos de ingresos a través de juegos virtuales, así como con la venta de contenidos digitales de ocio, cultura y educación (música, libros, cine, series de televisión, etc.).

Un buen ejemplo de este nuevo enfoque es la campaña *UnderEighteen*, realizada por Sony Ericsson y Orange, que engloba todo tipo de acciones musicales, conciertos y festivales para personas menores de dieciocho años. Tuenti llevó a cabo una segmentación de los perfiles en función de la edad –menores de dieciocho años– y ubicación –ciudad en la que se celebraba el encuentro–. La campaña generó más de 4.000 comentarios entre sus usuarios.

Con el fin de ofrecer una experiencia similar y así evitar comparaciones odiosas, las funcionalidades de las redes sociales generalistas como Facebook, Tuenti o Google+ cada vez se parecen más entre sí. En este sentido, Tuenti acaba de añadir a su plataforma la funcionalidad «me gusta» (un estándar del sector), con la cual los usuarios pueden mostrar su interés hacia estados y fotos de sus amigos, sin necesidad de escribir un comentario.

Figura 11. Funcionalidad «Me gusta» en Tuenti.

En menos de cuatro años, Tuenti ha tenido un crecimiento cercano al 50 por ciento anual en usuarios, de modo que ha logrado convertirse en uno de los sitios web con más tráfico de España. Sin lugar a dudas, su futuro reside en su apuesta internacional y en explotar correctamente las sinergias existentes con su socio Telefónica. Paralelo a su expansión internacional, el futuro de Tuenti reside también en consolidar su diferenciación frente a sus competidores, posicionándose como la red social más segura y con mayor grado de sensibilidad ante las necesidades de privacidad de sus miembros. Tal como señalaremos en el último capítulo, la intimidad de éstos será uno de los aspectos clave de la economía digital.

6.4.4 Google+

En el ámbito de las redes sociales, Google acaba de lanzar una nueva plataforma social, Google+, que aspira a convertirse en una seria alternativa frente a sus actuales rivales Facebook y Twitter. Tras los fallidos intentos de Orkut, Buzz y Open Social, Google ha aprendido de los errores, y el arranque de 1+ está tenido una impresionante aceptación entre los usuarios de la web social. En apenas un mes desde su lanzamiento ha conseguido veinte millones de usuarios en todo el mundo.[64] De esos veinte millones, la cuarta parte (5,1 millones) proceden de Estados Unidos. India es el segundo país con más usuarios (2,87 millones), por delante de Reino Unido (870.000) y Canadá (860.000). España se encuentra en el último puesto del *top 10*, con 370.000 usuarios.

El dato de los veinte millones de usuarios es aún más sorprendente si lo comparamos con el tiempo que tardaron Facebook y Twitter en alcanzar esta cifra: 1.152 y 1.035 días, respectivamente (véase la figura 12).[65]

Figura 12. Tiempo en alcanzar los 20 millones de usuarios.

Una singularidad de esta nueva plataforma de Google es su lucha contra el anonimato, una de las mayores lacras en las redes sociales. Mientras que en la web 1.0 el anonimato estaba a la orden del día, en

64. http://online.wsj.com/article/SB10001424053111904233404576460394032418286.html
65. http://ideaclips.filosofitis.com.ar/post/8084426565/google-vs-facebook-twitter

la web 2.0 tiene menor calado social. Dejando aparte algunos blogs fraudulentos y perfiles falsos en las redes sociales, sin lugar a dudas hay menos usuarios anónimos en la web social. El motivo de este cambio de actitud es el retorno de inversión a la dedicación de tiempos. Pocos participantes en ella están dispuestos a dedicar muchas horas de su tiempo libre a gestionar su presencia en la web social a través de seudónimos o nombres inventados, dado que nunca serán compensados con un reconocimiento público.

En este contexto de transformación de la actitud del propio usuario, y con el fin de posicionarse como una red segura, los promotores de Google+ quieren que sus miembros se den de alta en esta red social con sus nombres reales. Sin embargo, esta interesante política de gestión de perfiles reales ha generado tantos problemas que la propia plataforma ha tenido que abrir una página para atender a todas las personas que consideren que Google+ ha suspendido por error su perfil por usar un nombre que no es verdadero.

Tal como mencionábamos anteriormente, la gestión de la privacidad será una de las herramientas clave de diferenciación y fidelizacion de integrantes de las redes sociales. Sin lugar a dudas, las opciones de privacidad de la nueva red social Google+, con sus ya famosos «círculos», aporta al usuario una gestión más visual y avanzada de su intimidad que el modelo de gestión de listas de sus rivales Facebook y Twitter. A lo largo de los próximos años veremos si la decisión de Google de posicionarse como una red social destinada a acoger a personas reales y no perfiles más o menos inventados da frutos y logra atraer la atención y confianza de la gente.

6.4.5 Foursquare

El 11 de marzo de 2009 Dennis Crowley y Selvadurai Naveen lanzaron Foursquare, una red social que utiliza la geolocalización de sus usuarios como eje de su servicio. La geolocalización permite localizar un dispositivo fijo o móvil en una ubicación geográfica. En apenas dos años han logrado superar los diez millones de miembros.

A diferencia de Facebook y Twitter, cuyo objetivo es interconectar a sus integrantes a través de una relación de contenidos y conversaciones,

Foursquare los conecta por medio de sus visitas a locales (restaurantes, tiendas, hoteles, etc.). Los usuarios realizan los famosos check-ins en los locales que visitan y comparten sus impresiones con sus contactos. Al hacer check-in, los usuarios comparten su ubicación con los amigos y ganan badges. Estos reconocimientos virtuales se han convertido en una de las principales causas de su éxito. No hay que olvidar que la web 2.0 se puede resumir como contenidos para alimentar el ego.

Quienes utilizan esta nueva herramienta de comunicación social son muy activos. En 2010 realizaron cerca de 400.000 check-ins y todo indica que esta cifra se duplicará a lo largo de este año dado que todos los días se realizan cerca de tres millones de check-ins.

Otra de las grandes diferencias con Facebook y Twitter es que Foursquare ha sido una de las pocas plataformas que han sabido aportar valor añadido a la comunidad empresarial. Desde su lanzamiento, más de 500.000 empresas la utilizan para comunicarse directamente con sus clientes actuales y potenciales.

La mayoría de los usuarios de este portal siguen siendo norteamericanos (60 por ciento), pero pocos dudan de que la herramienta incrementará rápidamente su presencia en otros países en los próximos años. Cerca de 25.000 personas descubren esta red diariamente. ¿A qué esperas?

6.4.6 Otras redes sociales: Bebo, Orkut, Wamba, etc.

Es imposible, por inabarcable, describir en este libro la totalidad de las redes sociales generalistas existentes en el mundo. He considerado que sería más útil para las empresas analizar sólo las que tienen ya un fuerte arraigo en nuestro mercado, como MySpace, Facebook, Tuenti y Google+, con el fin de facilitar su conocimiento y posible actuación en ellas. Pero las firmas deben ser conscientes de que la visibilidad de que gozan las plataformas descritas puede ser reemplazada por otras redes en muy pocos años. Dado que vivimos una época de transformaciones constantes, no me sorprendería que a pocos meses de la publicación de esta nueva edición del libro viviéramos alguna fusión entre estas plataformas, la compra de alguna de ellas por una compañía «tradicional» que quiera apostar por la web 2.0 o la desaparición de alguna otra por desinterés de sus usuarios.

6.5 Auge de las redes sociales especializadas

Durante la elaboración de este libro advertimos la aparición constante de nuevas redes sociales especializadas en una determinada materia, una actividad social o económica, o un deporte. ¿A qué se debe este interés de los usuarios por las redes especializadas? Desde siempre el ser humano ha querido formar parte de una comunidad con otros individuos que tengan los mismos valores, hábitos de consumo y de ocio.

Las redes sociales verticales favorecen la comunicación entre las personas y las empresas con inquietudes profesionales o personales semejantes. Flixster, una red social de amantes del cine, y SkiSpace, especializada en el deporte de la nieve, han conseguido atraer la atención de las principales compañías de sus respectivos sectores y de los anunciantes al conocer los espectaculares crecimientos de esas comunidades en pocos meses. El caso de la red social SkiSpace es bastante significativo. Lanzada en diciembre de 2007 con una inversión de 500.000 dólares, en menos de tres meses logró superar los 10.000 usuarios activos y contar con el apoyo publicitario de empresas tan reconocidas como Motorola, Sony y Sanyo. Estos anunciantes consideran que estas redes sociales aportan una mayor rentabilidad y eficacia a sus campañas de comunicación online debido a la alta segmentación del público usuario. Por estos motivos pensamos que estas redes y comunidades virtuales son las que tendrán más éxito a medio o largo plazo, ya que agregan a quienes buscan compartir experiencias y recomendaciones con los que tienen los mismos gustos y aficiones.

En los últimos años se han creado en España varios modelos de negocio basados en el concepto de redes sociales (Mystrands, 11870, Gennio, Fresqui, etc.), que no sólo son muy sólidos desde un punto de vista empresarial, sino que además cuentan ya con una alta participación de usuarios. Esta buena aceptación ha animado a otros emprendedores a lanzar nuevos proyectos basados también en el criterio de establecer comunidades especializadas, como Moterus, para amantes de las motos; Inusual, ocupada en la creatividad interactiva; Ediciona, especializada en ofrecer servicios a los profesionales del sector editorial; BytePR, antes BitsPR, centrada en el mundo de las relaciones públicas, y Entrelectores, dedicada al mundo del libro.

Muchos lectores se preguntarán si la aparición de las redes especializadas significa la muerte de Facebook o Tuenti. No creo que la irrupción de las redes verticales suponga la desaparición de las horizontales, pero sí podemos intuir que en los próximos años las grandes webs intentarán mantener su gran volumen de usuarios firmando acuerdos estratégicos con las principales redes especializadas con el fin de ofrecer servicios de valor añadido a sus miembros y no perder el deseado tráfico web ni su posicionamiento en internet. Al igual que ya sucedió durante la primera fase de la web con los famosos portales generalistas como Terra, a medida que va pasando el tiempo los participantes en ellos migran hacia redes que ofrecen temáticas que atienden las necesidades de un segmento concreto. El objetivo de las redes horizontales será convertirse en el nodo de las verticales; la que lo consiga obtendrá el deseado liderazgo en la web social. Este proceso de transformación de las redes sociales afectará también al enfoque del actual modelo de negocio dado que existen diferencias muy importantes entre las redes horizontales y las verticales. La mayoría de las plataformas especializadas van más allá de la publicidad tradicional como principal vía de ingresos: apuestan por el cobro de servicios de valor añadido como el envío de SMS con alertas, redireccionamiento del tráfico web o el patrocinio de eventos o grupos de interés dentro de su red social. En definitiva, todo indica que el futuro de las redes sociales estará en la fidelización de los usuarios a través de servicios de valor añadido.

6.5.1 Los principales protagonistas de las redes verticales

A continuación, analizaremos las funcionalidades clave de las principales redes sociales especializadas con el fin de aportar más criterio a los lectores de este libro para que puedan determinar el enfoque de su estrategia empresarial en la web social. Debido al auge de estos portales, los datos sobre el número de integrantes y su grado de participación en los mismos que describimos en el siguiente apartado probablemente habrán variado en el momento de la publicación de este libro. Por lo tanto, al analizar estas redes sociales conviene tener más en cuenta el potencial impacto que puedan ejercer en la estrategia empresarial a medio o largo plazo que la dimensión actual de la plataforma.

6.5.1.1 Meetic, Gaydar, Match, Badoo, Yunu, etc.

Aunque Facebook, Tuenti y Google+ aparezcan en la mayoría de los reportajes de los medios de comunicación como las redes sociales virtuales más populares, las cifras demuestran que las de contactos personales son las que mayor tráfico tienen en nuestro país. Badoo cuenta con más de cien millones de usuarios;[66] le sigue Meetic con 42 millones de participantes registrados, de los cuales ocho millones están en España;[67] después Match.com, con veinte millones de personas inscritas; por último, aparece Yunu, con más de tres millones de miembros registrados. Existen también varias redes de contactos para gays y lesbianas, como Gaydar, que cuenta con más de seis millones de visitantes.[68] Yunu es la única que está compuesta por capital español; el resto son filiales de redes internacionales.

Al igual que las redes sociales profesionales, el modelo de negocio de las de contactos personales se basa en los ingresos publicitarios y en la compra de licencias Premium por los usuarios para acceder a una serie de servicios de valor añadido. En la mayoría de estas redes es gratuito crearse un perfil, navegar y buscar pareja, pero solamente los suscriptores de pago acceden a los servicios Premium (envío de correos, personalización del perfil, etc.). Los precios de las licencias de suscripción varían mucho según la plataforma, pero oscilan entre quince y treinta euros mensuales dependiendo de ofertas y descuentos promocionales. El perfil de usuario de este tipo de redes es una persona con estudios universitarios, con poder adquisitivo medio-alto y de veinticinco a cuarenta y cinco años, que vive en zonas urbanas y se conecta asiduamente a internet. Al igual que en las otras redes sociales descritas, hay más hombres –70 por ciento– que mujeres participando en estas comunidades.

Su gran volumen de miembros y los altos índices de tiempo de permanencia en la web son un excelente reclamo para las empresas que

66. http://www.deia.com/2011/01/27/ocio-y-cultura/internet/badoo-supera-los-100-millones-de-usuarios
67. http://www.infosingles.com/meetic-lanza-una-aplicaci%C3%B3n-para-iphone-exclusivamente-en-espa%C3%B1
68. http://www.aquienleimporta.com/2010/07/gaydar-for-iphone-como-no-hacer-una.html

quieran posicionar sus productos y servicios en estas redes sociales. Durante la elaboración de este libro hemos visitado varias veces estos portales y hemos observado que muchas empresas de prestigio (bancos, entidades aseguradoras, medios de comunicación, agencias de viajes, etc.) tienen una presencia publicitaria constante. Por ejemplo, Match.com tiene acuerdos con MSN, Yahoo, Tiscali, Orange, Ya.com, *El País*, *As* y Los 40, entre otros.

Aunque parece que poco a poco van desapareciendo algunos prejuicios empresariales sobre la conveniencia o no de incluir a estas comunidades virtuales en las campañas de marketing o publicidad, nos preguntamos si el equipo directivo de una empresa debería leer los perfiles de sus empleados en estas redes sociales. Es cierto que esa información ha sido difundida voluntariamente por el usuario en un sitio web público, pero mucha gente opina que no deja de ser información personal que el inscrito en el portal quiere compartir con su red de contactos y no con su actual jefe o potencial nuevo jefe. Sospecho que muchos directivos proclamarán en público que no entrarían jamás en estas comunidades para «cotillear» los perfiles de sus empleados, pero que en privado justificarían la lectura de los mismos con el fin de conocer con más detalle la personalidad de sus trabajadores o potenciales candidatos a formar parte de la plantilla de su firma. ¿Cuál debería ser la política de recursos humanos de las empresas? ¿Dónde está la línea divisoria entre información personal e información pública? Pocos departamentos de recursos humanos han reflexionado sobre este importante aspecto del comportamiento virtual de sus empleados en la red. A los lectores interesados en este asunto les recomendamos el artículo «¿Deben las empresas "espiar" los perfiles de sus empleados en las redes sociales?», publicado al final de este capítulo.

6.5.1.2 eBuga y eBurra

eBuga es una red social cuyo objetivo es ayudar a otros usuarios a comprar un coche. Para ello, sus cerca de 13.000 personas inscritas en España recopilan, filtran y clasifican información y opiniones sobre coches, concesionarios y noticias del motor. Desde su lanzamiento, sus hiperactivos integrantes han logrado publicar más de 17.000 opiniones y cerca de 50.000 fotos; han elaborado fichas de aproximadamente 85.000 concesionarios y han subido a la red más de 7.000 vídeos sobre coches sólo en España.[69] Las empresas pertenecientes a este sector pueden crear grupos de interés y eventos, a un precio muy competitivo, para lanzar sus ofertas comerciales a un público que se encuentra inmerso en el proceso de información o compra de un coche. Desde su puesta en marcha se han creado más de cuatrocientos grupos y eventos en esta red social. La plataforma opera en varios países de Europa, como Alemania, Austria, Italia, Reino Unido y Rusia, entre otros. Tras el éxito obtenido, los emprendedores de eBuga se animaron a lanzar otra red social, eBurra, especializada en motos y que en apenas un año de operación, logró una media de 200.000 páginas vistas mensuales.

6.5.1.3 Moterus

Parece ser que el mundo de las motos atrae a muchas personas, puesto que se han constituido varias redes sociales alrededor de esta actividad. Moterus surgió de la necesidad de sus creadores de planificar y organizar rutas en moto. Pensaron que sería una buena idea establecer una red web en la que todos los moteros pudiesen compartir información sobre rutas interesantes y organizar las salidas de un modo más fácil. Desde su fundación, en marzo de 2008, se han registrado más de 30.000 usuarios[70] –a nadie sorprenderá que más del 90 por ciento de los mismos sean hombres–, y han logrado atraer la atención de una media de 30.000 visitas al mes. Aunque la plataforma cuente aún con pocos participantes, no hay duda de que éstos son bastante hiperactivos: en menos de cuatro años han subido más de 17.500 fotos, han elaborado más de 8.200 rutas con un total de casi 3,9 millones de kilómetros y han formado más de 1.100 grupos. Los promotores de esta iniciativa están ultimando el lanzamiento de una versión en inglés para llevar a cabo una expansión internacional de esta red vertical.

69. http://www.ebuga.es/
70. http://www.moterus.es/

6.5.1.4 nVivo

Los nuevos creadores, aún por descubrir y disfrutar, han visto con muy buenos ojos la llegada de nVivo, donde se dan a conocer nuevas voces independientes en el mundo de la música. Esta red social especializada en música en directo aspira a convertirse en la herramienta de comunicación clave de las salas de concierto y promotoras de grupos. Hay más de 374.000 usuarios registrados, más de 50.000 comentarios, 46.000 salas de conciertos, 55.000 artistas, 33.000 fotos y 411.800 conciertos en su base de datos.[71]

Curiosamente, nVivo se nutre de los contenidos publicados por los miembros en la web social. A través de una serie de API, un interfaz de comunicación que conecta dos sitios web, nVivo logra agrupar un montón de información que el usuario tenía que buscar antes en diferentes webs. Por ejemplo, a través del API de Google Maps, nVivo muestra la localización de las salas de conciertos y las provincias de los integrantes de esta comunidad. Por otra parte, la base de datos de artistas y álbumes proviene de MusicBrainz.org, y la información de artistas relacionados, del servicio web de Last.fm y audioScrobbler.org. La información geográfica la cotejan con Geonames, los vídeos de artistas y actuaciones los obtienen de YouTube y algunas fotos de conciertos, de Flickr.com.

6.5.1.5 Minube

Creada en noviembre de 2007, Minube.com es una red social de viajes que ofrece a sus afiliados un espacio con todo lo que necesitan para llevarlos a cabo: las mejores ofertas, la posibilidad de descubrir los destinos deseados gracias a las recomendaciones de otros usuarios, la opción de compartir sus experiencias, fotos y vídeos o crear su blog de viajes, entre otras funcionalidades. Cuenta con más de 25.000 personas registradas que generan un tráfico mensual de 350.000 visitas y 1,3 millones de páginas vistas. Al igual que nVivo, esta web se nutre de los contenidos de más de 45 webs para encontrar las mejores ofertas en vuelos y en hoteles. (A través de su red social, los participantes

71. http://www.nvivo.es/

en ella han realizado más de 7.500 comentarios y han subido más de 50.000 fotografías y 725 vídeos sobre sus viajes por todo el mundo.) También recomendamos la visita a otras redes sociales especializadas en viajes como www.unmillondeelefantes.com y www.notodo.com.

6.5.1.6 BytePR

BytePR tiene como objetivo establecer sinergias entre los profesionales del mundo de la comunicación. Se creó el 18 de marzo de 2008 bajo el nombre de Bits PR, y en apenas cuatro años de vida «ya son más de 3.000 los bytters o miembros que forman esta red social. Entre ellos se encuentran directores de comunicación, marketing, consultores de agencias, profesores universitarios y estudiantes de periodismo, comunicación y marketing de 40 países y 183 ciudades de Europa y América».[72] Esta red social se divide en diversas secciones de gran interés para quienes trabajan en el sector del periodismo, las relaciones públicas y la comunicación empresarial: «miembros», «grupos», «foros», «vídeos», «fotos». Cuenta, además, con distintos apartados de noticias que se van modificando y actualizando continuamente y que muestran todas las novedades relacionadas con el mundo de la comunicación. Además, dispone de una columna reservada para eventos y congresos de comunicación, así como para libros recomendados y nuevos lanzamientos.

Bits PR tiene también su propio mapa de la comunicación en Google, en el cual los miembros sitúan lugares de interés para los profesionales del sector. En él es posible localizar las principales facultades de Comunicación y Periodismo de España y otros países, librerías especializadas, agencias de comunicación y relaciones públicas, y medios de comunicación. Por otra parte, Bits PR cuenta ya con su propia bolsa de trabajo. Así, tanto los que estén pensando en mejorar su situación profesional como quienes busquen a personas para que formen parte de su empresa pueden encontrar ahí soluciones. En pocos meses, Bits PR se ha convertido en la red social profesional de referencia para estar al tanto de las noticias del sector de la comunicación,

72. http://www.facebook.com/bytepr.comunicacion

conocer ofertas de empleo, eventos o permanecer en contacto con otros profesionales.

6.5.1.7 Ediciona

Ediciona es una red social para profesionales y empresas del sector editorial que nace con un doble objetivo: facilitar las relaciones laborales en la industria editorial mediante la creación de un mercado de trabajo especializado, y hacer accesibles a los usuarios los medios de formación y de información necesarios para adaptarse al nuevo mercado de la edición digital. En esencia, Ediciona es una red de networking como LinkedIn, pero focalizada en la industria editorial: un espacio especializado en el que los profesionales y las empresas pueden promocionar su currículo, ofrecer servicios propios y contratar servicios ajenos, dar visibilidad a su marca corporativa y/o personal, y establecer una red de contactos profesionales.

Creada en abril de 2008, ha logrado atraer la atención de 20.000 personas de habla hispana. Es curioso destacar que, sin haber realizado ningún tipo de acciones de marketing fuera de España, el 33 por ciento de ellas pertenece a otros mercados. Por otra parte, es interesante observar que el 40 por ciento de los usuarios son pequeñas y medianas empresas que se han dado de alta en esta red social para dar mayor visibilidad a su gama de servicios. Arantxa Mellado, fundadora y directora de Ediciona, explica: «Muchos usuarios interactúan bajo el nombre de su empresa. Normalmente, se trata de entidades muy pequeñas, fundadas y dirigidas por ellos mismos, que se identifican tanto con ellas como para convertirlas en una especie de álter ego profesional. Me ha parecido observar una tendencia similar en Facebook.»

Al igual que nVivo y Minube.com, Ediciona se nutre de los contenidos difundidos por terceros en la web social, concretamente de las historias profesionales y los portafolios (imágenes, vídeos y textos) y de los eventos que aparecen en la agenda editorial, pero también de las relaciones profesionales establecidas entre los usuarios y de las ofertas de trabajo publicadas en su marketplace. Como servicio de valor añadido, la plataforma ofrece una completa sección de actualidad del mundo de la edición para que los profesionales puedan estar siempre al día de las novedades, los debates y las tendencias del sector editorial.

6.5.1.8 Entrelectores

Entrelectores es una red social de recomendación de libros en la que los lectores comparten e intercambian fácilmente sus autores y libros favoritos y obtienen recomendaciones para futuras lecturas. Los miembros de la web, tras crearse su perfil en la página, pueden escribir reseñas de los libros y opiniones acerca de las reseñas ya publicadas, además de relacionarse con otros lectores con intereses literarios afines.

Esta red social de recomendación de libros nació en 2009 y cuenta actualmente con más de 30.000 usuarios registrados y recomendaciones de todo tipo de libros realizadas por los propios lectores. Aunque a algunos les parezca bajo el número de inscritos, no debemos olvidar que internet es un reflejo de la vida real. De la misma forma que en el mundo analógico no hay, desgraciadamente, muchas personas interesadas por los libros, lo mismo ocurre en la web social.

No obstante, sus miembros son muy activos. El lector, protagonista absoluto de esta web, puede también añadir los libros que ha leído con anterioridad, puntuarlos, configurar su biblioteca y crear otras listas, como por ejemplo «libros pendientes» o «libros para el verano», que además podrá compartir en otros perfiles online de los que disponga. También recomendamos que se visiten otras redes sociales especializadas en libros, como Lecturalia, Librosdearena y Thelibrarything.com.

6.5.1.9 CinemaVIP

CinemaVIP es una red social vinculada al mundo del cine, la televisión, el videoarte, la publicidad... En definitiva, para todos los que utilizan el audiovisual como medio de expresión, ya sea porque profesionalmente se dedican a ello o simplemente porque les apasione. Desde su creación, en junio de 2006, los casi 145.000 profesionales y 3.500 empresas del sector[73] comparten en CinemaVIP experiencias

73. www.cinemavip.com

sobre lo que les gusta del sector audiovisual e incluso presentan proyectos y encuentran gente para realizarlos. Los miembros de esta web fabrican nuevos productos para el futuro de la televisión aprovechando la convergencia del cine, la televisión e internet en una misma plataforma de comunicación.

Entre sus miembros figuran la gran mayoría de cortometrajistas y el futuro de la producción audiovisual española. Es una excelente red social para la creación publicitaria, que debe ser tenida muy en cuenta por las empresas anunciantes debido al espíritu creativo de muchos usuarios.

6.5.1.10 11870

Es, sin lugar a dudas, una de las pocas redes que pueden presumir de ser ciento por ciento de origen nativo digital. Esta red social no tendría sentido sin la irrupción de la web social, ya que sus contenidos son creados o recomendados por los usuarios.

Esta red fue creada en 2006 por Jesús Encinar, fundador también de idealista.com, el portal inmobiliario líder en España. El objetivo de 11870 es encabezar la transición de los directorios telefónicos de papel a internet. Nada más nacer fue elegida como una de las cinco *start-ups* más interesantes de Europa. Actualmente, la compañía cuenta con un equipo de 35 personas y su accionariado está repartido entre socios fundadores y equipo (42 por ciento); Vocento (33 por ciento); BBK (10 por ciento) y el resto entre accionistas privados (15 por ciento). La plataforma está disponible en tres idiomas (español, catalán e inglés) y ofrece información de más de 11.000 ciudades de 160 países.

11870.com permite a sus más de 55.000 usuarios registrados guardar y compartir los sitios y servicios que utilizan mediante opiniones, fotos y vídeos. En estas redes sociales el número de participantes es importante, pero lo es aún más el contenido que publican y comparten. Éstos guardan y recomiendan todo tipo de información, desde un hotel hasta un restaurante, pasando por el teléfono del dentista o de la peluquería. Desde su creación, los miembros de esta comunidad han publicado más de dos millones de servicios, más de 200.000 opiniones, cerca de 500.000 fotos, más de 11.000 vídeos y 35.871 solicitudes de presupuesto[74] para uso y disfrute de todos los usuarios. En definitiva, todos los datos que guardamos en una agenda o en un tarjetero pueden formar parte de esta red social.

Muchos la comparan con la archifamosa web de intercambio de enlaces Delicious por la flexibilidad al etiquetar y compartir el contenido publicado en esta plataforma. Los usuarios pueden ordenar sus lugares preferidos y servicios organizados en diferentes categorías y clasificar el contenido bajo los criterios que consideren más apropiados para encontrarlos con toda facilidad más adelante. Según los gestores de 11870, la mayoría de sus componentes son estudiantes, empleados y autónomos, entre veinticinco y cuarenta años, que residen en grandes ciudades de las comunidades autónomas de Madrid, Cataluña, Andalucía, País Vasco, Comunidad Valenciana y Galicia.

Esta red social es idónea para las firmas especializadas en servicios (hoteles, restaurantes, tiendas, etc.), así como profesionales autónomos o *freelance* que quieran incrementar su notoriedad en la web social. La plataforma les permite dar de alta a su empresa de forma gratuita para que los miles de integrantes de 11870.com puedan conocerla y contratar sus servicios.

6.5.1.11 MyStrands

Strands, Inc., fundada a finales de 2003 por el científico español doctor Francisco J. Martín, es una sociedad norteamericana dirigida por científicos y emprendedores españoles que desarrolla tecnologías de propuestas para entender el gusto de las personas y ayudarlas así a descubrir en internet lo que podría gustarles y que no conocían. Su tecnología permite a los usuarios agregar su actividad desarrollada en las diferentes herramientas de la web social en un mismo sitio y descubrir cosas de acuerdo con el comportamiento de sus amigos. A través de la información que comparten en la plataforma de MyStrands, la tecnología genera recomendaciones adaptadas a las preferencias personales de cada miembro y fomenta que quienes tienen gustos similares entren en contacto. El papel de estas comunidades de inter-

74. http://11870.com/

cambio y recomendación entre iguales será cada día más importante en los procesos de búsqueda de determinados productos y servicios en la red. Los usuarios y la tecnología de estas webs nos ayudarán a mejorar nuestra búsqueda al indexar nuestras preferencias en relación con anteriores procesos de sugerencias y nos aportarán una serie de ofertas más ajustadas a nuestras necesidades.

En febrero de 2005 MyStrands presentó su versión beta, cuyo catálogo tiene más de seis millones de canciones. El perfil de usuario de esta plataforma es, en el 60 por ciento, norteamericano, con edades comprendidas entre catorce y treinta y cinco años; otro 15 por ciento pertenece a España y el 12 por ciento al resto de Europa. Los miembros de esta comunidad no sólo comparten sus gustos musicales, sino que la herramienta les permite hacerlo también con sus libros favoritos, las películas preferidas, sus fotografías, vídeos, invitaciones a eventos... en definitiva, todas las aficiones que complementan la vida de una persona. A partir del éxito obtenido con esta plataforma, la compañía lanzó en junio de 2008 un motor de recomendación, Strands Social Recommender, que tiene como objetivo ayudar a las empresas a mejorar sus servicios de recomendación de productos y servicios dentro de sus páginas web. Esta tecnología sugiere productos relevantes a clientes nuevos que aterrizan por primera vez en la web de una firma, pero también aporta resultados personalizados a los clientes habituales.

Recientemente, el BBVA ha incorporado esta tecnología a su nuevo servicio de finanzas personales, *BBVA tú cuentas.* Esta herramienta permite a los 4,1 millones de clientes de esta entidad bancaria en internet agregar toda la información financiera –no sólo del BBVA, sino también de otras entidades de las que el usuario sea cliente–, así como también su información no financiera, sus consumos de luz, teléfono, etc. El público dispone así de una visión global de su economía doméstica que le facilitará la gestión de sus ahorros. El servicio le permite también la posibilidad de compararse de manera anónima con un colectivo elegido por él mismo y conocer el modo en que cotejan sus distintas categorías de consumo. Tras la catalogación y comparación de los gastos, la herramienta ofrece al usuario sugerencias personalizadas basadas en el conocimiento de sus gustos y preferencias.

Aquél puede, además, evaluar la utilidad de estas propuestas, de modo que la aplicación aprende sobre sus gustos y preferencias para hacerle nuevas sugerencias más adaptadas a su perfil.

6.5.1.12 Kedin

Agustín d'Empaire y Juanjo Amorín crearon Kedin en julio de 2008 con el objetivo de ofrecer un servicio online en el que estén agrupados de manera ordenada y relevante todos los eventos que suceden en una determinada ciudad.

En apenas tres años, Kedin –palabra creada jugando con «quedar» y «kdd»– ha pasado de agrupar, ordenar y mostrar acontecimientos en España a liderar la agregación de todo tipo de eventos, lugares, y los planes de sus usuarios en todo el mundo. Existe un Kedin Madrid, Kedin Bilbao y Kedin Barcelona, y también un Kedin Argentina y un Kedin São Paulo.

Esta red social especializada ofrece a sus miembros la posibilidad de descubrir miles de planes y alternativas de ocio con un solo clic. Decidir qué hacer un fin de semana con tanta oferta no es tan sencillo como parece. Este servicio online ayuda a quienes recurren a él a ordenar la oferta con criterios de agregación e inteligencia colectiva.

6.6 ¿Qué puede hacer una empresa en las redes sociales?

Pues muchas cosas. Estas redes de intercambio de opiniones y afinidades permiten a las empresas enterarse, con muchos detalles, de rasgos clave de la personalidad y el estilo de vida de sus clientes. Como humanos, estamos programados para conversar e intercambiamos opiniones y recomendaciones sobre todo tipo de cosas con las personas que nos importan. Por ejemplo, los miembros de Facebook suben cada día una media de catorce millones de fotografías que retratan sus vidas personales y desvelan todo tipo de datos respecto a su identidad: viajes que han realizado, fotos de celebraciones con miembros de su familia, fiestas o reuniones con compañeros de trabajo, portadas de libros u otros productos que han comprado, museos que han visitado, etc. Estas fotografías, subidas voluntariamente por los usuarios, aportan mucha información a las empresas acerca de tendencias, desarrollo de nuevos mercados, opiniones sobre un determinado producto, etc.

En este contexto de intercambio permanente de toda clase de experiencias y conocimiento, las empresas tienen varias alternativas para determinar su presencia en estas redes sociales:

- **Creación de un perfil corporativo**. Al crear la propia firma un perfil público sobre su producto o servicio, la presencia corporativa en estas redes sociales no resulta tan intrusiva para sus visitantes porque son ellos mismos quienes deciden añadir o no ese perfil como «amigo». Al igual que nos ponemos mucha ropa (camisetas, polos, chaquetas, etc.) con etiquetas muy visibles, muchas personas añaden marcas como amigos en sus perfiles en estas webs. Es un modo de demostrar la afinidad del usuario por una marca determinada. No hay que olvidar que mucha gente proyecta su imagen personal a través de los distintivos de los productos o servicios que consume, ya sea ropa, coches, restaurantes que visita, etc.
- **Creación de un grupo de interés**. Las empresas pueden crear un grupo de interés dentro de las plataformas para agregar a posibles personas interesadas en esa compañía, producto o servicio. Existe todo tipo de grupos; en Facebook hay millones de ellos: antiguos alumnos de universidades, ex empleados de empresas, clubes de lectura, partidos políticos, clubes de fans de músicos, grupos ideológicos, religiosos o de preferencias sexuales... Como se ve, hay de todo, y las oportunidades de entablar conversaciones sobre diversos productos y servicios son infinitas.
- **Segmentación del mercado**. La tecnología de estas plataformas permite a las empresas segmentar los perfiles de los usuarios por infinidad de criterios, desde los típicos de edad o sexo hasta agrupaciones más sofisticadas relacionadas con criterios basados en geo-targetting, como «quién habla con quién» y «de qué». La posibilidad de realizar estas segmentaciones ha sido el sueño nunca cumplido de muchos responsables de marketing. Al tener un profundo detalle sobre el perfil del comprador potencial, la entidad puede realizar a sus clientes ofertas más relevantes para sus

necesidades y ventas cruzadas a través de la combinación de variables y comportamientos de perfiles similares.

- **Realización de encuestas**. Varias compañías utilizan las redes sociales para sondear la opinión del mercado. La mayoría de estas plataformas aporta a todos los usuarios instrumentos para crear encuestas o profundizar en datos y estadísticas relativos a un determinado grupo demográfico. Mediante estas herramientas las firmas obtienen una información de mercado previa al lanzamiento de un producto o servicio. Tal como comentábamos en la introducción, la portada de este libro fue prepublicada en diferentes webs sociales con el fin de sondear la opinión de los lectores. A través de los útiles de encuesta publicamos tres versiones de la portada y preguntamos a los miembros de varias redes sociales cuál era su preferida. En pocos días recibimos más de un centenar de comentarios con todo tipo de observaciones que fueron tenidas en cuenta al rediseñar la versión final de este libro.
- **Análisis del comportamiento del usuario**. De acuerdo con un estudio de la consultora Forrester, más del 60 por ciento de los consumidores rechaza las intenciones comerciales de los mensajes publicitarios, y por lo tanto tiene mucho más en cuenta las recomendaciones de personas cercanas o conocidas en el momento de decidir su compra. Esta tendencia avala la creciente importancia de las redes sociales. A través del análisis del comportamiento de los usuarios de estas comunidades, las empresas pueden determinar quién es la persona o el colectivo que inicia el proceso de «boca en boca» que propaga un determinado producto, quiénes compran primero o cuáles son los usuarios que no compran, pero son prescriptores fundamentales en el proceso de venta. Toda esta información se encuentra en las redes sociales.
- **Atención al cliente**. Uno de los principales motivos que animan a las empresas a adoptar tecnologías web 2.0 es la mejora de la interacción con sus clientes. A través de la sindicación de contenidos, varias compañías mantienen los perfiles creados en diversas webs sociales actualizados en todo momento y sin coste alguno. Cada vez que la firma actualiza su página corporativa con nueva infor-

mación acerca de su producto o servicio, el perfil de esa compañía en Facebook, Entrelectores o Tuenti se actualiza inmediatamente, y es compartida con todas las personas que han añadido ese perfil como «amigo». Es una excelente forma de mantener a nuestro público objetivo informado permanentemente sobre nuestros productos y servicios. Algunas empresas en Estados Unidos utilizan esta funcionalidad como una herramienta de atención al cliente.

- **Publicidad online**. Todas las redes sociales ofrecen la posibilidad de llevar a cabo acciones publicitarias en sus plataformas, desde la inserción de banners tradicionales y la compra de palabras clave hasta la creación de eventos o el patrocinio de contenidos. Las empresas no deben olvidar que la principal vía de ingresos de estas plataformas es la publicidad, por lo que sus gestores estarán muy interesados en asesorarles sobre cuál es el mejor formato o idea para llegar a su público objetivo en esa red social. Según el último estudio de Infoadex, entre enero y septiembre de 2010 la inversión publicitaria española en los medios convencionales mostró un crecimiento del 2,7 por ciento, y alcanzó un volumen de 3.765,8 millones de euros, frente a los 3.666,0 millones que se registraron en el mismo período del año anterior.[75] Por sectores, la inversión fue realizada por empresas de transportes, viajes y turismo, finanzas, medios de comunicación, enseñanza y cultura y automoción. Estos niveles siguen siendo muy bajos en nuestro país si los comparamos con los países de nuestro entorno. Además, el reparto de este gasto al comprar los diferentes espacios publicitarios en la red es erróneo en muchas ocasiones. En España, más del 50 por ciento de la inversión en publicidad online se destina a la compra de palabras clave en los principales buscadores, cuando los usuarios pasan menos del 5 por ciento de su tiempo en ellos. Las compañías deberían extender sus inversiones publicitarias a los blogs, redes sociales y comunidades donde realmente están sus clientes actuales y potenciales. El papel de

75. http://www.marketingdirecto.com/actualidad/publicidad/infoadex-crecimiento-del-27-de-la-inversion-publicitaria-en-lo-que-va-de-ano/

estas redes sociales será cada día más importante para los consumidores en determinados procesos de búsqueda de productos y servicios en la red. La tecnología de estas plataformas les ayudará a mejorar sus procesos de compra teniendo en cuenta sus conversaciones anteriores, su historial de búsqueda, las recomendaciones de sus amigos, etc. Las empresas que no formen parte de esta conversación social estarán fuera de juego.

- **Escuchar las conversaciones**. Las firmas que aún no se sientan cómodas participando en la web social no deben considerarse excluidas, pues siempre podrán escuchar las conversaciones que tienen lugar en las redes sociales. Los usuarios de estas herramientas no son conscientes de la cantidad de información personal que aportan a través de sus comentarios, descargas, envíos a terceros, etc. Todo lo que hagan en estas plataformas tiene un gran valor comercial. A partir del análisis permanente del comportamiento de los miembros de estas webs, los responsables de comunicación de una empresa pueden facilitar información de mercado muy válida para la toma de decisiones de los departamentos de marketing y ventas. Dada la importancia de esta posible aplicación de las redes sociales en la estrategia empresarial, hemos elaborado un capítulo específico para aportar un mayor criterio a los lectores interesados en esta temática.

6.7 Tener o no tener una red social

Muchas compañías se preguntarán si es conveniente para ellas crear una red social o una comunidad virtual propia. El principal retorno que buscan las empresas a la hora de invertir en tecnologías web 2.0 es la mejora de la interacción con sus clientes e incrementar sus ventas. Dada la popularidad de las redes sociales externas, como Facebook, LinkedIn o Tuenti, la mayoría de las firmas valoran más la posibilidad de crear una red externa que una de carácter interno, cuando éstas aportan mucho más valor a la organización. Las redes internas favorecen la comunicación y la gestión del conocimiento entre diferentes unidades de negocio y equipos de empleados, de modo que rompen los modelos clásicos de la organización empresarial.

En conversaciones mantenidas con varias entidades sobre este asunto, algunas me han sorprendido al tratar esta decisión estratégica como si fuera un proceso puramente cotidiano: pensaban convocar a un concurso a dos o tres proveedores de desarrollo de redes sociales para que les dieran ideas y presupuestos. Antes de contactar con cualquiera de ellos, la empresa debería definir la orientación estratégica de su presencia en la web social. El equipo directivo tendría que reflexionar sobre cuál sería el objetivo de esa red social y sus posibles enfoques: ¿Quieren una red interna para el intercambio de conocimiento? ¿O sería más aconsejable crear una comunidad externa para anticipar problemas en la atención al cliente? ¿O, tal vez, crear una red social para atraer talento hacia la organización? Por ejemplo, Sabre Travel Networks decidió crear, tras un período de reflexión interna, una red social para que los ejecutivos compartieran con otros viajeros consejos y recomendaciones relacionados con sus viajes de trabajo. Por su parte, Telefónica, Intel, Microsoft, Deloitte, IBM y Best Buy han creado redes sociales internas para gestionar el conocimiento de sus empleados.

Figura 13. Planetblue, red social de intercambio de conocimiento de Intel.

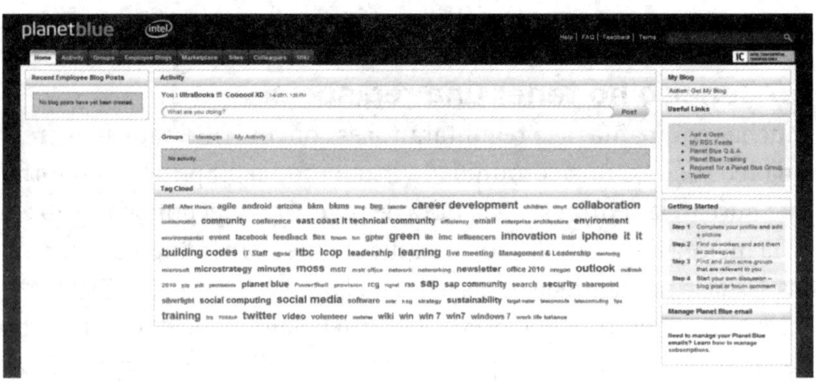

La página de entrada a la red social interna Planetblue, de Intel (figura 13), ofrece a los usuarios una nube de tags que nos ayuda a visualizar los temas de conversación más populares que tienen lugar entre los empleados de esta firma. También pueden acceder a las diversas herramientas que ofrece esta plataforma, tales como grupos de trabajo, artículos de opinión, blogs, comentarios más leídos, etc.

Otra cuestión que las empresas también deberían plantearse es la referente a la dimensión idónea de la red social. Muchos directivos no saben si es suficiente contar con cien miembros o si sería necesario tener más de mil para que fuera una comunidad eficaz. ¿Han reflexionado sobre si es mejor utilizar una licencia de pago o una plataforma gratuita para crear su web social? Todas estas posibilidades y preguntas, y muchas más que giran alrededor del impacto de internet en la organización de cualquier empresa, deberían ser objeto de análisis y respuesta antes de organizar un concurso entre proveedores de redes sociales. El enfoque y el nivel de inversión necesario para acometer esta decisión estratégica vendrán determinados por las respuestas a este proceso previo de reflexión.

El estudio que la consultora Deloitte[76] ha realizado sobre la viabilidad de cien comunidades virtuales puede servir a los lectores como referencia inicial para este proceso de reflexión. Así, por ejemplo, este estudio indica que la mayoría de las comunidades analizadas tienen menos de cien miembros y que sólo el 25 por ciento tiene más de mil. Algunos lectores pensarán que la mayor parte de estas comunidades ha fracasado al no haber obtenido un alto número de afiliados, pero, como veremos en el apartado de las redes sociales especializadas, la dimensión de la comunidad no es lo importante: la clave del éxito reside en el grado de participación de sus integrantes. También es interesante analizar el enfoque de las comunidades creadas. Según este estudio, el 39 por ciento de las empresas decidió crear una comunidad para fomentar la innovación, mientras que el 19 por ciento lo hizo para desarrollar nuevos productos, aunque la mayor parte cometió el error de crear una red social para generar marketing viral alrededor de una marca, cuando existen centenares de redes sociales y herramientas de la web social que nos permiten alcanzar este objetivo

76. http://www.deloitte.com/dtt/press_release/0,1014,sid%253D2245%2526cid%253D217168,00.html

a un menor coste. En relación con esta cuestión, el coste del proyecto, el estudio también aporta algún dato interesante: el 6 por ciento de las empresas encuestadas ha invertido más de un millón de dólares en sus comunidades virtuales.

El comportamiento de los miembros de las redes sociales es uno de los principales motivos que incitan a las empresas a crear su propia plataforma. Al darse de alta en cualquier red social, el usuario rellena un perfil con todos sus datos personales, aficiones, preferencias, etc. El integrante de la web está dispuesto a desvelar esta información porque quiere compartirla con sus amigos. Si miente o desvela poca información, sus amigos no tendrán en cuenta su presencia en la red puesto que no comparte con ellos su actividad cotidiana. Esta ingente cantidad de información personal tiene un valor inmensurable para las empresas. La segmentación tradicional para realizar cualquier tipo de campaña entre hombres y mujeres, por edades o por lugar de residencia se ha quedado muy corta con la llegada de las redes sociales. Ahora los anunciantes pueden agrupar a su público objetivo por aficiones concretas (lectores de libros, aficionados al golf, etc.), si mencionan en su perfil una cierta marca o palabra, si son amigos de un determinado líder de opinión, si han comprado en los últimos días tal producto o han visitado tal sitio web. La segmentación puede ser interminable y riquísima en datos personales.

Cuando te das de alta en cualquier red social, el usuario determina el nivel de privacidad de sus datos hacia los otros usuarios. Cada persona establece cuánta información personal deja ver a cualquier miembro de la comunidad y qué información sólo puede ser accesible para las personas a quienes verdaderamente conoce. Al permitirle la posibilidad de determinar diferentes niveles de acceso a su información personal, cualquier individuo se siente tranquilo respecto a su intimidad, pero olvida que los administradores de la plataforma no sólo tienen acceso a todos los datos de todos sus integrantes, sino que además los utilizan con fines comerciales. Este pequeño detalle es la esencia de las redes sociales. Por mucho que cada cual decida qué deja ver de su perfil y qué comparte con unos y con otros en una comunidad virtual, no tiene en cuenta que los administradores indexan cada conversación, analizan las palabras más empleadas, la frecuencia de uso, las aplicaciones más utilizadas, las fotos más vistas, es decir, todo. En ningún momento estas redes sociales infringen la ley ni difunden nuestros datos personales de forma unitaria, pero el usuario debe ser consciente y no extrañarse de que si habla de libros o menciona algún autor o determinado título, tarde o temprano una editorial lo invite a una presentación de libros, a un encuentro con ese autor, etc.

Al igual que en el diseño de sitios web, uno de los errores más comunes consiste en invertir grandes sumas en la tecnología y luego no dedicar recursos para dinamizar la comunidad. Muchas webs y redes sociales tienen un diseño magnífico, pero nadie las visita. En el momento de plantearse el proyecto hay que decidir los recursos humanos y económicos que vamos a dedicar para gestionar y activar la participación en esa red social. De la misma manera que en el proceso de diseño del sitio web de cualquier empresa, el enfoque de la red social, su política de actuación interna y externa, así como la tecnología que se debe utilizar en su diseño, es una decisión estratégica que debe adoptar el equipo directivo de la empresa, no el proveedor informático ni el diseñador gráfico. Como hemos analizado, la resolución no sólo implica seleccionar un proveedor que nos haga un buen diseño y a un precio competitivo; estamos hablando principalmente de disponer el enfoque estratégico más adecuado y seleccionar la tecnología idónea para obtener el máximo rendimiento de nuestra inversión en la web social.

6.8 Comportamiento de los usuarios en las redes sociales

Durante los últimos meses he analizado el comportamiento individual y colectivo de los consumidores en las redes sociales. Adelanto al lector que es un tema apasionante para los profesionales del marketing y la psicología empresarial dado que aquéllos desvelan una cantidad ingente de información sobre sus motivaciones de compra, sus preferencias, sus deseos, etc. Existe un gran debate y enorme polémica acerca de las intenciones reales de los usuarios en la web social. Desde mi punto de vista, todas ellas son legítimas; allá cada uno con su actuación personal. Creo que lo interesante es analizar los diferentes comportamientos de los consumidores y esclarecer sus repercusiones en la estrategia empresarial. En los próximos años se publicarán varios libros sobre este tema en cuestión; mientras tanto, me gustaría compartir con los lectores algunas conclusiones a las que he llegado.

En primer lugar, son muy diferentes las razones por las que la gente participa en las redes sociales. Hay quien las utiliza para buscar trabajo; otros, sencillamente, para ligar; otros, para ponerse en contacto con antiguos compañeros de trabajo o de la universidad, etc. También son muy empleadas por muchos usuarios como canal de comunicación complementario al correo o al móvil por su rapidez y gratuidad, mientras que otros las usan como canal de ocio para intercambiarse información sobre eventos, fiestas, presentaciones de libros, conciertos, etc. No obstante, sí he advertido un denominador común en las redes sociales, ya sean generalistas, profesionales o especializadas. Sin decirlo abiertamente, muchas de las personas que participan en estas webs buscan un cierto reconocimiento social como recompensa a la dedicación de su tiempo. Desde siempre hemos agradecido que se reconozca nuestro esfuerzo o inteligencia, ya sea en la escuela, en el trabajo o en casa. Estos usuarios buscan complementar su imagen en la vida real con una reputación virtual. Algunos individuos consideran que la mejor manera de creársela y transmitirla es obteniendo el mayor número de contactos en esas redes, mientras que otros entienden que esa notoriedad se consigue convirtiéndose en una referencia sobre un determinado tema.

6.8.1 Darse de alta en una red social

A las personas que no son usuarias activas de la web social les cuesta, inicialmente, darse de alta en estas redes. Es gente que no tiene blog, ni sube fotos a Flickr ni edita la Wikipedia. A su juicio, el uso de las nuevas tecnologías se limita a escribir y responder correos electrónicos, navegar por la red a través de los buscadores y, de vez en cuando, ver un vídeo en YouTube o leer un artículo publicado en Wikipedia. Por lo tanto, cuando se encuentran por vez primera ante una red social entran con cierto recelo. Habitualmente, llegan a una web social por invitación de un amigo o porque han oído algo sobre estas plataformas en una conferencia o en un medio de comunicación. Tienen cierta curiosidad por saber qué son y qué ofrecen. Con el fin de traspasar esta barrera inicial de desconfianza y recelo, todas las redes sociales transmiten una imagen de seriedad y confidencialidad en sus páginas de inicio:

- «Su correo electrónico es confidencial. Nos comprometemos a no difundirlo a terceros.»
- «Creando en unos minutos su perfil podrá conectar con los mejores profesionales, directivos y empresarios.»
- «Los datos señalados con 🔒 son privados. Únicamente tú decides a quién permites ver estos datos.»

La persona interesada rellena un formulario básico con sus datos personales (nombre, apellidos, fecha de nacimiento, correo electrónico, etc.) y accede directamente a su perfil en la plataforma. A partir de ese momento, la mayoría de los usuarios pasan del estado de curiosidad al «morbo profesional». Quieren saber qué personas forman ya parte de esta red social: ¿Estará mi jefe? ¿Otros compañeros del trabajo? ¿Alguien de la competencia?

6.8.2 Buscando posibles contactos o coleccionando perfiles

Durante los primeros tiempos, el 40 por ciento de los nuevos usuarios vuelve a la red social por lo menos un par de veces a la semana para actualizar su perfil y sondear quién forma parte de ella. Pinchan en el perfil de los otros miembros para leer su trayectoria profesional o académica y, en caso de conocerle o interesarle, invitan a esa persona a formar parte de su portafolio de contactos. Y aquí es donde empiezan las diferencias y las polémicas. Por una parte, un amplio grupo de sujetos parecen estar en una carrera de fondo por mostrar que cuentan con un alto número de conocidos en la red. Estos individuos aceptan todo tipo de solicitudes, conozcan o no a la persona. Saben que nunca se comunicarán con ella, pero aceptan la solicitud con el fin de aumentar el número de relaciones en su portafolio de conexiones.

Desde mi punto de vista, esa actitud aporta poco al usuario y puede incluso dañar su imagen profesional en un futuro proceso de selección. Cada día son más los directores de recursos humanos y las empresas de selección que buscan en estas redes sociales un determinado profesional. Recientemente, la consultora Accenture lanzó una innovadora campaña de marketing para aumentar la calidad en la recepción de currículos válidos de recién titulados a través de diferentes herramientas de la web social, como MySpace, Facebook, YouTube, Messenger y SlideShare. Cerca de 11.000 candidatos, fundamentalmente de ingenierías superiores y técnicas, LADE y ciencias, participaron en esta iniciativa, que generó más de 50.000 visitas, 35.000 usuarios únicos y un total de 350.000 páginas vistas del sitio web *Prueba tus límites*. A través de las pruebas que realizaban, Accenture ha tenido ocasión de analizar las habilidades y los comportamientos de candidatos potenciales.

Muchas empresas analizan con lupa el contenido de los perfiles publicados, la información compartida con otros miembros y el número y la relevancia de los contactos que cada cual tiene en la plataforma. Alguien que asegura haber tenido un cargo de responsabilidad en una empresa y que trabajaba con un amplio equipo de personas a su cargo pero ninguna de ellas forma parte de su red de contactos, puede generar cierto tipo de preguntas durante el proceso de selección: «¿Cómo es que usted cuenta con más de doscientos contactos en esta red social, pero sólo un par de ellos pertenecen a su anterior empresa? Nos parece algo extraño, puesto que hemos observado que varios miembros de su anterior equipo participan en esta web social. ¿Por qué no quieren enlazarle?»

Por otra parte, otros usuarios van a la caza y captura de los supuestos líderes de opinión existentes en la red. Su única ambición es anotar en su portafolio de contactos los nombres de quienes más popularidad tienen en la web social. Sin conocerlos en absoluto, y en muchos casos incluso sin hablar su idioma, no paran de enviarles solicitudes de adhesión a su red de contactos. Si el supuesto líder de opinión también pertenece a la categoría descrita (la del obsesionado por un alto volumen de relaciones), tarde o temprano aceptará la solicitud del otro afiliado a la plataforma.

Por último, otras personas utilizan las redes sociales como una extensión de su tarjetero de toda la vida. En primer lugar, buscan en la red a los contactos personales mantenidos durante su carrera académica. A través del buscador de la red social encuentran a gente con la que mantuvieron una estrecha relación, pero con quienes, por cualquier motivo, habían perdido el contacto. Estos reencuentros son uno de los principales beneficios derivados de la participación en estas comunidades. Posteriormente, rastrea las relaciones profesionales que ha tenido a lo largo de su experiencia laboral. En este proceso de búsqueda de conocidos encontrará a miembros de anteriores equipos de trabajo (jefes o subordinados) y también redescubrirá a personas de otras empresas con las que colaboró aportando servicios o comprando sus productos. El usuario enviará solicitudes de adhesión a las personas cuyo trato quiera recuperar o con las que desee mantener una estrecha relación particular o profesional. Una vez terminado este proceso inicial de captación de contactos directos, entrará de vez en cuando en la red social para identificar a quienes le puedan interesar para un proyecto concreto, como cerrar una operación empresarial, intermediar en un proceso de negociación o reconocer potenciales nuevos clientes. Por ejemplo, alguien puede estar pensando en lanzar un producto o servicio y necesita una opinión formada sobre un aspecto concreto. Buceando en la red social ha encontrado a una persona que tiene esa experiencia y que además es amiga de uno de sus contactos directos. Estas redes ofrecen la posibilidad de solicitar a nuestras relaciones que nos presenten y avalen ante las suyas. En mi opinión, éstos son los miembros de estas plataformas que obtienen mayor beneficio de su participación en ellas, pues las construyen con un claro objetivo profesional y en línea con sus necesidades. No buscan notoriedad ni amiguismos; sólo quieren gestionar de una manera más ordenada y eficaz sus relaciones laborales y personales.

6.9 El spam en las redes sociales

Una de las críticas más feroces contra las redes sociales se basa en el incesante goteo de invitaciones de personas a las que no conocemos en absoluto para que formemos parte de su red de contactos. De día en día aumentan los usuarios que manifiestan estar hartos de recibir solicitudes de desconocidas terceras personas con las que, además, no tienen nada en común (no han trabajado en el mismo sector empresarial, o no tienen los mismos gustos ni aficiones, ni hablan su idioma...) y aun así piden ser aceptadas como amigas.

¿A qué se debe este comportamiento, tan extendido por cierto, en todas las redes sociales? Parece ser que el hecho de tener muchos amigos en Twitter, Tuenti, Facebook o LinkedIn es una forma de demostrar la propia popularidad en la web social. La culpa de esta ansiedad coleccionista no la tiene sólo el usuario; el diseño de algunas plataformas virtuales otorga demasiada importancia y visibilidad al número de contactos que cualquiera tiene en esa red social. Cuando entramos en un nuevo perfil, su diseño destaca de forma clara el número de contactos que esa persona posee en esa red social. Dada la notoriedad de este criterio en los perfiles de los miembros de estas plataformas, mucha gente considera que es uno de los principales indicadores que definen el grado de reputación de alguien en una web social. Es decir, a mayor número de contactos, más prestigio en esa comunidad. Además, el procedimiento para añadir nuevos amigos es tan simple en la mayoría de las redes que invita a agregar sin ton ni son centenares de perfiles de personas a las que nunca has conocido ni conocerás en la vida real. Parece como si los gestores de las plataformas virtuales estuvieran muy interesados en fomentar este comportamiento y, de alguna forma, premiarlo con mayor visibilidad.

Debido al auge de coleccionistas de perfiles, muchos cuestionan la veracidad y validez de las relaciones en algunas redes sociales: ¿Son amigos o meros conocidos? Más bien creo que son como niños en un patio de colegio intercambiando cromos de futbolistas. En este caso, las personas intercambian un cromo virtual, su propio perfil, con el fin de tener el álbum virtual con el mayor número posible de cromos dentro de la red social. No debemos olvidar que, aunque sean muy populares, buena parte de las redes sociales se encuentra aún en una primera fase de desarrollo. Puedo entender que durante el período de lanzamiento de estas comunidades sus gestores tengan como objetivo de negocio lograr el mayor número de nuevos miembros y para ello destaquen la captación de amigos y la creación de grupos como reclamo publicitario. Pero una vez lograda una cierta dimensión, creo que mantener ese enfoque disminuye la credibilidad de las relaciones en esa red.

Con el fin de minimizar el intrusismo de los coleccionistas de perfiles, las webs sociales deberían desarrollar unos procedimientos más rigurosos que limiten la capacidad de agregar amigos o grupos. No estamos abogando por la creación de redes sociales elitistas como Asmallworld, que cuenta con unos pocos miles de afiliados en España, pero sí establecer algunos criterios que limiten comportamientos compulsivos de algunos usuarios. Por ejemplo, LinkedIn solicita a quien quiere agregarse un nuevo perfil el correo electrónico de esa persona para asegurarse de que la conoce. Otras redes sociales –por ejemplo, Xing– solicitan información sobre dónde la conoció o preguntan cuáles son los motivos por los que quiere contactar con ella. Tuenti.com sólo admite nuevos miembros bajo invitación de otro afiliado; de esta manera se aseguran de que las personas relacionadas se conocen de alguna manera. Varios estudios demuestran que estos procesos lentifican el ritmo de crecimiento de una red al impedir una participación compulsiva, pero a la vez garantizan que las relaciones establecidas en ella sean más constructivas y reales. Es cierto que cuantos más usuarios tenga una web social más valor tendrá en todos los aspectos del negocio (publicación de contenidos, incremento del tráfico, ingresos publicitarios, etc.), pero al final el comportamiento de la mayoría de sus miembros determinará el nivel de confianza que se otorga a esa plataforma.

Ya sabemos que en una red social tienen que convivir todo tipo de usuarios. Todos ellos son necesarios en estas comunidades, pero sus gestores deben entender que el «coleccionista de perfiles» aporta muy poco valor a sus plataformas y, por ello, deberían tomar medidas para minimizar su visibilidad y sus malas prácticas. La credibilidad de estos portales se nutre del grado de participación y fidelidad de quienes participan en ellos. De qué modo sus miembros utilizan esa plataforma, qué información comparten y qué tiempo dedican son los aspectos que determinarán el valor de esa red social para sus integrantes.

6.9.1 Comentarios a este artículo en la web social

Este artículo fue prepublicado intencionadamente en la web social con el fin de sondear la opinión de los lectores. Dado que obtuvo algunos comentarios muy interesantes, he considerado oportuno reproducir algunos de ellos para compartir las reflexiones con el resto de quienes lean este libro:

María del Pozo Valdehíta, autora del blog Cattya y supervisora creativa web de The Walt Disney Company Iberia, opina: «Descartando fenómenos como el de los spambots y otros intentos desleales de hacerte "tragar" publicidad no deseada, esto se debe a que mucha gente considera (erróneamente) el número de "amigos" como un indicativo de estatus. A más contactos, mayor credibilidad o mejor posición en la red. Y si bien es cierto que en algunas redes, como las profesionales, el ampliar el número de contactos puede hacer mayores tus posibilidades de acceso a nuevos grupos, personas u ofertas de trabajo, lo cierto es que a partir de un determinado número de contactos queda claro que esa persona es sencillamente una "coleccionista de amigos" y que, en realidad, no se puede valorar su red por su amplitud. Personalmente, estoy harta de descartar solicitudes de personas que quieren agregarme y que tienen en su perfil miles de contactos. Siempre me aseguro de notificar esos intentos como spam o "mal uso" de la red, y animo al resto de los lectores a hacer lo mismo.»

Por otra parte, Alberto González señala: «Aquí hay varias cosas que se mezclan... En mi opinión es positivo poder entablar contactos (sobre todo internacionales y de otras culturas) a los que te une un grupo, una idea o simplemente algo en común, y a partir de ahí enriquecer tus redes... Lo de almacenar contactos... pues es mejor la calidad que la cantidad, como en todo. Pero nunca niego una "amistad". Quizá llegue el momento de cerrar todos tus perfiles y filtrar más, pero ahora mismo estamos en una fase de prueba y error y creo, al menos para mí, que es mucho más positiva que negativa... Por otro lado, estas mega-híper-súper redes sociales como MySpace o Facebook nunca podrán suplantar a las pequeñas redes y foros muy segmentados donde los usuarios se sienten verdaderamente en familia. Es como comprar en un hipermercado, donde sabes que hay de todo, o en la tienda de la esquina, en la que te conocen y puedes hablar con el vendedor de cosas más personales o concretas mientras le pides una barra de pan. Respecto a la publicidad, dependerá de la sinceridad, el sentido y la "socialidad" de la campaña. Estoy cansado y me enfada mucho ver cómo lo que aparentemente parece una aplicación sencilla y graciosa esconde (repito: esconde) una marca detrás y en un solo clic (sin que te avisen, sin darte cuenta, medio engañado) te encuentres en la página web de la marca. Facebook, con sus aplicaciones engañosas (permitiéndolo y ganando mucha pasta), está cavando su propia tumba. ¿Pureza? ¿La verdadera red? Ya no me creo nada. Como toda comunicación... se puede ser profesional o se puede ser un "listo" ... ahí luego los resultados.»

6.10 ¿Deben las empresas «espiar» los perfiles de sus empleados en las redes sociales?

Un estudio publicado en el Reino Unido por Viadeo[77] refleja que el 63 por ciento de las empresas encuestadas examina los perfiles publicados en las redes sociales por los candidatos que forman parte de un proceso de selección. Sorprendentemente, este estudio revela que un tercio de las compañías señala que ha rechazado algún candidato después de analizar su perfil en las webs.

De acuerdo con un estudio elaborado por la firma de recursos humanos Unique,[78] el nivel de cotilleo «oficial» llevado a cabo por las empresas en las redes sociales se eleva al 50 por ciento. Sospecho que posiblemente sea mucho más alto dado que no es políticamente correcto decir abiertamente que husmeas en los perfiles de tus candidatos en estas redes. Aparte de utilizarlas durante los procesos de selección y reclutamiento, el estudio señala que el tercer uso que se da a estos portales es el de contrastar referencias de los candidatos (esto lo hace el 24 por ciento de los responsables de recursos humanos encuestados). Lo que todavía no se está haciendo de forma habitual es aprovechar los grupos y las secciones que se crean en estas plataformas de

77. http://www.viadeointhenews.com/english/press/view.asp?id=1&pressid=22
78. http://planempleounique.blogspot.com/2010/09/uso-de-redes-sociales-y-profesionales.html

forma específica para ganar visibilidad. Tan sólo el 18 por ciento de los encuestados busca a sus candidatos en estos grupos.

Es cierto que esa información ha sido difundida voluntariamente por el usuario en un sitio web público, pero mucha gente opina que no deja de ser información personal que quien la ha divulgado quiere compartir con su red de contactos y no con su actual jefe o potencial nuevo jefe. ¿Cuál debería ser la política de recursos humanos de las empresas? ¿Dónde está la línea divisoria entre información personal e información pública?

En España, pocas entidades han reflexionado sobre este importante aspecto del comportamiento virtual de sus empleados en la red. El desconocimiento y la actitud de la mayoría de las empresas es similar a los que tuvieron lugar hace un par de años, cuando irrumpieron los blogs en este país. En aquel momento varias firmas españolas impusieron políticas restrictivas sobre el uso de estas herramientas o, en el peor de los casos, impidieron a sus empleados escribir en blogs, aunque fueran personales. Esa actitud reflejaba un claro desconocimiento del funcionamiento de los blogs y de su impacto en la sociedad. Hoy en día, todavía existe un amplio colectivo de directivos que piensan que todas estas nuevas herramientas son canales de comunicación demasiado informales y sin control desde la dirección de la empresa.

En el lado opuesto, varias compañías anglosajonas como la cadena de alimentación Sainsbury's y Enterprise Rent a Car promueven activamente, mediante cursos de formación internos, el uso de blogs y redes sociales en todos los niveles de la empresa con el fin de consolidar el uso de estas herramientas en su cultura corporativa. Estas entidades han redactado unas pautas de uso de estos instrumentos, basadas en el sentido común, que sirven de referencia para todos los empleados cuando participan en blogs y redes sociales, ya sea dentro o fuera de la compañía. Un trabajador puede escribir sobre cualquier asunto de la empresa, sus productos, sus servicios, o acerca de su actividad cotidiana personal. La única regla que impera al escribir en estas bitácoras y comunidades es el sentido común de cada cual. Sin lugar a dudas, se trata de un cambio radical en la estrategia de recursos humanos y comunicación de estas compañías.

Algunas de estas empresas –Sainsbury's, entre otras– han ido más allá dictando una política interna de autorregulación que prohíbe a cualquier directivo de la firma tener en cuenta la información publicada en los perfiles de sus empleados en una red social. Estas compañías consideran que esta información es privada y que, por lo tanto, leer estos perfiles sin el permiso del interesado es como entrar en el salón de su casa sin estar invitado.

En línea con estas políticas de actuación de los directivos, y con el fin de evitar malas prácticas en los procesos de selección, está a punto de aprobarse en Alemania una ley que prohibirá a las empresas la consulta en las redes sociales del perfil de los candidatos a un puesto de trabajo sin su consentimiento.[79] ¿Veremos algo similar en España? ¿Tienen nuestros directivos la misma sensibilidad por sus empleados y aspirantes a formar parte de su plantilla?

6.10.1 Múltiples identidades en la red

De igual modo que a diario asumimos varios roles según en qué lugar estemos y con quién (mantenemos un perfil más serio en el trabajo, tenemos una actitud más relajada con los amigos durante el fin de semana o adoptamos una postura más firme como padre o madre ante nuestros hijos), en las redes sociales también creamos y sostenemos diferentes identidades virtuales.

Si una empresa quiere conocer a fondo la identidad virtual de un candidato que participa en un proceso de selección, mi recomendación es que analice su perfil en diferentes redes sociales. Erróneamente, algún directivo puede pensar que ya conoce totalmente a un empleado o candidato por leer su perfil en una determinada web social. Sin lugar a dudas, esa lectura única le aportará más información sobre los gustos y aficiones de esa persona: qué lecturas le gustan, qué tipo de música escucha, dónde queda los fines de semana con sus amigos... y hasta podrá acceder a un álbum de fotos de sus vacaciones. Pero al igual que en la vida analógica, los usuarios de las redes sociales actúan

79. http://www.baquia.com/posts/me-quieres-contratar-mira-mi-cv-no-mi-pagina-de-facebook

de distinta manera y aportan información personal complementaria en función de la red social en la que estén.

Es muy probable que el candidato tenga un perfil más profesional en Xing o en LinkedIn, en las que destacará sus habilidades y experiencias laborales, mientras que en Tuenti, MySpace o Facebook tendrá un perfil más relacionado con sus ratos de ocio, estilo de vida y aficiones. Las personas interesadas en mi perfil profesional y personal podrán ver esta fragmentación de mi identidad en las diferentes redes sociales en las que participo. En LinkedIn mantengo una red de contactos más internacional debido a mi experiencia laboral en varias multinacionales; en LinkedIn formo parte de una comunidad de profesionales especializados en comunicación, mientras que en Facebook aporto más información respecto a mis aficiones, lecturas preferidas, gustos musicales, etc.

Figura 14. Grupo de intercambio de conocimiento sobre tendencias digitales en LinkedIn.

Esta fragmentación intencionada de su identidad en diferentes redes sociales no significa que el candidato o empleado esté mintiendo u ocultando información, todo lo contrario, no es más que un reflejo de nuestro comportamiento en la vida analógica. Tal como observaba al principio, todos mantenemos diferentes perfiles y actitudes según donde estemos. Con la llegada de las nuevas tecnologías, nuestra identidad digital se comporta de igual modo: fragmentamos nuestra imagen en diversos círculos sociales.

Aunque las redes sociales crecen a una velocidad de vértigo, aún son pocos quienes participan activamente en ellas y, por tanto, es poco probable que alguien se encuentre con su jefe en la misma red.

No obstante, cuando la utilización de estas comunidades sea una realidad más extendida en el mercado español, es muy probable que el comportamiento de los usuarios cambie si sospechan que sus perfiles son leídos por sus superiores jerárquicos. Muchos de ellos se autocensurarán bajo la sospecha de que les acarree posibles perjuicios el hecho de que sus jefes conozcan su verdadera orientación sexual, sus opiniones políticas, sus gustos, su condición social o económica, etc.

Muchos directivos manifiestan en público que en sus empresas todo el mundo tiene cabida, que no hay ningún tipo de discriminación, pero desgraciadamente sabemos que muchos empleados mantienen una doble vida por miedo a que su proceder les suponga posibles consecuencias indeseables cuando se produzcan ascensos, promociones o, simplemente, para evitar cotilleos. Si hasta ahora las redes sociales ofrecían a sus miembros un lugar común en el que contactar libremente con sus amistades e intercambiar opiniones, aficiones o, sencillamente, conversar, puede que la actitud irresponsable de algunas compañías comporte que los usuarios cambien su comportamiento e influya en su identidad virtual.

6.10.2 Comentarios de este artículo en la web social

La prepublicación de este artículo en varias redes sociales generó multitud de comentarios por parte de los lectores. Al ser muchos de ellos muy interesantes, he considerado oportuno reproducir varios en estas páginas con el fin de compartir las reflexiones de lectores virtuales con los lectores analógicos:

Simón Ortega, especialista en Comunicación Multimedia, opina: «La llegada de la web 2.0 o, mejor dicho, la maduración de nuestra actitud en internet (actitud 2.0) nos ha permitido compartir de todo y con todos. Pero uno de los grandes cambios es que ya no me escondo ni me oculto tras una identidad inventada cada vez que aparezco en internet. Soy yo y mis circunstancias. El mismo que va a trabajar, que charla con los amigos o que discrepa con el jefe sobre algún asunto importante. Por lo tanto, si mañana alguien revisa mi identidad, mi pertenencia a grupos o mi blog en internet se va a encontrar con la misma persona que soy en el mundo más real de los reales. Las mismas opiniones, las mismas reflexiones... A nadie debería extrañarle nada de lo que yo haga en internet porque es exactamente lo mismo que podría hacer en la vida real, ¿cierto? Ojalá algún día mi jefe me diga que no está de acuerdo con la opinión que aquí planteo. Constataría que ambos somos inusuales y tendríamos más cosas en común y más cosas que compartir.»

Por otra parte, María Claudia Posadas, diseñadora gráfica, comenta: «Es un tema de varias aristas, pero considero que recursos humanos puede revisar abiertamente lo que es público; al final ellos deben entender que es una faceta diferente a la del trabajo y sabrán considerar los matices que afecten al mismo. Igualmente, revisar las redes sociales, preguntar referencias, entre otros métodos, no eliminan la entrevista presencial, que muchas veces dice mucho más que la información que pueda estar escrita o en multimedia.» En cambio, Raúl Gallarín no está de acuerdo con este punto de vista y declara: «¿Y nosotros? ¿Tendremos la oportunidad de conocer a quién se informa sobre nosotros? Una cosa es informar y la otra es recopilar y prejuzgar. ¿Para qué lo quieren las empresas? ¿Para decidir si la conducta del empleado es adecuada? ¿Para saber cómo o con quién se relaciona? ¿Para premiar el carácter, la progresión, la valía del empleado? ¿Para ver su círculo de conocidos? ¿Tienen vicios ocultos?... Que no te hagan un mashup de tus perfiles, igual no compartes la misma información en una red laboral que en una red lúdica, o una red de contactos, o una red de deporte, o una red de ayuda... Una red da más información de la que tú colocas y una combinación de tus perfiles en las redes puede dar algún motivo a gente que no entiende de ellas, sólo entienden de perfiles psicológicos y dinero.» Por último, Víctor Pairazaman, e-Business Analyst de IBM en Latinoamérica, comenta: «Yo creo que el usuario, en la mayoría de los casos (como en la vida real), sube a la red la información que él quiere publicar. El mayor peso debería ser la entrevista personal; ahí es donde el entrevistador desempeña un papel importante y puede indagar un poco más en el aspecto desconocido del futuro empleado con preguntas clave que hagan expresar el consciente escondido y el inconsciente. Estoy de acuerdo con que se tome en cuenta el factor web social, pero en absoluto es un factor decisivo para contratar a alguien.»

Sin duda alguna, éste es un asunto que dará mucho que hablar en el mundo empresarial. Esto no ha hecho más que empezar. Con el fin de evitar malentendidos o conflictos, las compañías deberían reflexionar sobre ello y redactar una política clara acerca de la posible actuación de sus empleados en las redes sociales. Ambas partes (trabajadores y empresa) se evitarán disgustos y sorpresas.

6.10.3 Redacción de una política de actuación en las redes sociales

Al igual que otras compañías multinacionales, IBM ha redactado unas pautas de uso de estas herramientas, basadas en el sentido común, que sirven de referencia para todos los empleados en el momento de participar en la web social, ya sea dentro o fuera de la entidad. A continuación, reproducimos algunas de estas directrices para que todos los directivos que quieran crear políticas similares en sus empresas puedan utilizarlas como referente.

Directrices para empleados de IBM

1. La decisión de cualquier empleado de crear o participar en un blog, wiki, red social o cualquier otra forma de publicación o discusión online es decisión suya, aunque es necesario tener en cuenta que las plataformas de colaboración están cambiando la manera en la que los empleados de IBM conectan entre ellos o con los clientes.
2. Los blogs, wikis y otras formas de diálogo en línea son interacciones individuales. Los empleados de IBM son responsables de

los comentarios que hagan en un blog. Ten en cuenta que lo que escribas en un blog externo será público durante mucho tiempo.

3. Como empresa basada en la innovación, creemos en la importancia del intercambio y aprendizaje entre IBM y sus clientes, como parte del emergente ecosistema de los negocios y la sociedad.
4. IBM hace importantes contribuciones al mundo en línea con el futuro de la tecnología y como respuesta a una gran variedad de problemas. De esta manera, resulta extremadamente importante para esta empresa y sus empleados compartir con el mundo las cosas que estamos aprendiendo y haciendo, así como aprender de otros.
5. Identifícate a ti mismo –con tu nombre y, si es relevante, con tu cargo en IBM– cuando escribas en un blog o en la red social sobre IBM o sobre asuntos relacionados con IBM. Escribe en primera persona. Deja claro que hablas por ti mismo y no en nombre de IBM.
6. Respeta los copyrights y las disposiciones legales sobre revelación de datos financieros.
7. No facilites información confidencial o propietaria ni de IBM ni de terceros. Solicita autorización para publicar o informar de contenidos de IBM que estén considerados «internos».
8. No cites o hagas referencia a clientes, socios o proveedores sin su autorización.
9. Respeta a tu audiencia. Sé correcto y respetuoso y muestra la atención adecuada con la privacidad de los otros y con asuntos que pudieran ser considerados ofensivos o que puedan herir sensibilidades de índole moral, política o religiosa.
10. Busca quién más está opinando en internet sobre los temas de tu blog y cítalo cuando lo creas de interés.
11. No polemices, sé el primero en corregir tus propios errores y no cambies comentarios ya publicados sin advertir que lo has hecho.
12. Trata siempre de aportar valor con tus comentarios. Facilita informaciones y perspectivas valiosas.
13. Uno de los valores principales de IBM es la confianza y la responsabilidad en todas sus relaciones. Por ello, no se deben usar los

medios participativos como una manera de efectuar acciones de marketing o relaciones públicas. Cualquier componente de estos departamentos tiene que identificarse como tal.

14. Cuida el uso de datos o informaciones según sean en plataformas de comunicación internas o externas, cuyas fronteras a veces se desdibujan dentro de este mundo. En este sentido, por ejemplo, pide permiso si pretendes incluir una foto de un compañero hacia el exterior.

6.11 La invisibilidad de las mujeres en las redes profesionales

Aunque la presencia activa de las mujeres en las redes sociales ha mejorado mucho en los últimos tres años, todavía queda mucho camino por recorrer para obtener una paridad digital. El mes de enero de 2011, LinkedIn confirmó que las mujeres representan el 28 por ciento de los miembros españoles de esta red frente a la posición dominante de los perfiles masculinos (72 por ciento). En Europa, las mujeres italianas son las más activas en las redes sociales profesionales, en las que representan el 36 por ciento de los perfiles en su país, mientras que las francesas obtienen el segundo puesto al ocupar el 34 por ciento de aquéllos, por delante de las inglesas (31 por ciento) y las alemanas (29 por ciento).[80]

Durante la elaboración de este libro tuvimos la oportunidad de analizar con detalle los rasgos de las redes sociales. Uno de los aspectos que más nos interesaban era conocer el grado de participación de las mujeres en las distintas plataformas. Tal como venimos recordando a lo largo de esta obra, las prácticas que tienen lugar en la red no son más que un mero reflejo de la sociedad civil y empresarial. La última Encuesta de Población Activa nos indica que tres cuartas partes del colectivo de directivos (74 por ciento) lo forman hombres, y esta proporción es aún más desequilibrada en los comités de dirección, donde sólo hay 15 mujeres por cada 85 hombres. Esta misma situación de

80. http://www.davidnovillo.es/2011/01/02/tecnologia/redes-sociales-en-espana-2011-algunos-datos/

escasa paridad e invisibilidad de la mujer en el mundo analógico se refleja en las redes sociales de carácter profesional.

Al igual que en la mayoría de las compañías españolas los cargos directivos están ocupados por hombres, las principales redes sociales de networking profesional en España, LinkedIn, Viadeo y Xing, también son cosa de hombres. Aunque los gestores de estas plataformas profesionales intenten lanzar un mensaje paritario, cualquier usuario verá claramente que el ratio de perfiles masculinos supera el 75 por ciento.[81] En cambio, en las redes generalistas –por ejemplo, Facebook, MySpace y Tuenti–, el grado de participación de las mujeres alcanza el 50 por ciento debido a que existe ya una nueva generación de usuarias nativas digitales. En las redes sociales verticales hallamos una similitud al comportamiento femenino en el mundo analógico. Más hombres que mujeres en las redes de contactos personales, más mujeres en las redes sobre literatura, cine y cultura, y más hombres en las redes especializadas en coches y motos. Pocas sorpresas. Pero no sólo las redes sociales profesionales son territorios ocupados por los hombres en la web social. El *III Estudio sobre el perfil de los blogueros de habla hispana*, elaborado por Fernando Garrido y Tíscar Lara, señala que el 73 por ciento de los blogueros son hombres, con estudios universitarios (70 por ciento) y con más de cinco años de experiencia en la red en el 76 por ciento de los casos. Desafortunadamente, los resultados de los dos anteriores estudios indican que no hay progreso en esta materia, pues ambos arrojan una proporción similar del 75 por ciento de hombres frente al 25 por ciento de mujeres.[82]

No sé si este predominio masculino en las redes sociales profesionales tiene su origen en que los hombres tenemos más tiempo libre que las mujeres debido a la falta de paridad en las empresas y en el hogar o porque necesitamos, más que ellas, alimentar a diario nuestro ego en estas webs. Pero este capítulo no sólo pretende fijar la atención en esta realidad, sino también reflexionar acerca de los posibles impactos negativos derivados de la escasa presencia de las mujeres en

81. http://bitacoras.com/informe/10
82. http://tiscar.com/2008/02/20/perfil-blogger-hispano/

las redes sociales. El estudio *Las mujeres europeas en la era digital* –realizado por auFeminin de forma simultánea en España, Italia, Reino Unido, Francia y Alemania– expone que la mayoría de las mujeres europeas –más del 60 por ciento– usan la red para encontrar información, divertirse, comprar productos y servicios, enriquecer conocimientos, obtener consejos prácticos y crear y mantener vínculos sociales. Este estudio segmenta el comportamiento de las mujeres en la web social en seis grandes grupos:

- El 26 por ciento de ellas son consideradas «prácticas», ya que definen internet como un servicio que les permite informarse.
- Las «sociales» ascienden al 25 por ciento y suelen utilizar la red para crear un vínculo social, compartir experiencias y contactar con otros usuarios.
- Con algo menos, el 17 por ciento, se sitúan las «soñadoras», las mujeres que buscan en internet un refugio para evadirse y relajarse.
- El 12 por ciento lo forman las «escépticas», pequeñas consumidoras que no consideran la red como una herramienta esencial.
- Los dos últimos grupos abarcan a las «pragmáticas» (11 por ciento), las mujeres a las que les gusta internet por su sencillez, facilidad para comunicarse e instantaneidad, y a las «extrovertidas» (9 por ciento), internautas que buscan, ante todo, el desarrollo y la valoración personal.

De acuerdo con este estudio, los dos grupos que mejor representan a las mujeres españolas son las «sociales» y las «prácticas». Si a las mujeres de este país, acostumbradas a utilizar internet como un servicio, les gusta expresarse y compartir experiencias en la web social, creo que las empresas están perdiendo una excelente oportunidad para comunicarse directamente con este colectivo a través de internet.

6.11.1 Impacto en los procesos de selección

Una de las áreas donde más inquieta la invisibilidad de las mujeres es en procesos de selección basados en el tradicional networking de referencias internas, y ahora, con la llegada de las redes sociales, en el networking virtual. Antes de la irrupción de estas plataformas virtuales los procesos de identificación de candidatos en las empresas se desarrollaban a través de las conocidas «referencias internas». El directivo, que como sabemos en la mayoría de los casos es un varón, comenta al resto del equipo directivo, que también en su mayoría son hombres, que está buscando una persona con un determinado perfil para cubrir un puesto y que le gustaría que le recomendaran candidatos. Este tradicional proceso de preidentificación de candidatos a través de propuestas internas dejaba, lógicamente, a muchas mujeres fuera del proceso de selección.

Con la llegada de las nuevas tecnologías, el tradicional networking interno se complementa con búsquedas en las redes sociales profesionales. Cada vez es más común que los responsables de recursos humanos de las empresas y los conocidos cazatalentos utilicen estas plataformas para identificar talento en sus procesos de selección de candidatos. Muchas firmas que tienen abierto un proceso de selección de personal y que están interesadas en hallar un perfil concreto o sondear el mercado, entran en las redes sociales para buscar información complementaria sobre los candidatos. Al no tener las mujeres una presencia activa en las mismas, muchas de ellas quedan fuera de estos procesos de selección al ser invisibles en la web social.

Las compañías deben tener en cuenta que si sólo se consulta al equipo directivo existente y se buscan perfiles en las redes sociales profesionales, la mayoría de los candidatos para cubrir esos puestos serán hombres. Para evitar estas desviaciones, las profesoras Alice Eagly y Linda Carli, de Northwestern University y Wellesley College, respectivamente, sugieren que para contratar se utilicen herramientas como la publicidad en medios de masas tradicionales y digitales o que la contratación se efectúe mediante empresas de selección de personal y no se siga únicamente el método de llevar a cabo búsquedas en las redes sociales o se recurra a las tradicionales referencias personales, por los motivos expuestos.

Dado que las primeras interesadas en remediar esta situación son las propias mujeres, mi consejo es que dediquen un poco de tiempo a crearse un perfil en las redes sociales profesionales como LinkedIn o Womenalia, para incrementar la visibilidad de su experiencia profesional en la red.

6.12 ¿Baja la productividad de los empleados por estar en las redes sociales?

Cuando he llevado a cabo alguna auditoría sobre la presencia de una empresa en la web 2.0 hay siempre miembros del equipo directivo que se sorprenden al comprobar la alta participación (fundamentalmente, para uso personal) de sus empleados en múltiples redes sociales, blogs y foros. En ese momento aparecen los recelos: que si se pierde el tiempo, que si baja la productividad, que si se pone en riesgo la seguridad de la empresa...

La solución no es imponer políticas restrictivas respecto al uso de estas herramientas, ni mucho menos prohibir a los trabajadores que escriban en blogs o participen en redes sociales. Un reciente estudio realizado en Estados Unidos refleja que un tercio de los empleados dejarían el trabajo si su empresa instalase filtros para prohibirles el acceso a Facebook o a redes sociales similares.

Varios estudios indican que gracias a la irrupción de las tecnologías 2.0 en el mundo empresarial se ha incrementado la productividad al mejorar la conectividad de sus profesionales. Estos estudios también señalan un aumento de la productividad relacionado con mayores índices de motivación laboral debidos a que los trabajadores comparten su actividad diaria en la web social con sus familiares y amigos cercanos. Las restricciones o prohibiciones de las redes sociales en la empresa sólo servirán para incrementar el clima de desconfianza y desmotivación.

Tal como señala María Jesús Rojas, experta en comunicación digital,[83] la política más adecuada consiste en capitalizar el uso de estas herramientas por parte de los empleados. Para ello, es necesario conocer el uso que los profesionales hacen de ellas para, por una parte, optimizar esta presencia y, por otra, limitar los riesgos para la compañía que puede suponer su uso.

Se trata de establecer claramente cuál es el empleo de las herramientas de la web social en la empresa, de elaborar pautas de utilización para los empleados, de capacitar a los trabajadores para que obtengan

83. http://www.dosdoce.com/articulo/comunicacion-digital/3546/empresas-que-prohiben-las-redes-sociales-puertas-al-campo/

más rendimiento de estos recursos, de darles a conocer las consecuencias que un mal uso de ellos puede tener para ambas partes y de fomentar y valorar la cultura colaborativa.

La actuación de la compañía debería ser:

- Diseñar una estrategia clara de uso y aprovechamiento de las herramientas de la web 2.0 (blogs, wikis, redes sociales, etc.) por parte de la firma.
- Redactar y distribuir unas pautas de uso de las diferentes herramientas que sirvan de referencia para todos los trabajadores cuando participen en las mismas, ya sea dentro o fuera de la compañía. Estas normas tienen que ser sólidas y deben darse a conocer a todos los empleados. De esta forma, se unifican los criterios y se minimizan riesgos de falta de comunicación o de seguridad.
- Capacitar a los equipos para que aprovechen las distintas herramientas. Esto mejorará su desempeño y les permitirá desarrollar sus tareas de forma más ágil y eficiente, lo cual redundará en una mejor calidad de vida para todos.
- Como parte de esa formación y capacitación, es básico que se conciencie a los trabajadores de la importancia de mantener la seguridad y privacidad de los datos. Muchos fallos de seguridad provenientes de la participación en la web social tienen su origen en el desconocimiento de los riesgos por parte de los usuarios. Una buena comunicación y formación puede minimizar estos problemas.
- Fomentar y premiar el intercambio de información entre los profesionales de la compañía para motivarles a compartir, participar y apoyarse, etc. Estas actitudes se deben incorporar como puntos en la evaluación del desempeño de los profesionales de la organización, para que quede claro que se apuesta por la participación de los trabajadores en la web social y que, además, se valora.

La puesta en marcha de estas acciones refleja una nueva manera de construir empresa e implica claros beneficios para la organización: mayor participación de todos los empleados en la evolución y en la actividad cotidiana del negocio, fomento del intercambio de conocimiento, aumento de la motivación, efecto multiplicador de las acciones de comunicación en la web social y mayor capacidad para atraer y retener el talento en el presente y en el futuro.

6.13 Chuleta de las redes sociales

La infografía de las redes sociales que insertamos al final de este libro pretende ser una guía de referencia inicial sobre las posibles aplicaciones que las redes sociales tienen en los ámbitos de la comunicación. Hemos analizado de forma básica en qué medida las herramientas de la web social pueden emplearse en varios entornos de la comunicación: gestión de reputación digital, comunicación corporativa, comunicación de productos y eventos, visibilidad, prevención de crisis, atención al cliente, gestión de conocimiento, comunicación interna y captación de talento. En cada caso, hemos evaluado tanto su eficacia como sus principales características con un sencillo código de colores y una breve explicación.

El enfoque de los parámetros medidos es:

- **Imagen corporativa**: Capacidad de gestión de la reputación en la red: percepción de la marca, la compañía y sus productos.
- **Comunicación interna**: Capacidad para la optimización de los canales y procesos de difusión de información dentro de la propia empresa.
- **Eventos**: Capacidad de creación, convocatoria y difusión en la red de encuentros y celebraciones profesionales y personales.
- **Gestión de las crisis**: Capacidad de elaboración de sistemas de detección de posibles crisis que puedan afectar a la imagen de una firma, de sus productos o de una persona.
- **Atención al cliente**: Capacidad de establecer un canal de comunicación directo con los clientes para recoger observaciones, sugerencias y quejas, y gestionarlas eficazmente.

Pretendemos que este mapa sea una herramienta básica de consulta con vistas al establecimiento de estrategias y a la puesta en marcha de acciones de comunicación en la web social.

La versión digital de esta chuleta ha tenido una excelente acogida en internet, ya que ha sido descargada por más de 20.000 personas e instituciones en apenas seis meses. Invitamos al lector a que se imprima la versión digital de la chuleta, disponible en el siguiente enlace www.dosdoce.com, y la tenga a mano como elemento de consulta rápida. También le invitamos a que aporte sus comentarios y a que nos sugiera nuevas aplicaciones o redes sociales que incluiremos en futuras versiones de la guía.

Avanzamos que próximamente publicaremos otras nuevas versiones de la chuleta de las redes sociales, adaptadas y traducidas al catalán, euskera, gallego, portugués, francés e italiano.

7
La consolidación de los blogs y el videoblogging

7.1 Infografía sobre la situación actual de la blogosfera

Hasta la reciente irrupción de Twitter en el mercado español, el blog era la herramienta de la web 2.0 más utilizada en España. Según la excelente infografía (figura 16) elaborada por la revista *Comunicas*, del Grupo BPMO, existen a escala mundial entre 120 y 184 millones de blogs, de los cuales tan sólo 220.000 están escritos en castellano.

De los más de cuatro millones de blogueros censados en España por Technorati en 2008 hemos pasado a menos de 200.000 blogs vivos en 2011.[84] Debido a la escasa oferta de contenidos digitales en español en la red, este idioma puede dejar de ser uno de los cinco principales utilizados en la web, hecho que puede acarrear graves repercusiones a la economía nacional, ya sea analógica o digital. Los contenidos digitales alcanzarán en 2020 la inconcebible cifra de 35 billones de gigabytes a medida que todos los lenguajes –voz, televisión, radio, texto– completen su migración del formato analógico al digital.

En este contexto de sobreproducción debemos incrementar nuestra productividad de publicación de contenidos en la red. Tan sólo el 5 por ciento de los internautas de habla hispana crea contenidos originales en internet, una ratio muy baja si la comparamos con los altos índices de creación y participación social en el mundo anglosajón, que superan el 25 por ciento.

Sorprende también que tan sólo el 1 por ciento de los blogs sea corporativo. Hoy en día, estos nuevos medios digitales ofrecen un

84. http://www.marketingnews.es/tendencias/noticia/1051175029005/blogs-ya-compiten-otros-medios.1.html

Figura 15. Infografía sobre la blogosfera (Grupo BPMO).

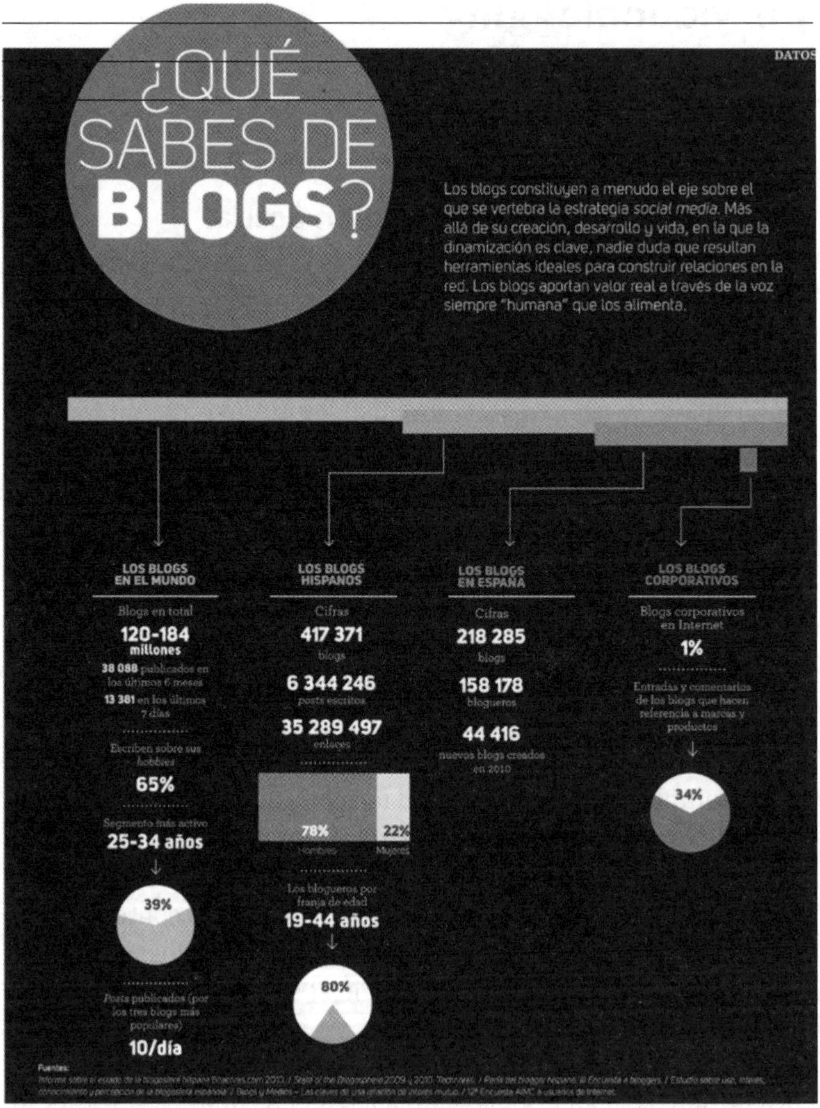

canal alternativo para los ciudadanos que desean informarse sin tener que pasar por el filtro de terceras personas, las propias empresas o los medios de comunicación.

7.2 ¿Qué es un blog?

Aun siendo una herramienta muy conocida, muchos lectores se preguntarán: ¿Qué es un blog o weblog? Para definir el término, hemos recurrido a la enciclopedia libre Wikipedia,[85] que nos explica: «Un weblog, también conocido como blog o bitácora, es un sitio web periódicamente actualizado que recopila cronológicamente textos y/o artículos de uno o varios autores donde el más reciente aparece primero, con un uso o temática en particular, siempre conservando el autor la libertad de dejar publicado lo que crea pertinente. Los weblogs usualmente están escritos con un estilo personal e informal.»

Figura 16. Ejemplo de un blog especializado, www.comunicacion-cultural.com.

Varias fuentes señalan a Dave Winer, editor de Scripting News, como el primer bloguero de la historia, que publicó su primer post el 1 de abril de 1997. Pero no fue hasta un par de años más tarde cuando realmente se dimensionó este fenómeno. En 1999, Pyra Labs creó Blogger, una sencilla herramienta para publicar gratuitamente

85. http://es.wikipedia.org/wiki/Blog

textos, imágenes, etc., en la red. La adquisición de esta compañía, en febrero de 2003, por Google generó la explosión de blogs en todo el mundo. Desde entonces, todos los días se crean miles de nuevas bitácoras en internet, pero debemos descontar de esta espectacular cifra en constante crecimiento el número de blogs ficticios –splogs (spam blogs)–, creados con fines comerciales y fraudulentos, que superan ya los 10.000 diarios. En los últimos meses este buscador ha detectado cerca de medio millón de este tipo de blogs y los ha retirado de sus bases de datos indexadas. No obstante, lo más relevante para las empresas no es el número de nuevas bitácoras, sino que cada segundo se publican decenas de nuevos artículos en la blogosfera. Quienes necesiten más datos que avalen la dimensión e importancia de estas nuevas herramientas sociales deben tener en cuenta que la decimotercera edición de la *Encuesta anual a usuarios de internet*, que realiza la Asociación para la Investigación de los Medios de Comunicación (AIMC),[86] afirma que crece sensiblemente el acceso a blogs personales (88 por ciento, más de nueve puntos en relación con la anterior encuesta) y también se incrementa el acceso a los blogs de carácter profesional (36 por ciento, seis puntos más). Todas estas personas conversan sobre diferentes cuestiones sociales, lanzamientos de nuevos productos, acciones innovadoras de compañías, campañas políticas, etc. ¿No cree el lector que su empresa debería estar al tanto de estas conversaciones?

7.2.1 La realidad de los blogs en el mercado español

Los blogs se han convertido en una potente herramienta de comunicación para muchas empresas y medios de comunicación en España. A través de los estudios que he elaborado conjuntamente con el Grupo BPMO –*Los blogs en la estrategia de comunicación* (2006) y *Comunicación empresarial 2.0* (2007)– he podido seguir de cerca la evolución de todo tipo de bitácoras en el mercado español.

En los últimos años, estos nuevos medios digitales han dejado de representar a unos pocos líderes de opinión para convertirse en una

86. http://download.aimc.es/aimc/navred2010/macro2010.pdf

de las principales herramientas de comunicación personal de nuestro país. En apenas un par de años, la mayoría de los medios de comunicación tradicionales –RTVE, *El País*, *El Mundo*, *ABC*, *20 minutos*, *La Vanguardia*, Cadena SER, entre otros– han incorporado diferentes tipos de bitácoras a su estrategia web con diversos resultados. Cada medio ha diseñado un enfoque propio, pero más o menos todos intentan lograr los mismos objetivos a través de su plataforma de blogs:

- Retener más tiempo al lector en su sitio web.
- Complementar el periodismo tradicional con información generada por los lectores.
- Fidelizar al lector haciéndolo partícipe del proceso informativo.

Paralelamente, Alfaguara, BBVA, NH Hoteles, Vueling, Telefónica y Fundación Caixa Galicia, entre otras empresas, también han incorporado diferentes tipos de blogs a su estrategia empresarial. Aunque éstas sean líderes en sus respectivos sectores, existen voces críticas que señalan que son muy pocas las sociedades pertenecientes al IBEX 35 que han asumido esta herramienta. Aunque coincido en parte con esta crítica no comparto su enfoque. Desde mi punto de vista, el principal error de este planteamiento radica en utilizar el IBEX 35 como punto de referencia de la evolución de los blogs en nuestro país, cuando el 95 por ciento de la economía española está formado por pequeñas y medianas empresas que no cotizan en bolsa.

La mayoría de los blogs existentes en España pertenecen a pymes, a sindicatos, a profesionales autónomos, y a simples consumidores. Tradicionalmente, la inversión en tecnología estaba limitada a las grandes compañías debido a los costes de entrada y equipos requeridos, pero con la llegada de las tecnologías sociales, las pequeñas y medianas empresas también pueden incorporar estas innovaciones gracias a su bajo coste y escasa complejidad. Por lo tanto, a la hora de analizar la evolución de estos fenómenos debemos tener en cuenta la nueva realidad para no dejarnos a nadie fuera de la fotografía.

7.3 Anatomía de un blog

Dado que la mayoría de los usuarios crean sus blogs utilizando plataformas gratuitas como BlogSpirit, Blogger y Wordpress, entre otras, la estructura y el diseño de las bitácoras se parecen mucho. Algunas personas critican que, debido a la gratuidad de estas tecnologías, muchos blogs necesitarían un retoque gráfico, pero yo señalaría que como en cualquier medio tradicional, ya sea una revista, un libro o un periódico, lo importante no es el continente, sino el contenido.

Al analizar un blog debemos tener en cuenta las siguientes secciones y funcionalidades:

- **Autoría individual**: La mayoría de los blogs existentes en nuestro país son personales, por lo que encontraremos rápidamente el nombre del autor. En algunos casos, y como en la vida real, hay gente tímida, y tal vez llegar a dar con sus datos personales nos lleve un poco más de tiempo de lo habitual; hay otros, sin embargo, más extrovertidos, que en la página principal publican quiénes son, sus datos de contacto, fotos, etc.
- **Autoría compartida**: En los últimos meses ha aparecido en la blogosfera española un mayor número de blogs con autoría compartida. Dado que mantener una de estas herramientas comunicativas lleva tiempo, varias personas han decidido compartir el esfuerzo a través de la creación de bitácoras colectivas. Éstas tienen mucho éxito entre docentes de centros escolares y responsables de bibliotecas, así como también a nivel interno en el ámbito empresarial.
- **Anonimato**: Mientras que en los foros y chats el anonimato estaba a la orden del día, en la blogosfera es más residual. Exceptuando los blogs fraudulentos (spam blogs), hay pocos que sean anónimos. El motivo de este cambio de actitud es el retorno de inversión a la dedicación de tiempo. Pocos usuarios están dispuestos a emplear muchas horas de su tiempo libre en su blog sin ser compensados al menos con un reconocimiento público.
- **Frecuencia de actualización**: Los blogs no tienen la obligación de publicar noticias todos los días como los medios de comunicación tradicionales. Un bloguero lo hace cuando tiene algo que

contar a sus lectores. La mayoría publica un post (artículo) un par de veces por semana. Varios expertos consideran que un blog ha dejado de estar operativo si no ha sido actualizado en tres meses. Según el buscador Technorati, el 20 por ciento de las bitácoras existentes entra dentro de esta categoría.

- **Especialización**: Ésta es una recomendación para sobrevivir y diferenciarse ante ese inmenso océano que es la blogosfera. Al principio, el bloguero trata acerca de cualquier tema, pero poco a poco va centrándose en lo que más conoce y le interesa compartir con sus lectores. Las empresas deberían identificar los blogs especializados en su actividad empresarial. Esta especialización puede suponer que estos blogs no tengan el alto nivel de audiencia que tienen otros más generalistas o de actualidad, pero sin duda serán mucho más influyentes para generar opinión en ese sector.
- **Uso del hipertexto y enlaces**: En la blogosfera hay pocas reglas, pero el uso de hipertextos y enlaces es un imperativo. Algunos medios de comunicación han creado plataformas de blogs que, en mi opinión, no son blogs, sino meras tribunas de opinión en formato virtual. En estas supuestas bitácoras los periodistas vuelcan sus tribunas, pero no enlazan sus textos a ninguna parte. Este enfoque no permite disfrutar de la esencia de la blogosfera: compartir e intercambiar información y opiniones.
- **Comentarios**: Se trata de uno de los aspectos clave de los blogs y tal vez el que más incomoda a las empresas. Al igual que en la vida real no permitimos que nadie nos insulte, en la vida virtual debemos mantener esa misma postura. Pero bajo la excusa de que podrían recibir posibles insultos, muchos blogueros no permiten que sus lectores hagan comentarios a sus textos, de modo que se convierten más en una tribuna en formato virtual que en un blog. Todas las plataformas de bitácoras gratuitas y de pago permiten moderar los comentarios de los lectores. Antes de ser publicados, el administrador recibe una alerta, lee el comentario y decide si desea publicarlo o borrarlo.
- **Listado de blogs, blogroll**: Este listado aporta muchas claves sobre los hábitos de lectura del autor del blog. Normalmente

incluye las bitácoras de referencia que un blogger respeta y lee habitualmente. La creación de este listado conforma una red social de blogs especializados que interactúan entre sí.

- **Archivo de entradas**: Los blogs permiten almacenar los artículos publicados en archivos que pueden ser consultados por los lectores. El administrador decide la segmentación de estos archivos: diario, semanal, mensual, anual. La mayoría de los blogueros ofrece un archivo mensual de sus artículos.
- **Licencia gratuita o de pago**: La mayoría de las plataformas tecnológicas ofrecen una versión de pago y otra gratuita. Los programas más comunes para construir un blog son Wordpress (http://es.wordpress.com/) y Blogger (http://www.blogger.com). Por regla general, los usuarios particulares utilizan las versiones gratuitas y los profesionales autónomos y las empresas, las versiones de pago.
- **Utilización de palabras clave**: También conocidas como tags o etiquetas. Dada la importancia que tiene esta funcionalidad, hemos elaborado un artículo específico sobre ella. A los lectores interesados en el etiquetado social les recomendamos la lectura del artículo «La importancia de las palabras clave», que hemos incluido en este libro.
- **Uso de archivos sonoros y visuales**: La esencia de la web social es multimedia. Al igual que recomendamos la utilización de hipertexto y enlaces, los blogs deben complementar sus textos con la publicación de vídeos, imágenes y archivos sonoros. Desgraciadamente, la mayoría de ellos publican textos planos.
- **RSS. Sindicación de contenidos**: Todos los blogs nacen de facto con la sindicación de contenidos. Esta funcionalidad permite a los lectores estar al día sobre los contenidos publicados en el blog sin tener que visitarlo. Al igual que las mencionadas palabras clave, esta funcionalidad es una de las más importantes de las bitácoras, aunque hoy en día también se ofrece en infinidad de sitios web tradicionales. Todos los interesados en profundizar en este tema pueden leer el artículo «Lectores de sindicación de contenidos (RSS)», que hemos incluido en este libro.

7.4 ¿Son los blogs un medio de comunicación?

Muchos se preguntan por qué la gente lee blogs cuando dispone de una gran cantidad de medios digitales gratuitos en la red con equipos de redacción plenamente dedicados a la elaboración y publicación de todo tipo de noticias. Además, estas personas también pueden visitar directamente los sitios web de las empresas para averiguar cualquier cosa que deseen sobre sus productos y servicios. Si toda esa información está disponible en internet, ¿por qué entonces el 35,5 por ciento[87] de los usuarios de la web lee habitualmente blogs cuando navega por la red? La respuesta a esta pregunta la encontramos en factores tan relevantes como la confianza y la credibilidad del medio.

Un blog ofrece al lector una información con un lenguaje coloquial, lo contrario que la mayoría de los sitios web de empresas e instituciones. Esta información ha sido, supuestamente, elaborada por otro lector con las mismas inquietudes, preferencias o hábitos de consumo. Para muchos lectores de bitácoras, estos nuevos canales de información son una fuente complementaria de los medios de comunicación tradicionales y las notas de prensa de las empresas, lo cual los convierte en una fuente más fiable de información puesto que está elaborada entre consumidores. Los periodistas y los medios de comunicación tradicionales seguirán siendo muy influyentes, pero también lo serán todas las personas con capacidad de crear opinión a través de blogs y redes sociales especializadas.

En los últimos años he asistido a muchos debates sobre si los blogs deben ser considerados un medio de comunicación o no. Adelanto que no hay una opinión clara al respecto. A juicio de muchas personas los blogs no son más que un grupo de consumidores que opinan sobre un asunto, producto o servicio. Aunque informen de forma profesional y rigurosa, esta gente estima que no pueden ser considerados medios de comunicación periodísticos dado que objetivamente no lo son. Pero debido al grado de influencia que algunos blogs especializados han logrado obtener, con niveles muy superiores a muchos medios tradicionales, algunas empresas empiezan a considerar estas bitácoras

87. http://download.aimc.es/aimc/navred2010/macro2010.pdf

como medios de comunicación clave en su estrategia empresarial. Si tenemos en cuenta los cambios en los hábitos de lectura de las nuevas generaciones y la pérdida de credibilidad de los medios de comunicación tradicionales, no es de extrañar que un gran número de personas haya convertido los blogs en su medio de información de referencia.

La mayoría de los blogueros no se consideran un medio periodístico; más bien se autodefinen como un sitio web personal en el que expresan sus opiniones y comparten conocimiento. En esta misma línea de pensamiento, Thomas Friedman define a los bloggers como «un universo poblado por voluntarios absolutamente tolerantes y despreocupados que comparten sus hallazgos con los demás y a continuación los brindan al público a cambio de nada. Lo hacen porque quieren algo que el mercado no les ofrece; lo hacen por ese hormigueo psicológico que te entra cuando creas un producto colectivo que puede batir al producto fabricado por unos gigantes como Microsoft, IBM, y (más importante aún) para ganarse el respeto de sus pares intelectuales».[88] Estos bloggers se han ganado la confianza de muchas personas al publicar día a día información interesante y fiable. En este contexto de debate e indefinición, ¿deberían las empresas considerar los blogs como medios de comunicación? Desde nuestro punto de vista, qué más da que sean objetivamente o no medios de comunicación; lo importante para las compañías es que estas personas, a través de sus artículos y conversaciones publicadas en la web social, influyen en la opinión de miles de potenciales consumidores, y algunas de ellas son incluso capaces de hacerlo sobre la agenda informativa de los medios de comunicación tradicionales.

7.4.1 Los nuevos creadores de opinión

Con la consolidación de los blogs como fuente de información para muchas personas, ha surgido una nueva categoría de líderes de opinión que las empresas deberían tener en cuenta. Cuando se trata de definir la estrategia de comunicación de una compañía siempre se ha valorado la influencia de ciertos periodistas y medios de comunica-

88. *La Tierra es plana*, de Thomas Friedman.

ción en la creación de una determinada opinión o imagen; también se ha estudiado la conveniencia o no de incluir famosos en la campaña, como también si procede crear o no un panel de expertos en la materia para generar un debate en los medios... Ahora toca evaluar la conveniencia o no de incluir a ciertos blogueros en la estrategia empresarial.

El estudio *Los tecnoinfluenciadores*, de la consultoría de comunicación norteamericana Burson-Marsteller,[89] demuestra que la blogosfera no es un mundo tan anárquico como muchos de sus detractores vociferan; más bien se están formando una serie de comunidades virtuales perfectamente organizadas alrededor de unos nuevos líderes de opinión que habitan en la red. La mayoría de estos nuevos creadores de opinión son consumidores que se sienten muy cómodos con las nuevas tecnologías sociales. Normalmente, publican a diario en su blog y mantienen actualizados varios perfiles en diversas redes sociales. Una de las características principales de su personalidad es la vocación por compartir y comentar todo lo que van descubriendo en la web. Saben que son respetados por lo que aportan en sus artículos y comentarios, y saben que si dejan de publicar pierden esa visibilidad.

Estos e-influenciadores visitan a diario blogs, foros y sitios web muy conocidos pero, a la vez, frecuentan otros sitios en la red más vanguardistas, de modo que aportan a los lectores una interpretación de los hechos complementaria a la versión «oficial» de la empresa. Según este estudio, los tecnoinfluenciadores conversan a diario con otras personas sobre asuntos que les parecen interesantes a través de diferentes canales de comunicación: el 51 por ciento de estos nuevos líderes de opinión publica comentarios en los sitios web de las empresas; el 33 por ciento lo hace en su propio blog; el 46 por ciento introduce mensajes en foros de opinión, y el 41 por ciento utiliza mensajería instantánea para transmitir información. Este entramado de conversaciones y canales de comunicación genera un amplio eco en la web social. El estudio indica que existen en Estados Unidos cerca de once millones de líderes de opinión en la red social que influyen

89. http://www.bursonmarsteller.es/pdf/BM_influenciadores_2005.pdf

en las decisiones de compra de más de 155 millones de consumidores a través de sus comentarios y recomendaciones en internet.

Para conocer el perfil de los blogueros en España, recomendamos la lectura de las tres encuestas realizadas en nuestro país a bloggers y lectores de blogs. Las dos primeras oleadas fueron coordinadas por Gemma Ferreres desde Tintachina.com (uno de los blogs más relevantes de la blogosfera hispana), con la colaboración de Fernando Garrido, Antonio Cambronero y Tíscar Lara.[90] La tercera *Encuesta a bloggers. Perfil del blogger hispano* ha sido elaborada por Fernando Garrido y Tíscar Lara.

A continuación compartimos con los lectores de este libro los resultados de estas encuestas, publicados en los respectivos blogs de los autores mencionados, con el fin de conocer mejor los principales rasgos de los blogueros españoles:

- El perfil del blogger hispano es de un hombre (73 por ciento), joven (el 51 por ciento tiene entre veinte y treinta años), con estudios universitarios (70 por ciento) y con más de cinco años de experiencia en la red en el 76 por ciento de los casos. Respecto al número de mujeres blogueras, los resultados de las dos encuestas anteriores indican, desafortunadamente, que no hay progreso en esta materia, puesto que todas arrojan una proporción similar del 75 por ciento de hombres frente al 25 por ciento de mujeres.
- Además de ser usuario activo de internet, el blogger hispano destaca por disponer de varios dispositivos tecnológicos: la mitad tiene un mínimo de cinco dispositivos (teléfono móvil, cámara fotográfica digital, reproductor de MP3, ordenador portátil y webcam).
- El 85 por ciento de los bloggers afirma que lo actualiza desde su casa, mientras que el 37,5 por ciento admite hacerlo también desde su puesto de trabajo.
- Crear un blog lleva un par de minutos; mantenerlo obliga a una cierta entrega. El 22 por ciento de los encuestados dedica cerca de una hora diaria a actualizar su bitácora.

90. Datos y conclusiones extraídos de las tres *Encuestas de webblogers*, disponibles en www.tintachina.com, www.tiscar.com y www.dialogosfelafacs.net

- No nos extraña que la encuesta señale que el 33 por ciento de los blogueros abandona su blog por falta de tiempo. Este dato coincide con los del buscador Technorati, que indican que, de los 145 millones de blogs existentes en el mundo, tan sólo el 6 por ciento ha actualizado sus contenidos en los últimos cuatro meses.
- Casi la totalidad de los entrevistados permite comentarios en sus blogs (99 por ciento), pero el 37 por ciento de ellos afirma que ha tenido que borrar algún comentario en ocasiones.
- La mayor parte de los entrevistados afirman tener un blogroll (70 por ciento), frente al 28 por ciento que dicen no tenerlo o no saber qué es.
- La actividad a la que más tiempo se roba para publicar en el blog es mirar la televisión, seguida de dormir, leer, estudiar y trabajar.
- Sorprende que la mitad de los bloggers afirmaba que no utilizaba ninguna licencia de propiedad intelectual distinta del copyright, mientras que un nada desdeñable 17,5 por ciento desconocía el tipo de licencia de su blog. Frente a estos datos, hay que mencionar que casi una tercera parte emplea conscientemente alguna licencia abierta, como son Creative Commons (31 por ciento) y GNU o GPL (0,9 por ciento).

Recientemente, la plataforma Bitacoras.com ha publicado el segundo informe *Estado de la blogosfera hispana*,[91] que se nutre de la voluminosa información que es procesada a diario en esta red social de blogueros en español. Los promotores de Bitacoras son capaces de efectuar una excelente radiografía del estado actual de la blogosfera en español dado que su plataforma cuenta con más de 350.000 usuarios registrados. Estos blogs han publicado cerca de siete millones de posts con más de 35 millones de enlaces.

A continuación, compartimos con los lectores los principales resultados de este estudio:

91. http://static.bitacoras.com/informe/10/informe_estado_blogosfera_hispana.pdf

- Aproximadamente el 78 por ciento de los blogueros hispanos son hombres y el 22 por ciento, mujeres, lo cual representa un crecimiento femenino de tres puntos sobre los resultados del año anterior, en el que estos porcentajes eran del 81 y el 19 por ciento, respectivamente.
- El 80 por ciento de los blogueros hispanos tiene una edad comprendida entre diecinueve y cuarenta y cuatro años, y el segmento situado entre veinticinco y treinta y cuatro años es el más activo, con el 39 por ciento sobre el total. El informe señala un pequeño ascenso de los más jóvenes respecto al período anterior.

A escala global, la mitad de los blogueros son de España; Argentina, México y Chile son los siguientes países más activos en número de autores en el mundo hispano. Destacamos el crecimiento de Ecuador, que entra en el grupo de los nueve más activos.

- El número medio de blogs administrado por usuario es de 1,38. Esto indica que, de media, los blogueros hispanos publican en más de una bitácora.

Recomendamos a los lectores de este libro que realicen un análisis pausado de estas encuestas con la convicción de que les aportarán un mayor conocimiento sobre las inquietudes y los comportamientos de los blogueros. Afortunadamente, la transparencia de las nuevas tecnologías nos ayuda a conocer mejor los perfiles de estos nuevos líderes de opinión y de qué modo influyen sobre nuestras audiencias, pero a pesar de ello se cometen muchos errores básicos al acercarse a este colectivo.

7.5 Quién es quién en la blogosfera

Uno de los errores más comunes que cometen las empresas es intentar simplificar el fenómeno blogging elaborando un listado con los veinte, cuarenta o cien bloggers teóricamente más influyentes en el mercado español. Si analizamos este error desde un punto de vista de comportamiento del ser humano, llegamos a la conclusión de que es comprensible, ya que nos pasamos el día confeccionando listados de todo tipo; asuntos urgentes, cosas pendientes, la lista de la compra, consultamos la lista de los diez libros más vendidos o el de los cuarenta principales... Pero las empresas no deberían cometer ese error, puesto que las consecuencias podrían ser muy graves para la reputación digital de la compañía.

Parte de la culpa la tienen algunas agencias de comunicación, las cuales, acostumbradas a elaborar centenares de listados para sus clientes (listado de prensa escrita, de radios y televisiones locales, de famosos a quienes invitar a eventos, etc.), llegan los blogs y, rápidamente, ofrecen a sus clientes una lista de los más influyentes. Tras más de diez años trabajando en una de las principales agencias de comunicación del mundo, Burson-Marsteller, tengo suficiente criterio para afirmar que no hay nada malo en la elaboración de listados, pero muchos de ellos nacen con un grave error de enfoque. La mayoría de las agencias elaboran listados de blogueros clasificándolos por su nivel de audiencia: el listado A contiene la relación de blogs con más audiencia en nuestro país; el listado B contiene una segunda relación de blogueros con menor audiencia que el listado A, pero con más autoridad que el listado C, y así sucesivamente. El error de partida de estos listados es que las agencias los llevan a cabo basándose en un solo criterio: el mayor número de visitas; pero olvidan uno aún más importante: la especialización del blog y la propia influencia del bloguero en un determinado sector. Las empresas deben saber que los autores con mayor número de visitas, el supuesto listado A, escriben en blogs muy especializados y, por lo tanto, su influencia suele estar limitada a una actividad empresarial. Si su compañía no tiene nada que ver con ese sector, olvídese de esa bitácora y dígale a su agencia de comunicación que lo borre del listado para no molestar al bloguero con el envío masivo de notas de prensa e invitaciones a eventos de su empresa. Hago esta crítica con pleno conocimiento de causa. Llevo más de seis años escribiendo a diario en el blog *Comunicación cultural*, que como su propio nombre indica está especializado en el sector cultural. Pues bien, todos los días recibo en mi correo electrónico decenas de notas de prensa de firmas ajenas a este ámbito (cosmética, transporte, etc.). Al principio me ponía en contacto con la agencia de comunicación de turno para informarle de que mi blog está especializado en el sector cultural y que no tenía inconveniente en recibir información de los clientes relacionados con el mismo, pero que por favor no enviaran más notas de prensa ni invitaciones a eventos de otros clientes suyos especializados en otras actividades. Pero no ha servido de nada. Algunos borraban mi nombre, blog y correo de la lista para los siguientes envíos de ese cliente en concreto, pero mis datos quedaban en el listado central de la agencia, así que cuando alguien consideraba oportuno enviar una nota de prensa al mundo bloguero, recurría al listado central y de nuevo mi correo se llenaba de información irrelevante para mi blog. ¿Qué hago hoy en día? Van directamente al cubo de la basura. Lo siento por las empresas que han pagado por un servicio que no les brindará ningún retorno de su inversión y que puede dañar su imagen de marca en la web social al molestar a los blogueros con información irrelevante para su actividad informativa.

Ante esta realidad, recomendamos a las empresas que contacten exclusivamente con los blogueros que traten habitualmente de su sector, su empresa, sus productos o su competencia, así como que analicen el discurso que está teniendo lugar en los artículos publicados en esos blogs, identificados previamente:

- ¿Cuáles son los temas preferidos del blogger?
- ¿Con qué frecuencia escribe sobre ellos?
- ¿Es capaz de cambiar de opinión si las argumentaciones de sus lectores son correctas?
- ¿Qué tipo de ejemplos, marcas, compañías menciona en su argumentación?
- ¿Recomienda algún producto?
- ¿Publica críticas negativas? ¿Están bien argumentadas?

También debería averiguar el grado de aproximación del blogger hacia su empresa o sector:

- ¿Es un empleado?
- ¿Un ex empleado?
- ¿Un experto sectorial?
- ¿Un periodista especializado?
- ¿Un consumidor con mucha información?

Una vez llevado a cabo este análisis preliminar, debería intentar conocer cuáles son las fuentes de información de estos bloggers y las personas a las que respeta en la blogosfera. Hágase las siguientes preguntas:

- ¿Qué medios tradicionales y digitales menciona y enlaza?
- ¿Qué blogs menciona en sus informaciones?
- ¿Quién participa en la conversación con comentarios serios y pertinentes?
- ¿A quién contesta?

Tal como comentábamos en la sección que describe la anatomía de un blog, el blogroll nos aporta muchas pistas sobre los blogs a los que respeta y escucha cada blogger. Según las *Encuestas sobre webblogers en España*, el 68 por ciento de los blogueros incluye un listado de blogs afines. Esta lista es de gran utilidad para las empresas, puesto que sirve para descubrir e identificar otros blogs relacionados con la misma temática.

Como se ve, el proceso de identificación de los blogs más influyentes es una tarea que va más allá de la elaboración de un simple listado de bitácoras y sus supuestos niveles de audiencia. Analizar el contenido publicado en los blogs de interés, su grado de influencia y una segmentación de la blogosfera le llevará más tiempo, entre una o dos semanas de trabajo dependiendo del tamaño de su empresa y del sector, pero le evitará cometer muchos errores al acercarse a este colectivo.

7.6 Cómo acercarse a los bloggers

Algunas compañías tienen verdadero pavor a la blogosfera. Durante mis conversaciones con numerosos directivos he observado que muchos de ellos tienen una percepción completamente equivocada sobre este colectivo. Piensan que son unos personajes inaccesibles, arrogantes y muy críticos con el mundo empresarial. De igual modo que en la vida real, en la web social también encontramos todo tipo de personalidades, como blogueros engreídos que alimentan a diario su ego a través de su blog, pero la mayoría de los que conozco son personas muy amables, muy curiosas y amantes de cualquier clase de innovación.

Creo que todo depende de la manera en que se acerque uno a este colectivo. He visto a directivos que se han subido por las paredes al leer un comentario negativo sobre su gestión en un blog y han realizado declaraciones como: «Quién se cree que es ese colgado» o «llámale y dile que borre ese artículo». Estas reacciones manifiestan un total desconocimiento del fenómeno blog y su repercusión en la sociedad. En este caso, la empresa debería llevar a cabo un análisis sosegado acerca del perfil del blogger y preguntarse: ¿De dónde sale la información? ¿Cuáles son sus motivaciones para escribir este artículo? ¿Qué grado de visibilidad tiene este blog en la web social? ¿Qué influencia ejerce en nuestro sector? Las respuestas a estas preguntas nos proporcionarán las claves para actuar y responder a este bloguero.

Las empresas deberían hacer un mayor esfuerzo por comunicarse de forma más personal, en vez de recurrir a ese lenguaje corporativo que tantas veces utilizan en sus notas de prensa, informes y declaraciones. No deja de sorprenderme el lenguaje institucional que usan la mayoría de las compañías en sus notas de prensa: «Hoy ha tenido lugar la presentación del estudio...» Parece que habla un robot, nadie lo hace así en la vida real, pero todos los departamentos de comunicación manejan con soltura este idioma que nadie más utiliza. Sé, por mi experiencia en el sector, que se ha hecho así toda la vida, pero creo que ya va siendo hora de abrir las ventanas de estos edificios para dar la bienvenida a la innovación.

Como muchas empresas tienen muy asumido este extraño idioma en su cultura corporativa, cometen un grave error al acercarse al colectivo bloguero enviándole notas de prensa, convocatorias a encuentros y demás acciones típicas del modelo de comunicación lineal con ese lenguaje indescriptible. Los medios de comunicación tradicionales tienen ya también muy asumido este lenguaje, pero a la mayoría de los blogueros les repugna esta clase de acercamientos. No hay que olvidar que no se consideran un medio de comunicación periodístico, sino que más bien argumentan que emiten opiniones personales a través de un medio digital. La palabra clave es *personal.* El acercamiento debe ser lo más personal posible; una llamada de teléfono, un correo personalizado (no vale un «corta y pega»), dejar un comentario en su blog, participar en sus mismas redes sociales, etc. Octavio Rojas Orduña, uno de los autores del libro *Blogs: La conversación en internet,* nos indica una serie de consejos que deberíamos tener en cuenta, entre los que destacamos los más interesantes:

- Observar a los bloggers durante un tiempo antes de contactarlos.
- Participar en sus blogs aportando comentarios, datos, etc.
- No considerar las bitácoras como canales de información de «segunda categoría». Sus autores son líderes de opinión con mayor o igual influencia que muchos medios de comunicación tradicionales.
- Enviar sólo información relevante para el blog y únicamente a través de los canales que el propio blogger establezca (correos electrónicos, comentarios, chats, Skype, etc.).
- Nunca mentir ni ocultar la identidad del emisor, sea la propia empresa o su agencia de relaciones públicas.
- No presionar al blogger. Los tiempos de publicación de éste no son los mismos que los de un medio tradicional. Muchas veces también cometemos errores de comunicación al presionar demasiado a los periodistas para que publiquen un tema.
- No insistir. Si el blogger no lo considera interesante, no publicará nada sobre éste.

Como puede verse, no son tan raros, ni arrogantes, ni inaccesibles; son personas que, gracias a la irrupción de las nuevas tecnologías sociales, tienen la capacidad de comunicarse con otros consumidores. Al igual que cualquier tribu urbana, poseen un lenguaje y comportamiento propios. Las empresas innovadoras que quieran tener en cuenta a este colectivo en su estrategia empresarial deberían esforzarse en conocer sus reglas de juego no escritas, pero fácilmente identificables y asumibles.

7.7 Tipos de blogs

Si partimos de la base de que se han creado entre 120 y 180 millones de blogs en todo el mundo, los lectores comprenderán que los hay de todo tipo y, por lo tanto, segmentar todas las posibles y diferentes categorías es una tarea casi imposible, además de inútil. Como el objetivo de este libro es aportar criterios a los directivos sobre las diferentes herramientas web 2.0 para que puedan determinar si consideran oportuno incluirlas o no en su estrategia empresarial, he decidido mantener el mismo esquema que utilicé en el estudio *Los blogs en la comunicación empresarial*, que elaboré conjuntamente con el Grupo BPMO. En este estudio recomendamos a los lectores que se guíen por la clasificación que realizó el profesor de la Universidad de Navarra José Luis Orihuela, uno de los mayores expertos sobre este asunto, quien segmentó la blogosfera en tres grandes bloques:

- **Personales**: La gran mayoría de los blogs existentes en nuestro país pertenecen a este grupo. Sus autores reflejan en los artículos sus opiniones más personales, que complementan con fotos y vídeos relacionados con su actividad cotidiana. Es como un diario en formato digital en el que la persona narra sus reflexiones, opiniones y recomendaciones. Estos blogs son leídos por su círculo más íntimo de amistades y familiares.
- **Temáticos/profesionales**: La mayoría de estos weblogs son gestionados por gente que escribe, a título personal pero con fines profesionales, sobre temas que conocen como especialistas en un determinado sector. En estos blogs encontramos a los mencionados líderes de opinión. Al ser bitácoras especializadas en una disciplina (periodismo, comunicación, marketing, política, temas culturales, tecnología, etc.), suelen tener un público muy fiel. Como recomiendo en el artículo anterior, cada empresa debería

intentar identificar los blogs que mantienen habitualmente un diálogo escrito sobre su sector, servicios y/o productos.
- **Corporativos**: En los últimos años, varias compañías españolas han lanzado blogs internos y externos como complemento de su estrategia empresarial. Tal como mencionábamos al principio de este libro, aún son pocas las firmas pertenecientes al IBEX 35 que han incorporado esta herramienta en sus planes de comunicación, pero las pymes, al igual que los autónomos, la han abrazado por los múltiples beneficios derivados que les aporta, como una mejora de su posicionamiento en la web, una mayor rapidez en sus comunicaciones y el bajo coste que estas herramientas tienen, comparadas con las tradicionales, entre otros factores.

Al tratarse de un libro sobre el impacto de las nuevas tecnologías sociales en la empresa, vamos a desarrollar a continuación el concepto y la descripción de los blogs corporativos.

7.8 Blogs corporativos externos

Al igual que en cualquier estrategia de comunicación separamos los públicos internos y externos, recomendamos que se lleve a cabo una segmentación similar al adentrarse en la blogosfera.

Un blog corporativo externo aspira a crear nuevos canales de comunicación con los públicos objetivos de una empresa, ya sean clientes actuales o potenciales, proveedores, medios de comunicación, etc. Existen múltiples tipos de blogs corporativos externos, pero con el fin de simplificar su explicación en este estudio los hemos agrupado en los siguientes:

- Blogs de producto. Ventas/Marketing.
- Blogs relacionales. Equipo directivo.
- Blogs de atención al cliente.

7.8.1 Blogs de producto. Ventas/Marketing

Normalmente, el enfoque de estos blogs gira alrededor de un determinado producto o servicio que necesita un apoyo de comunicación directa para colocarse correctamente en el mercado. A través de estas herramientas, la empresa puede comunicarse con sus audiencias objetivo sin los filtros ni las demoras de los medios tradicionales, y el potencial cliente puede resolver cualquier tipo de duda directamente con la entidad. Además, estos blogs suelen generar un impacto muy directo y positivo en el negocio de una compañía. La información publicada en estas bitácoras aporta más información al usuario y, por lo tanto, ayuda a acelerar el proceso de ventas.

Tal como hemos comentado anteriormente, los actuales compradores buscan, durante el proceso de adquisición, más de una fuente de información acerca de los productos y servicios por los que están interesados. El informe *Hábitos y tendencias del consumidor de Nielsen*[92] indica que el 27 por ciento de los internautas españoles declara que consulta las redes sociales para ayudarse en sus decisiones de compra y el 15 por ciento tiene en cuenta las opiniones que aparecen en foros y blogs.

La mejor manera de entender la funcionalidad de estos blogs es a través de varios ejemplos. Recientemente, Caixa Sabadell lanzó una campaña de captación de domiciliación de nóminas, *Y tú, ¿cómo ahorras?*, que tenía un blog como eje central de la misma. Mediante esta herramienta, la entidad financiera pudo comunicarse directamente con su público objetivo. Los comentarios de los clientes sirvieron a los responsables de la campaña para conocer el impacto real de los mensajes que estaba lanzando y también para estar al corriente de las necesidades reales de sus clientes potenciales. Por otra parte, con motivo del lanzamiento de las nuevas versiones de Flash y Dreamweaver, la empresa Macromedia decidió crear cuatro canales de comunicación especializada: un blog para responder a las preguntas de los analistas financieros, otro para atender a los periodistas de medios de comunicación técnicos, otro para cubrir las necesidades de información de los programadores y una última bitácora para conversar con el público usuario de estos programas. Es importante señalar que, acertadamente, cada uno de estos canales/blogs atendía las necesidades de

92. http://es.nielsen.com/news/20100705.shtml

comunicación de cada audiencia con su lenguaje correspondiente (técnico, periodístico, financiero, etc.) y, para ello, era gestionado por el responsable de cada una de las respectivas áreas de negocio. Esta estrategia de comunicación basada en blogs permitió a Macromedia destacar los elementos clave de sus nuevos programas sin depender de las interpretaciones y comparaciones habituales que llevan a cabo los medios de comunicación tradicionales.

Algunas empresas han cometido el error de lanzar blogs relacionados con sus productos sin advertir claramente al lector que la información publicada era aportada por la entidad. Avisamos de que esta clase de «trampas» se descubren, tarde o temprano, en la web social y que repercuten negativamente en la reputación online de la compañía.

7.8.2 Blogs relacionales. Equipo directivo

La gran mayoría de los blogs corporativos existentes en la red tienen un enfoque relacional. Estos blogs, escritos normalmente por miembros del equipo directivo, aportan a la empresa una nueva personalidad, más cercana con el cliente y más atenta a sus necesidades. Varios estudios sobre gestión empresarial indican que el presidente y el equipo directivo de una compañía dedican más del 60 por ciento de su tiempo a establecer y gestionar distintos canales de comunicación, tales como asistencia a conferencias sectoriales, entrevistas con medios de comunicación, reuniones con sindicatos o diversos colectivos, encuentros para forjar alianzas estratégicas, etc. Por este motivo, los directivos de varias sociedades multinacionales (SAP, General Motors, Dell, McDonald's, Boeing, entre otras) mantienen sus propios blogs con el fin de mejorar las relaciones con sus públicos objetivos (clientes, medios de comunicación, empleados, etc.). Las bitácoras relacionales escritas por el equipo directivo de una empresa ayudan a establecer un área de liderazgo en la conversación que se desarrolla en la red sobre los asuntos que interesan a la compañía, y además crean un punto de referencia en el sector frente a la competencia. Recomendamos la visita de varios de estos blogs para hacerse una mejor idea de su contenido y enfoque y así determinar la conveniencia o no de incorporar un blog similar en sus estrategias de comunicación.

Sin embargo, la alta dirección de las empresas españolas se resiste a utilizar estas herramientas. Durante la elaboración de este libro nos costó lo indecible hallar algún blog escrito por los presidentes de compañías españolas que coticen en bolsa o pertenecientes al ranking de las cien grandes sociedades españolas por facturación. La mayor parte de los blogs corporativos escritos por directivos españoles pertenece a pequeñas y medianas empresas. Existen varios motivos que pueden explicar este escaso uso de las bitácoras en los consejos de administración, pero me centraré en dos de ellos: por una parte, una percepción errónea sobre la herramienta, y por otra, al no sentirse nada cómodos con estos instrumentos, los propios departamentos de comunicación no recomiendan su uso en la organización. Esta dinámica cambiará a medida que los responsables de las áreas de gestión sean formados adecuadamente y también con la incorporación de nuevos empleados que lleven consigo esos conocimientos y aceleren el cambio desde el interior de la entidad.

Dentro del grupo de blogs relacionales podemos incluir también los gestionados por clientes que se han enamorado de la marca y que se convierten voluntariamente en prescriptores de la misma. En el argot de la blogosfera, a estos blogueros se les llama «evangelistas». Para entendernos, los «evangelistas» son clientes (luego analizaremos el papel de los empleados «evangelistas») altamente satisfechos con los productos y servicios de una empresa que voluntariamente crean blogs y perfiles en las redes sociales para compartir opiniones, fotos y vídeos sobre esa marca. Muchos lectores sospecharán que estas personas se hallan vinculadas a la empresa de alguna forma. Al igual que en el mundo analógico, algunos bloggers sí tienen una relación empresarial (patrocinio, pago por artículo publicado, etc.), mientras que otros no mantienen ningún vínculo con la marca. Pensemos en los miles de clubes de fans y asociaciones de amigos que existen alrededor de un artista o una entidad sin intervención alguna por parte del interesado. En el mundo real hay muchas personas, clientes muy satisfechos, que recomiendan voluntariamente un coche, una moto o una bebida sin ser recompensados por ello. Si analizamos nuestro propio comportamiento veremos que muchas veces nos convertimos en clientes «evangelistas» sin saberlo: llevamos todo tipo de logotipos y marcas en nuestras camisas, cinturones, bolsos y relojes; recomendamos un hotel de encanto o un buen restaurante a nuestros amigos o compañeros de la oficina sin obtener ninguna comisión por parte de sus dueños; si nos ha gustado un libro o una determinada película no dudamos en compartirlo con nuestro entorno... en fin, que nos pasamos todo el día hablando y recomendando productos y servicios. La gran diferencia es que, gracias a las nuevas tecnologías sociales, los prescriptores son ahora más identificables y su labor de divulgación es aún más eficaz.

Las empresas llevan años utilizando celebridades, periodistas famosos, deportistas, etc., para promocionar determinados beneficios de un producto o servicio sin que nadie se rasgue las vestiduras. La prensa escrita publica en fechas clave, como en Navidades o el Día de la Madre o del Padre, suplementos en los que se recomienda todo tipo de productos, y creo que nadie a estas alturas tiene dudas acerca de que ser mencionado o no en esas páginas tiene una relación directa con inserciones publicitarias. A diferencia de estas prácticas comunes, existe un numeroso grupo de bloggers profesionales que, cuando tienen algún tipo de relación con una empresa, expresan abiertamente esta relación en su blog con el fin de evitar cualquier tipo de malinterpretación respecto a su opinión o recomendación. En ciertos momentos hasta son muy críticos con algunas decisiones de la entidad (campañas de publicidad con enfoque erróneo, incoherencia en su política de acción social, defectos en las funcionalidades de un nuevo producto, etc.), pero en la mayoría de los casos tienen un alto índice de fidelización con la compañía. Varias marcas cuentan con este tipo de blogs:[93] Vespaway, Gatorade, McDonald's, Ikea, Dunkin Donuts, entre otras. Recomendamos la visita a los blogs «evangelistas» de estas marcas para entender mejor el enfoque de estas bitácoras y analizar la conveniencia o no de emprender un proyecto similar.

Dentro de esta misma categoría de blogs «evangelistas» es interesante efectuar un breve comentario sobre los que son gestionados por

93. Vespaway - http://www.vespaway.com; Gatorade - http://www.firstinthirst.typepad.com; McDonald's -http://prblog.typepad.com/strategic_public_relation; Ikea – http://www.positivefanatics.com; Dunkin Donuts - http://www.dunkindonutstalk.com/about/

los empleados o profesionales subcontratados por una empresa para conversar abiertamente sobre sus productos y servicios. En este caso creo que no hace falta advertir, pero lo haré por si acaso, que el bloguero debe manifestar claramente la relación empresarial que tenga con esa marca. Un buen ejemplo de blog relacional en España es el escrito por el «evangelista» David Cervigón.[94] El autor de este blog, un empleado de Microsoft, escribe a diario sobre las cuestiones técnicas que surjan internamente en la compañía o que van planteando los lectores del blog que a su vez son usuarios de los programas de esta empresa. Microsoft cuenta en España con otras cinco bitácoras gestionadas por «evangelistas» que atienden las demandas de información de la comunidad de desarrolladores y técnicos existentes en España y Latinoamérica. Detrás de estos blogs se encuentra un equipo de personas con un alto nivel de conocimientos sobre las funcionalidades de los productos de la compañía que posibilitan que sus observaciones se conviertan en punto de referencia entre los profesionales de ese sector.

7.8.3 Blogs de atención al cliente

Por último, los blogs relacionales también pueden ser utilizados para mejorar el servicio de atención al cliente de la empresa. En la economía tradicional, estos departamentos sitúan el nivel de quejas en el 1 por ciento del total de clientes de una compañía, pero dado que las nuevas tecnologías permiten a más consumidores comunicarse directamente con las firmas, este índice se ha incrementado en muchos sectores hasta el 15 por ciento. Los blogs relacionales ofrecen a los departamentos de marketing y posventa la posibilidad de crear nuevos canales de comunicación más dinámicos con los clientes. A lo largo de mi experiencia profesional, he visto cómo se critica al departamento de marketing por, supuestamente, aportar poco valor real a la compañía. Estas críticas provienen, casi siempre, del departamento de ventas, que cuestiona las aportaciones reales del marketing con vistas a identificar nuevos negocios y necesidades de los clientes actuales. Señalan que

94. http://blogs.technet.com/b/davidcervigon/

siempre se mueven en el mundo de los intangibles y que no son capaces de descubrir las tendencias del mercado y las futuras necesidades reales de los consumidores. Gracias a las nuevas tecnologías sociales, el departamento de marketing puede escuchar la opinión de sus clientes sobre sus productos y servicios y aportar esta inteligencia de mercado al departamento de ventas. En la nueva era de la información los consumidores conversan y se agrupan en la red para tomar iniciativas a favor o en contra de todo tipo de productos y servicios. ¿Cuántas empresas españolas están realmente dispuestas a escuchar a sus clientes y desarrollar un diálogo abierto y fluido con ellos? La mayoría de las compañías entienden las interacciones con los compradores de sus productos como una obligación, no como una oportunidad de crear una relación de iguales. Escuchar a los consumidores a través de las diferentes herramientas que nos brinda la web social permitirá a las empresas más innovadoras consolidar mejores relaciones con sus clientes.

7.9 Blogs de comunicación interna

Desde hace un par de años vengo señalando que los blogs internos serán los verdaderos triunfadores en el ámbito de los blogs corporativos. En este mundo cada vez más complejo e interconectado se necesita que todas las unidades de negocio de la empresa (recursos humanos, ventas, administración, marketing, etc.) se impliquen de verdad en la estrategia empresarial. Los blogs internos favorecen la comunicación entre las unidades de negocio y los equipos de empleados, lo cual rompe los modelos clásicos de la organización empresarial. En los estudios que elaboré conjuntamente con el Grupo BPMO –*Los blogs en la estrategia de comunicación* (2006) y *Comunicación empresarial 2.0* (2007)– indicaba que, aunque la implantación de los blogs internos en las compañías sería un proceso más lento y menos visible que la evolución experimentada por los blogs externos, a medio plazo estas bitácoras tendrían una mayor aceptación en el mundo empresarial.

Figura 17. Blog interno perteneciente al Grupo BPMO.

En los últimos años, IBM España, BBVA, Telefónica, Intel, Microsoft, Grupo BPMO, entre otras, han creado blogs internos para lograr estos objetivos. Por ejemplo, el banco BBVA lanzó en marzo de 2008 una plataforma de blogs internos, Blogosfera BBVA, cuyo objetivo es conectar a sus 110.000 empleados de 33 países distintos para compartir talento, descubrir nuevas ideas, poner en valor el conocimiento individual de cada persona de la entidad y entablar conversaciones laborales y no laborales. En apenas seis meses de funcionamiento ha logrado atraer la atención de casi 3.500 empleados, quienes han creado más de trescientos blogs internos en los que han publicado más de 4.000 comentarios. En el sector editorial, la división de Sistemas de Información del Grupo SM creó un blog en 2006 como vehículo de comunicación interna entre sus empleados, pero al revisar esta nueva edición del libro hemos advertido que no está actualizado. Desde su creación han publicado cerca de 450 artículos que han generado a su vez más de 250 comentarios y casi 54.000 visitas.[95]

95. http://blogdsi.typepad.com/

Con la finalidad de crear un espacio de trabajo y colaboración a distancia entre las distintas personas que participan en las áreas de gestión de la Federación Española de Municipios, se crearon unos foro-blogs para facilitar estos procesos de comunicación interna. A escala mundial, IBM cuenta con más de 3.000 blogs internos que tienen como objetivo la gestión del conocimiento entre sus áreas técnicas, comerciales y administrativas. Desde el inicio del fenómeno de los blogs, esta compañía promueve activamente, a través de cursos de formación internos, el uso de las bitácoras en todos los niveles de la empresa y en sus unidades de negocio.

Uno de los errores más comunes en el mundo empresarial es pensar que no es preciso crear una plataforma de blogs internos puesto que la empresa tiene ya instalada una Intranet. Éstos no sustituyen a las Intranets, más bien se complementan entre sí. La diferencia principal entre ambos es el enfoque: mientras que una Intranet tiene una estructura de comunicación de «arriba abajo» –es decir, la empresa decide el enfoque, los contenidos, las secciones de la Intranet, etc.–, en los blogs internos la comunicación se dirige de abajo arriba; o sea, los empleados/usuarios deciden qué información, proyectos, ideas, etc. quieren compartir con el resto de los compañeros en función de sus propias necesidades. De esta manera, la plataforma de blogs internos se convierte en una herramienta que activa la comunicación en el interior de la entidad y agiliza el proceso de decisión entre los empleados al intercambiar conocimientos entre unidades de negocio y equipos.

7.9.1 Código de estilo de la Blogosfera del BBVA

Algunos directivos temen que los blogs internos puedan convertirse en un canal de comunicación demasiado informal y sin control desde la dirección de la empresa. Al no tener un claro conocimiento de la herramienta, se empeñan en imponer políticas restrictivas sobre su uso o, en el peor de los casos, impedir a sus empleados que escriban en blogs, aunque sean personales.

Figura 18. Blog perteneciente al portal Blogosfera del BBVA.

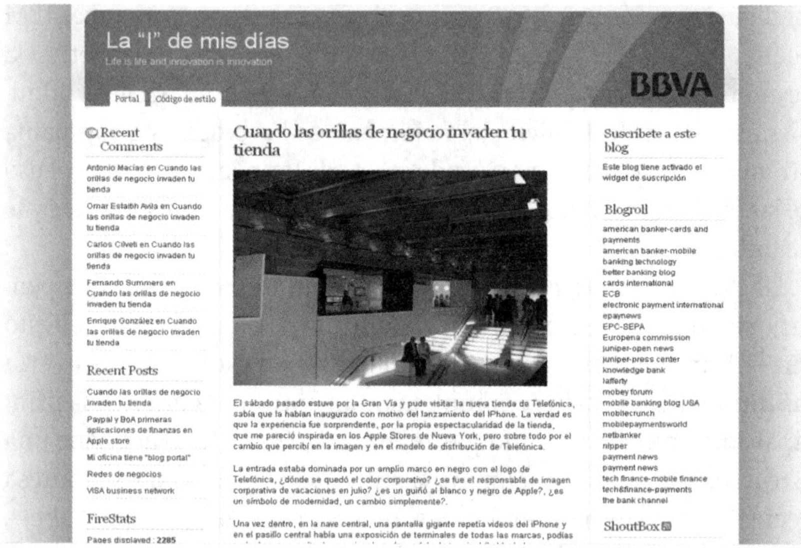

Al igual que otras compañías multinacionales, BBVA ha redactado unas pautas de uso de estas herramientas, basadas en el sentido común, que sirven de referencia para todos los empleados en el momento de participar en blogs, ya sea dentro o fuera de la empresa. La principal regla que impera al escribir en estas bitácoras es el sentido común de cada trabajador. Sin lugar a dudas, se trata de un cambio radical en la estrategia de comunicación externa e interna de estas organizaciones. A continuación, y con el permiso de la dirección de la entidad financiera, reproducimos estas directrices para que sirvan de marco de referencia a todas las firmas que quieran crear políticas similares.

- En tu blog hablarás en nombre propio para fomentar la comunicación y el diálogo, así como el diálogo multidireccional.
- No olvides respetar la confidencialidad y la propiedad de la información de lo que publiques y de lo que aquí se publica.

- Utiliza tu blog desde el sentido común y el respeto al Grupo, sus empleados, clientes, socios y competidores.
- Asegúrate en todo momento de que tu actividad en el blog no interfiere ni colisiona con los objetivos de tu trabajo.

El enfoque de este código de estilo demuestra que la organización confía en sus empleados. En vez de redactar una amplia lista de prohibiciones, el código sólo aspira a recordar a los empleados del Grupo que usen el sentido común cuando utilicen la plataforma. No hace falta hacer más, los trabajadores no son tontos.

7.10 Videoblogging: la audiovisualización de la red

Aunque en la primera fase de la evolución de la blogosfera española los blogs en formato de texto hayan acaparado la atención de la mayoría de los usuarios, a medida que éstos se sientan más cómodos con la grabación y la edición de vídeos, los vlogs o videoblogs obtendrán una mayor visibilidad en la web social. Wikipedia proporciona la siguiente definición de videoblog: «Una galería de clips de vídeos, ordenada cronológicamente, publicados por uno o más autores. El autor puede autorizar a otros usuarios para añadir comentarios u otros vídeos dentro de la misma galería.»

Los tradicionales blogs basados en texto y los incipientes vlogs son herramientas que se complementan extraordinariamente y enriquecen el contenido y la experiencia lectora de la blogosfera. Ante la transformación audiovisual que se está produciendo en internet, surgen nuevas vías de comunicación que permiten transmitir información en diferentes formatos. Mientras que algunas cosas se transmiten mejor a través del texto, otras, en cambio, ganan más mediante las imágenes visuales, pero los mejores resultados se obtienen cuando ambos estilos se compaginan. Los medios de comunicación llevan años comprobando que las informaciones más leídas y comentadas en sus sitios web son las que combinan el hipertexto con sonido e imágenes en movimiento. Pero, aunque no nos guste predecirlo, a medida que nos adentremos en la sociedad multimedia el texto perderá, muy probablemente, relevancia frente a la imagen y el sonido. Vivimos en una sociedad acelerada en la que cada día hay menos personas que tengan tiempo para escribir un buen texto y publicarlo en su blog, mientras que grabar un vídeo casero y subirlo a la red puede hacerse en pocos minutos. Aunque, como todo en la vida, grabar, editar y publicar un vídeo de calidad lleva tiempo si se quiere hacer de forma profesional.

Al igual que el podcasting, la utilización de los vlogs como herramienta de comunicación corporativa no está aún muy extendida entre las empresas españolas. Es una lástima, pues se trata de un instrumento excelente para transmitir la imagen corporativa de cualquier entidad. De entre sus posibles utilidades como elemento de comunicación externa destacan la posibilidad de publicar vídeos sobre los productos, las presentaciones, los eventos, etc., que no sólo complementará la información publicada en formato de texto, sino que incrementará el tiempo de permanencia de los usuarios en el sitio web de la compañía. Como hemos analizado en anteriores capítulos de este libro, la duración de la consulta en una determinada web es uno de los factores que los buscadores tienen más en cuenta al determinar la visibilidad de una página en la red. No obstante, tal como hemos comentado anteriormente, la tecnología que utilizan hoy en día los principales buscadores (Google, Microsoft, etc.) no indexa el contenido de los vídeos publicados en internet. Este hecho comporta que la inversión empleada en la producción, maquetación y divulgación de cualquier vídeo o microsite realizado con tecnología Flash no pueda rentabilizarse a través de un mejor posicionamiento de la empresa en la web social. Probablemente este obstáculo se solucione con las futuras versiones semánticas de los buscadores, pero mientras tanto las entidades que utilicen esta herramienta audiovisual deberán llevar a cabo un esfuerzo extra etiquetando el contenido con palabras clave que lo describan. Durante la fase de investigación para escribir este libro vimos que varias empresas –Alfaguara, BBVA, Orange, Instituto Cervantes, RTVE, entre otras– ya utilizan los vídeos como herramientas complementarias para promover sus contenidos en la web social. Una de las aplicaciones más innovadoras de este útil es la que proporciona el portal inmobiliario Idealista.com, que permite a los usuarios subir vídeos caseros de sus pisos para fomentar su promoción y venta.

En apenas doce meses, los clientes de Idealista.com subieron 35.600 vídeos. A nivel interno, algunas empresas están creando canales propios de televisión por internet para mantener informada a toda la plantilla acerca de las noticias de interés que se producen en la organización. Recomendamos la visita de los sitios web de estas compañías para analizar los diferentes usos y enfoques de estos instrumentos.

Sin embargo, sí hemos observado la aparición en el mercado español de un buen número de proyectos innovadores que apuestan por la televisión interactiva, con un alto grado de especialización sectorial. Las empresas pertenecientes a estos sectores deberían analizar su enfoque y contenidos y estudiar la posibilidad de establecer acuerdos de colaboración. A continuación, detallamos algunas de estas iniciativas:

- DecoHome.TV, una televisión online dedicada exclusivamente a la decoración y al interiorismo.
- Tendencias.TV, una plataforma especializada en moda y cultura urbana.
- Lost in Bilbao TV informa sobre la actividad cultural y social de esta ciudad.
- VinusTV, cuyos contenidos giran alrededor del mundo del vino.
- FlashMotor informa a los amantes del motor, mientras que Daily-Motos se centra en el ámbito de las motos.
- LingusTV está orientado al aprendizaje de idiomas.
- FeriaTV atiende a los fanáticos de la tauromaquia.
- ClickinTV permite a los usuarios ponerse en contacto directo con los mejores profesionales del sector para estar al día de los últimos avances en producción audiovisual y consultar posibles dudas.

Ya que no están todas las plataformas especializadas existentes en la web social, recomendamos a las empresas que sondeen la existencia de un canal similar en su sector y analicen posibles vías de colaboración.

Por otra parte, hay centenares de plataformas gratuitas para ver todo tipo de contenido audiovisual por internet, desde los pioneros Vimeo, YouTube y Dailymotion hasta Joost, Blinkx, FoxMyspace, Zattoo, Stage6, Metacafe, Dalealplay, Blip.tv, entre otros. El último estudio de la AIMC señala que el 37 por ciento vio televisión por internet en la última semana y el 84 por ciento manifestó que utiliza la red para leer noticias en los nuevos medios digitales.[96] A raíz de los cambios en los hábitos de acceso a la información, la televisión está sufriendo una transformación imparable. Gracias a estas nuevas alternativas y al fenómeno del videoblogging, los usuarios ya no están obligados a tragarse toda la programación de las cadenas tradicionales con sus interminables inserciones publicitarias; ahora pueden acceder a un contenido audiovisual más amplio y variado en cualquier momento.

El videoblogging irrumpió en España entre 2003 y 2005 de la mano de los pioneros en este campo Anil de Mello, Joan Planas, Eduardo Collado, Héctor Milla y Roger Casas-Alatriste, entre otros, pero no llegó a consolidarse hasta el año 2007. Con el fin de aportar más conocimientos a los lectores de este libro respecto a las posibles aplicaciones de esta herramienta, detallamos a continuación algunos de los principales videoblogueros en España y los proyectos audiovisuales más innovadores lanzados en los últimos años.

7.10.1 Lost in Bilbao TV

Lost in Bilbao TV, creada en septiembre de 2007, se presenta como la primera web de televisión en Euskadi que ofrece todos los días información útil acerca de la actividad cultural y social de la ciudad. Esta iniciativa es, a su vez, un generador y distribuidor de contenidos audiovisuales con carácter informativo, divulgativo y de investigación. A través de su programación diaria, este canal se convierte en un escaparate audiovisual sobre eventos, tendencias, personajes y gente de la ciudad de Bilbao y alrededores. Desde su constitución, en septiembre de 2007, ha publicado más de setenta vídeos de producción propia y ha superado las 20.000 páginas vistas mensuales. Tiene más de 4.300 suscriptores a su programación, que dedican una media de cuatro minutos diarios en su plataforma.

96. http://download.aimc.es/aimc/navred2010/macro2010ppt.pdf

Figura 19. Página principal de la web TV Lost in Bilbao.

7.10.2 Joan Planas

El director de cine Joan Planas cuenta con uno de los vlogs de referencia del mercado español. En la edición de los BOB de 2007 (algo así como los Oscar de la blogosfera), Joan Planas y MobuzzTV fueron seleccionados entre los diez mejores vlogs a escala internacional. Desde sus inicios como videoblogger, Joan ha publicado centenares de vídeos que reciben miles de visitas, según sean su tema y su grado de viralidad. Algunas semanas publica cuatro o cinco de ellos, mientras que otras no realiza ninguna emisión. Por regla general, sus trabajos suelen durar entre tres y seis minutos, aunque hay algunas excepciones que alcanzan los treinta minutos.

El vlog de Joan se divide en varias categorías o canales; el más conocido es *Tengo una pregunta*, para cuya realización sale a la calle acompañado de otra videobloguera, Cristina Mingot, para preguntar sobre temas en los que los medios de comunicación tradicionales normalmente no indagan; ellos, además, dan tiempo a los participantes para argumentar sus respuestas con el fin de profundizar en diferentes puntos de vista. Recomendamos la visión de la encuesta que realizaron en el centro de Barcelona alrededor de la pregunta *¿Qué es Twitter?*,[97] todo un estudio sociológico sobre el nanoblogging.

7.10.3 Eduardo Collado

Hablar de videoblogging en España es hablar de Eduardo Collado. Su primer vlog, vlog.es, se remonta a noviembre de 2005. Posteriormente, lanzó entrevistado.com –un vlog de entrevistas audiovisuales–, marcianos.tv y blogosfera.tv. Hoy en día los encontramos en eduardocollado.com. A través de este dominio, Eduardo ha publicado más de 150 vídeos y cerca de 3.000 posts relacionados con el mundo del videoblogging. Cuenta con un tráfico muy fiel que ronda los setecientos usuarios únicos al día y cerca de mil páginas vistas diariamente, dependiendo de si es sábado o entre semana.

7.10.4 Balzac TV

Al igual que Eduardo Collado, Héctor Villa es una de las principales referencias del videoblogging. Su primer vídeo lo publicó en la plataforma Vimeo en junio de 2005 y desde entonces ha mostrado más de un centenar de vídeos en su vlog. Destaca su participación en tres proyectos comunitarios de videoblogging. El primero fue Semanal, que consistió en publicar un vídeo semanal durante todo el año 2008. El segundo es un proyecto cinematográfico, Lumiere, que radica en exhibir vídeos sin editar, sin audio y con cámara fija, con una duración de menos de sesenta segundos. Y el tercer proyecto, CienOjos.tv, es un sitio comunitario para exponer videoposts que tienen que ver con la evolución del videoblogging en español. Su próximo proyecto, Balzac.tv, ofrece episodios semanales sobre innovación, que abarcan tanto la innovación social como la científica y tecnológica.

7.10.5 Videobits

Videobits.tv es una iniciativa liderada por varios licenciados en Comunicación Audiovisual de la Universidad de A Coruña que apuesta

97. http://joanplanas.com/2008/05/26/que-es-twitter/

por la interactividad, los vídeos bajo demanda, la personalización de los contenidos, la involucración del periodismo ciudadano, etc., una respuesta, en definitiva, a la demanda de innovación, tanto en las formas de comunicación como de los contenidos, por parte de las nuevas generaciones de usuarios. Con esta plataforma sus promotores intentan descubrir cuáles serán las claves del medio audiovisual del futuro, cómo se va desarrollando el concepto de videoblogging y qué aplicaciones se convertirán en referencia para los usuarios.

7.10.6 Zemos TVLOG

ZEMOS98 es un colectivo de creación y producción cultural que desarrolla su actividad en Sevilla desde el año 1995. Está compuesto por un equipo de comunicólogos y tecnólogos de la imagen y el sonido que tratan internet como un espacio más de comunicación, aprendizaje y creación. Recientemente, han lanzado TVLOG, un canal que analizará los cambios y las tendencias que están teniendo lugar en el mundo audiovisual: la evolución del videoblogging, la creación audiovisual, el futuro de la televisión por internet, la innovación narrativa, etc.

7.10.7 Vinus Televisión

Vinus es un canal temático dedicado al mundo del vino que emite desde el 1 de agosto de 2007 por la red. En los programas de Vinus hay noticias, entrevistas, reportajes sobre eventos, visitas a bodegas, se tratan temas de maridaje, catas, accesorios, recomendaciones, etc. Es una plataforma de vídeo bajo demanda que, además del vídeo en flash que se reproduce en su web, ofrece la descarga de los contenidos en diferentes formatos, como Windows Media, Quicktime, iPod, móvil y Apple TV, que permite disfrutarlos en las nuevas pantallas HD de televisión. Cuenta con una media de 10.000 usuarios únicos mensuales, que permanecen entre siete y quince minutos en la plataforma, lo cual genera un tráfico de 86.882 páginas vistas mensuales. Los contenidos de Vinus Televisión se pueden ver, además de en su web, a través de otras plataformas: iTunes, YouTube, Adobe Media Player, American On Line Video, etc. Como buenos nativos digitales, también están presentes en diversas redes sociales, por ejemplo, Facebook, Twitter y Flickr, entre otras.

7.10.8 Conclusiones

Con alrededor del 50 por ciento de los usuarios viendo a diario millones de vídeos en internet y la tendencia hacia una mayor convergencia entre este medio de expresión, los móviles y la web social, podemos predecir que la evolución lógica de la red será ir hacia una mayor audiovisualización de la misma. En este contexto de sociedad multimedia, no es de extrañar que las empresas estén cada vez más interesadas en utilizar el vídeo para incrementar sus negocios, llegar a nuevos clientes, aumentar la colaboración entre sus empleados y buscar modos de comunicarse teniendo en cuenta el impacto medioambiental.

7.11 Algunas recomendaciones

Antes de lanzarse a crear un blog, un audioblog o un vlog, el equipo directivo de una sociedad debería sopesar los factores a favor y en contra derivados de la implantación de estas herramientas. La extensa relación de supuestos beneficios derivados de la incorporación de blogs en las compañías no debe acelerar su proceso de implantación en ellas antes de analizar también todos los efectos colaterales que se generan. Las empresas que incorporen estas herramientas experimentarán un cambio en su cultura corporativa. Tal como señala Humberto Matas, especialista en comunicación y autor del blog *Información empresarial*, «su implantación requiere una fuerte cultura corporativa y una gran visión estratégica por parte de la dirección de la empresa. Es un ejercicio de transparencia tanto interna como externa que pondrá al descubierto el tipo de empresa que somos. Si eso asusta, posiblemente un blog no sea lo más adecuado». Con el fin de prevenir errores, detallamos a continuación una serie de consejos prácticos antes de incorporar las bitácoras en sus estrategias de comunicación:

- La empresa debe entender que ya no es posible controlar al ciento por ciento los procesos de comunicación.
- Las firmas que no estén dispuestas a dialogar con sus clientes sobre sus productos y servicios en la web social, mejor que se queden fuera.

- Conviene sondear el grado de intensidad de las conversaciones existentes en la red sobre sus productos o servicios.
- Es preciso conocer quiénes son los creadores de opinión acerca de su sector.
- Debe analizarse su discurso: argumentación, mensajes, ejemplos que utiliza, frecuencia, tono, etc.
- Hay que determinar su grado de influencia en la comunidad virtual.
- Es necesario averiguar sus fuentes (otros blogs nacionales y/o internacionales, medios de comunicación, competencia, etc.).
- Se debe precisar su grado de aproximación a la empresa (ex empleado, competidor, experto sectorial, etc.).

En relación con el contenido y enfoque del futuro blog, audioblog o vlog corporativo, adelantamos una serie de recomendaciones fundamentales:

- Identificar a las personas de la empresa que utilizarán la herramienta.
- Involucrar al equipo directivo.
- Formar a estas personas sobre el funcionamiento de esta herramienta, sus tipologías, los posibles enfoques y usos, etc.
- Utilizar un lenguaje apropiado. El que emplean tradicionalmente las empresas –notas de prensa, discursos corporativos, declaraciones, etc.– no es bienvenido en la blogosfera.
- Ser sinceros y transparentes.
- Responder a los comentarios de los lectores.
- Participar en las conversaciones que tengan lugar en otros blogs (externos e internos).
- Determinar la frecuencia de publicación de artículos, imágenes o vídeos.
- Combinar el lenguaje multimedia.
- Experimentar. Fomentar la innovación

Espero que estas simples recomendaciones ayuden al lector a dar los primeros pasos en la blogosfera.

8
Nanoblogging: Twitter

En 2007 irrumpieron con fuerza en el mercado español varios canales de microcomunicación como Twitter, Jaiku, Pownce y YouAre, entre otros, que revolucionaron la comunicación personal. Durante estos años, varias de estas plataformas han tenido que abandonar sus servicios debido a la posición dominante que ha logrado obtener Twitter.

Estas nuevas herramientas de comunicación, también conocidas como microblogging, permiten a sus usuarios enviar mensajes de texto con una longitud máxima de 140 caracteres de forma instantánea y gratuita. Los textos remitidos pueden leerlos de forma simultánea miles de personas, tanto conocidas por el emisor como desconocidas.

Para un amplio número de individuos, estas herramientas se han convertido en el canal preferido de mensajería instantánea para comunicar a sus amigos y familiares qué están haciendo en cualquier momento.

8.1 Microaudiencias en Twitter

La palabra inglesa *twitter* significa «gorjear»; si interpretamos esta definición en un entorno humano podemos definir *twitter* como «parlotear». Con sus cerca de doscientos millones de usuarios, este portal se ha convertido en el líder indiscutible del microblogging, y ha derrotado a un competidor como Jaiku, que contaba con el apoyo de Google y del que muchos especialistas indican que aportaba una tecnología superior.

Figura 20. Perfil del autor en Twitter.

El ranking Alexa[98] indica que España es el noveno país del mundo con mayor número de usuarios de Twitter, después de Estados Unidos, Canadá, India y Sudáfrica, entre otros. Esta plataforma nos permite preseleccionar a quién enviamos nuestros mensajes: al público en general, a una red de contactos limitada o a una persona en concreto. Según las últimas estadísticas aportadas por la propia compañía, este portal es percibido como un canal de microaudiencias: el 50 por ciento de los usuarios de Twitter mantiene conversaciones con una media de diez personas. Quienes tienen más de ochenta seguidores y siguen a unos setenta individuos sólo representan el 10 por ciento del total de miembros de esta herramienta.[99] El mensaje podemos enviarlo desde la propia plataforma en la web, a través de nuestro teléfono móvil o desde un correo electrónico cualquiera.

De acuerdo con el *Estudio sobre la evolución del usuario de Twitter*,[100] el perfil del usuario de esta herramienta es un varón de entre veintio-

98. http://www.alexa.com/siteinfo/twitter.com
99. http://blog.twitter.com/search/label/stats
100. http://www.zumodemarketing.com/la-evolucion-del-perfil-del-usuario-del-twitter/

cho y treinta y tres años, bloguero y que la utiliza por interés profesional. Desde la primera edición de este libro se ha cuadruplicado el uso de Twitter relacionado con el trabajo (del 5 al 21 por ciento) y se reduce a la mitad la utilización personal (del 50 al 21 por ciento). Más allá de los datos demográficos, que no dejan de ser una fotografía de la sociedad digital, lo verdaderamente interesante es el cambio en los hábitos y usos que está teniendo lugar con esta plataforma. En los últimos años ha aumentado radicalmente el uso del portal desde el móvil, el 24 por ciento de los usuarios accede a menudo a Twitter desde la calle. El 88 por ciento de ellos publica sus comentarios y recomendaciones en abierto, es decir, todo el mundo puede leerlos, mientras que el 12 por ciento limita el acceso a sus contenidos a su entorno privado. Como dato anecdótico, el estudio señala que el 15 por ciento de los twitteros se relaciona con su pareja a través de la plataforma. ¡Qué triste!

Aunque la mayoría de los usuarios accede a Twitter desde su casa, el 79 por ciento admite que publica comentarios desde su puesto de trabajo. Los participantes en esta herramienta publican entre cuatro y cinco comentarios diarios, con una media de 128 anotaciones mensuales. Este ritmo de publicación, pero sobre todo su contenido, no están exentos de polémica. Existe un amplio número de detractores que se preguntan, y muchas veces con razón, a quién puede interesar conocer la actividad diaria de centenares de personas. Nos sorprende aún más esta ansiedad por saber dónde están y qué hacen en cada momento si tenemos en cuenta que el 73 por ciento de los usuarios reconoce que se comunica con estos mismos individuos a través del correo electrónico, el móvil o la mensajería instantánea. Además, por si alguien pusiera en duda que la gente está interconectada, hay que tener en cuenta que el 73 por ciento de los usuarios de Twitter mantiene un perfil en Facebook, el 30 por ciento en MySpace, el 35 por ciento en LinkedIn y el 38 por ciento en Tuenti. Cada miembro de Twitter es libre de utilizarlo como considere oportuno, pero tras más de doce meses publicando casi a diario en esta herramienta reconozco que algunos twitteros muestran y comparten cosas muy interesantes, mientras que a otros no merece la pena leerlos, al igual que hay novelas y autores que es mejor ni mencionarlos. A quienes les interese profundizar en esta cuestión les recomendamos el artículo «Errores comunes al evaluar los beneficios del microblogging», al final de este capítulo.

Un estudio realizado por RJMetrics, cuyos datos se hicieron públicos en febrero de 2010, afirma que el 40 por ciento de los miembros de Twitter no emiten mensajes en la plataforma, sino que únicamente siguen los comentarios de otros, mientras que sólo quince millones de ellos (el 20 por ciento) publican contenidos de forma regular. Este análisis refleja que el 80 por ciento de quienes participan en el portal ha efectuado menos de diez entradas, el 17 por ciento de los perfiles analizados no tuvo ninguna entrada en diciembre de 2009 y el 40 por ciento no volvió a esta red tras crear su cuenta. Por lo tanto, el número de nuevas cuentas en Twitter sigue aumentando, aunque la tasa de registros se está estancando y muchos usuarios recientes no tienen actividad en sus cuentas.

En España, el aumento de integrantes de Twitter ha sido del 50 por ciento: doce millones, la población de las veinte ciudades españolas más grandes. Su uso en nuestro país crece mes a mes el 156 por ciento. El 63 por ciento de los twitteros españoles lo utiliza para recomendar productos y el 61 por ciento, para compartir sus quejas.

Al igual que Facebook, Twitter se ha ganado la confianza de los desarrolladores al disponer de una API abierta que permite crear todo tipo de aplicaciones, lo cual posibilita a quienes quieran integrar esta red en su estrategia empresarial –como un servicio de valor añadido– la creación de aplicaciones para su web o en entornos móviles. Existe infinidad de utilidades alrededor de esta herramienta: Twitpic, Twittervision, Twiddeo, Tweetmap, entre otras. Cabe destacar TwitterPoster, una inteligente aplicación creada por los promotores de la plataforma de blogging Bitacoras.com, que genera un mosaico con las imágenes de los usuarios que cuentan con un mayor número de seguidores en Twitter. Esta aplicación sirve para conocer quién es quién, ya que ofrece una representación gráfica del número de lectores que tiene cada cual. Cada póster ofrece cinco imágenes de 72 x 72 píxeles que muestran a los cinco usuarios con más incondicionales, diez imágenes de 48 x 48 píxeles para los situados entre las posiciones sexta y decimoquinta (ambas inclusive) y centenares de imágenes de 24 x 24 píxeles para los colocados entre las posiciones 16 y 538.

8.1.1 La única alternativa: Jaiku

Hasta la reciente aparición de Google+, la única alternativa como servicio de microblogging era Jaiku. Al igual que Twitter, Jaiku es un servicio de microblogging que permite a los usuarios el envío de mensajes con una longitud máxima de 140 caracteres por vía SMS, mensajería instantánea, mediante la propia herramienta o a través de aplicaciones creadas por varios desarrolladores. Parecen plataformas similares, pero tienen enfoques y funcionalidades muy diferentes.

Jaiku fue creada en Finlandia por dos antiguos asesores de Nokia, Jyri Engeström y Petteri Koponen, y en octubre de 2007 fue adquirida por Google para desarrollar su potencial móvil. A diferencia de Twitter, Jaiku apuesta firmemente por la geolocalización. Gracias al desarrollo de su capacidad de localización, sus miembros pueden no sólo compartir los textos que escriben, sino además indicar a través de Bluetooth su ubicación actual para hallar los usuarios en la zona de emisión. Jaiku también permite añadir el contenido sindicado de sus integrantes en otros sitios web, como su blog o su cuenta en Flickr o YouTube, con el fin de compartir cualquier contenido publicado en la web social con el resto de los seguidores de su cuenta en esta plataforma.

Aunque Jaiku ha añadido funcionalidades muy novedosas a sus plataformas, esto no es suficiente para contrarrestar el fenómeno Twitter. La evolución de las redes P2P personales y el comportamiento de los usuarios en entornos móviles determinarán el futuro de estas alternativas. Tampoco sería extraño ver algún tipo de fusión o adquisición entre las diferentes opciones con el fin de añadir funcionalidades complementarias y obtener mayor cuota de mercado.

8.2 Errores comunes al evaluar los beneficios del microblogging

El error más común al evaluar el microblogging es analizarlo en el contexto de los grandes medios de masas. Puede que Twitter, Jaiku y Tumblr sean utilizados por millones de personas en todo el mundo, pero los contenidos publicados en estas herramientas son sólo relevantes para el círculo más íntimo del autor de esos textos. Quienes consideran que el empleo de estas plataformas es una pérdida de tiempo señalan que cuando entran en ellas sólo encuentran centenares de insignificantes mensajes personales enviados por los usuarios en momentos de inactividad o aburrimiento. Si el lector no conoce al autor de los mensajes, entiendo que estas pequeñas anotaciones sobre su vida cotidiana tengan escasa relevancia. Pero si mantiene una estrecha relación con esa persona, probablemente agradezca recibir en su móvil o leer en la web los mensajes enviados porque proceden de alguien cercano a su entorno personal o laboral. En otras palabras, estas herramientas transmiten toda su esencia y eficacia si se utilizan entre quienes se conocen.

Algo que no deja de sorprenderme es la utilidad que pueda tener para muchos miembros de Twitter, Tumblr y Jaiku seguir las anotaciones publicadas por doscientos, cuatrocientos o hasta ochocientos usuarios a los que no conoce en absoluto. Creo que a nadie pueden interesarle los comentarios sobre la actividad diaria de tanta gente, a no ser que esté llevando a cabo un estudio sociológico. El mencionado estudio de The Cocktail Analysys sobre los integrantes de Twitter señala que el 24 por ciento de ellos está interesado en conocer qué hacen todos los días más de cien personas a través de esta singular herramienta, mientras que otro 24 por ciento sólo quiere seguir a menos de veinte personas, un número que refleja más su círculo real de amistades. Al igual que en el capítulo anterior reflexionaba sobre la actitud de algunos usuarios en Facebook o MySpace, en las que coleccionan amigos en sus perfiles, creo que existe el mismo comportamiento en Twitter. Parece como si estas personas participaran en una carrera sin sentido cuya única finalidad fuera captar el mayor número de seguidores en su cuenta. Fomentan la dinámica de «yo me suscribo a tu Twitter con el objetivo de que tú te suscribas al mío». Me recuerda mucho a esa época en la que surgieron millones de nuevas páginas personales en internet y se recibían mensajes de gente que solicitaba el enlace de su página con el fin de obtener una mayor visibilidad en la red. Muchas de ellas enlazaban a sitios web que nada aportaban al lector porque no tenía nada que ver con su contenido. Desgraciadamente, esa misma práctica se repite hoy en día en Twitter. Hay muchos usuarios que añaden a centenares de ellos en su cuenta con la esperanza de que éstos también se suscriban a su canal. En esos casos creo que la herramienta se desvirtúa, nadie lee a nadie, tan sólo refleja el ego de quienes están ávidos de tener mayor número de seguidores. Dentro de una lógica de comunicación, una persona puede ser leída en Twitter por miles de individuos, pero sólo puede seguir a diario, de forma eficaz, las anotaciones de veinte, treinta o, como mucho, medio centenar de personas.

Como ocurre con las otras herramientas de la web social descritas en este libro, cada cual es libre de utilizarlas como quiera. No hay ninguna regla que diga que una es mejor que otra, todas son válidas. Una de las principales características de la web social es que el usuario es quien decide cómo gestionar estas herramientas. La mejor manera de entender este criterio es escuchar la versión de los propios twitteros. Marc Cortés, autor del blog *Mundo Twitter*, preguntó a varios usuarios qué les aportaba esta herramienta. Os mostramos las respuestas:

- @prosales: «Twitter es como una ventana, puedes asomarte para ver qué está pasando ahí fuera y puedes dejar algo escrito para que lo lea quien quiera.»
- @marbarbera: «Una forma cómoda y accesible de ver en qué anda gente interesante del sector: Twitter es para frikis de la web 2.0 :).»
- @mantero: «Para mí es una sencilla forma de mantenerme en contacto a través de la red sin perder esos pequeños detalles del *face-to-face.*»
- @eburgosgarcia: «Networking, información hiperactualizada, update de blogs y casi una obligación.»
- @marcvidal: «La capacidad de aportar reflexión sintética, veloz y encapsulada en píldoras de 140 letras ha resultado ser un descubrimiento.»
- @javiervarela: «Comunicación directa entre multitud de personas.»
- @isabelsabadi: «Mi comunidad en Twitter me ayuda a estar al día.»

- @desmarkt: «Es el sistema mediante el cual puedo estar en contacto con amigos y colegas de forma global. Así como otra fuente de información.»
- @jlori: «Contar la vida cotidiana en 140 caracteres se ha convertido en parte de nuestras rutinas, así como seguir los avatares de nuestros contactos.»
- @ideacreativa: «Twitter permite el envío de mensajes a "tu" red social con la ventaja de la brevedad y la instantaneidad.»
- @evasanagustin: «Twitter me permite expresar ideas breves sobre lo que hago, en el momento en que pasa y compartirlas sólo con quien quiere saberlo.»
- @juanmarketing: «Una pequeña gran ventana simultánea, libre, multiconversación basada en el seguimiento de muchos a muchos.»
- @xarop: «Medio para estar en contacto con amigos y conocidos en tiempo real y un sitio donde dar a conocer mis pensamientos o simplemente lo que estoy haciendo.»
- @dlz: «Lo uso intermitentemente. Me gusta su facilidad de publicación y la posibilidad de saber lo que hace la gente que sigues. Me hace de localizador de la gente y me gusta cuando la gente escribe pensamientos compulsivos.»

Esta selección de opiniones demuestra que, afortunadamente, no hay reglas fijas a la hora de utilizar las herramientas de la web 2.0. Cada usuario determina el enfoque que más le conviene, ni mejor ni peor.

8.2.1 Uso empresarial del microblogging

Otro de los errores más comunes al evaluar esta herramienta es creer que sólo sirve para entornos personales y que, por lo tanto, no tiene posible aplicación en el mundo empresarial. Quienes piensan así olvidan que las empresas están compuestas por personas y que las relaciones entre los empleados pueden también definirse como una red social. El mencionado estudio sobre los usuarios de Twitter señala que más de la mitad de los consultados (52 por ciento) indican que utilizan esta plataforma para diseminar ideas o reflexiones tales como compartir contenido que encuentran interesante mientras navegan por la red (41 por ciento), comunicar noticias o asuntos que se estiman de interés colectivo (40 por ciento) o recomendar links de webs (38 por ciento). Aunque el principal objetivo de participar en esta herramienta es mantenerse informado y entretenerse con los amigos, el 38 por ciento de los usuarios de Twitter admite que la emplea también para estrechar relaciones profesionales.

En el ámbito de las empresas, los posibles usos de estas nuevas vías de comunicación externa e interna son tan diversos como el propio mundo empresarial. Hay compañías que las utilizan para la convocatoria de reuniones internas; otras, como sistema de alerta para posibles situaciones de crisis; mientras que algunas las emplean como canal complementario de comunicación interna con sus empleados o comerciales. Varias sociedades de Estados Unidos aprovechan este canal de comunicación para establecer contacto directamente con periodistas especializados y líderes de opinión, así como para gestionar conversaciones basadas en breves comentarios entre empleados que trabajan en equipo, pero en diferentes ubicaciones.

La mayoría de las entidades que utilizan estas plataformas consideran que son un excelente canal complementario de comunicación interna para establecer conversaciones más humanas entre los equipos. Las anotaciones en Twitter permiten conocer el lado humano de las personas de la oficina: qué les gusta hacer durante el fin de semana, qué les sorprende, qué les agobia, qué recomiendan a sus amigos, etc.

9 Gestión del conocimiento a través de los wikis

Aunque se hayan escrito muchos artículos y libros sobre la importancia de los blogs corporativos, creo que los wikis se convertirán a medio plazo en una de las principales herramientas de gestión del conocimiento de muchas empresas. Los wikis están generando importantes cambios en las estructuras tradicionales de las organizaciones empresariales.

El término *wiki* (del hawaiano *wiki wiki*: «rápido») se utiliza para describir un sitio web en el que cada uno de sus artículos puede ser leído y editado por cualquier persona en cualquier momento. Estas herramientas colaborativas permiten a los empleados de diferentes departamentos y unidades de negocio de una empresa almacenar, compartir y modificar documentos internos de forma colectiva a través de un simple navegador. La tradicional organización piramidal de la mayoría de las compañías no desaparecerá, pero los gestores no pueden ignorar que los propios empleados y los clientes están creando nuevos modelos de colaboración sin tanta jerarquía y control.

9.1 Wikipedia: la red social del conocimiento

Casi todos los lectores de este libro habrán consultado algún artículo de la Wikipedia debido a la enorme visibilidad que esta enciclopedia online tiene en el buscador Google por el hecho de disfrutar de más de cuatrocientos millones de usuarios únicos mensuales, pero probablemente desconozcan el soporte informático que la sustenta y las posibles aplicaciones que tiene en el mundo empresarial.

Wikipedia, que en enero de 2011 cumplió su décimo aniversario, es una enciclopedia de contenido libre basada en la tecnología wiki, la cual permite la edición de sus contenidos por cualquier usuario desde un navegador. Esta web social es el mayor ejemplo del fenómeno de intercambio colectivo de conocimiento y se está convirtiendo en uno de los principales recursos de consulta en internet. Hoy en día, Wikipedia cuenta con más de diecisiete millones de artículos publicados en 270 idiomas, pero menos de 900.000 están redactados en español.[101]

Los últimos análisis señalan que Wikipedia tiene cerca de 85.000 colaboradores en todo el mundo que aportan textos, corrigen los ya escritos o los enriquecen con enlaces, imágenes, etc. Aunque el número de wikipedistas en español sea bajo si lo comparamos con los que se expresan en otros idiomas, son muy activos. La versión en castellano de Wikipedia cuenta con alrededor de 225 colaboradores muy activos, que aportan unas diez ediciones al día de media o más, y unos 1.050 esporádicos que contribuyen con dos ediciones al día de media. La plataforma recibe unos 31 millones de visitas al día.[102]

Figura 21. Infografía sobre el índice de revisiones de artículos en Wikipedia.

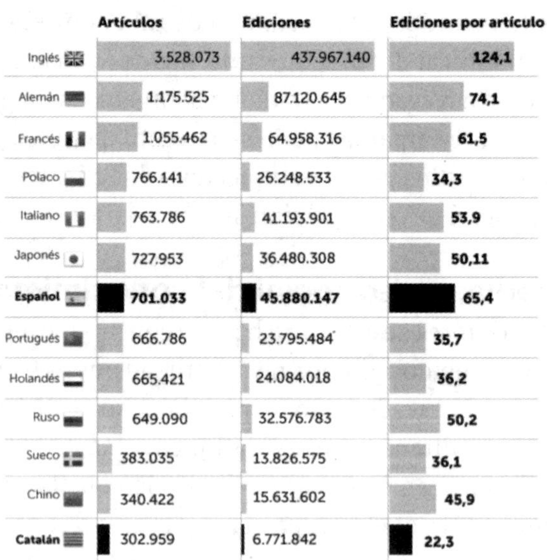

101. http://www.desarrolloweb.com/de_interes/wikipedia-aniversario-datos-curiosidades-4650.html
102. http://es.wikipedia.org/wiki/Wikipedia:Estad%C3%ADsticas

Tal como señala Chiqui Esteban en la infografía sobre el índice de revisiones de artículos en Wikipedia (figura 22),[103] aunque nuestro país es la séptima potencia en número de artículos, es la segunda en número de usuarios (casi 1,7 millones), y la quinta en número de administradores (140). Esto supone que los españoles tenemos un administrador por cada 11.926 personas que la consultan, frente a una proporción de 7.775 de la versión inglesa.

El hecho de que cualquiera pueda colaborar aportando datos, textos, imágenes, etc., ha generado un amplio debate y rechazo en algunos sectores de la sociedad a causa del supuesto escaso criterio de la ciudadanía para aportar información o intercambiar conocimiento. Es cierto que algunos artículos publicados en Wikipedia contienen imprecisiones, datos erróneos o erratas, pero no debemos olvidar que también se publican todos los años miles de libros, periódicos, revistas e incluso enciclopedias con mucha ideología entre líneas, multitud de imprecisiones en datos y abundantes erratas, aunque estos hechos no sean señalados por quienes critican continuamente las debilidades de Wikipedia.

En la sección sobre los mitos y realidades de la web 2.0, en el capítulo 3, adelantábamos que tarde o temprano aparecerían libros y supuestos expertos que harían un gran negocio criticando desmesuradamente las nuevas tecnologías sociales y afirmando que ya se veía venir que aquí habría mucho humo y que lo mejor sería seguir haciendo las cosas como siempre. Uno de los principales portavoces de esta escuela de opinión es Andrew Keen, autor del libro *El culto del aficionado*, que proclama sin pudor alguno que las nuevas tecnologías sociales están destruyendo la cultura occidental debido al bajo nivel de calidad de lo publicado por la ciudadanía en internet. Este autor, refiriéndose a los usuarios de la web 2.0, sostiene: «En vez de crear obras maestras, los millones de exuberantes monos están creando un bosque digital de mediocridad: comentarios políticos desinformados, pésimos vídeos caseros, música amateur, ilegibles novelas, poemas y ensayos.» Con

103. http://blogs.lainformacion.com/a-base-de-datos/2011/01/15/cada-articulo-de-wikipedia-en-espanol-se-ha-editado-654-veces/

especial obsesión –lo repite varias veces a lo largo del libro–, el autor afirma que Wikipedia no es veraz ni creíble. Su argumentación se basa en la supuesta falta de controles de calidad de los contenidos y en la inexactitud de los datos publicados. Como en la vida real, en todas las enciclopedias hay contenidos de calidad y contenido basura. Con el fin de aportar datos reales a este debate, varios investigadores de la Universidad de Harvard[104] han llevado a cabo un estudio que tenía como objetivo identificar el número de erratas publicadas en 150 artículos sobre ciencia en Wikipedia en comparación con los mismos artículos que aparecen en la reputada *Enciclopedia Británica*. Sorprendentemente, los textos de Wikipedia tenían 162 errores, mientras que en la *Enciclopedia Británica* se descubrieron 123 (una media de 3,9 y 2,9 errores por artículo, respectivamente). Con todas sus imperfecciones, los wikis nos ofrecen la posibilidad de enseñar a nuestros empleados la complejidad de la elaboración de contenidos, los diferentes puntos de vista que puede tener una historia, la importancia de contrastar las fuentes, etc. Son excelentes herramientas para aprender e intercambiar conocimiento con otros lectores y contrarrestar el pensamiento dominante publicado en muchos libros editados en tapa dura.

9.2 ¿Cómo colaborar con Wikipedia?

Si buscamos cualquier cosa en Google y Wikipedia tiene un artículo sobre este tema, muy probablemente el buscador nos señale ese contenido entre sus primeros resultados. En España, Wikipedia se ha convertido en el segundo sitio más visitado de la web después del propio Google. Esta alta visibilidad comporta que muchas empresas intenten utilizar Wikipedia como un canal complementario para posicionar sus productos y servicios en la web. Una clara advertencia a los lectores: Wikipedia no es un sitio web para hacer negocios ni para el autobombo. Quienes lo intenten escribiendo artículos puramente comerciales sobre sus productos, tarde o temprano serán descubiertos y borrados. Si insisten en esas malas prácticas –los wikipedistas lo denominan «vandalismo»– quedarán excluidos de esta web social.

104. http://hbswk.hbs.edu/item/5605.html.

Debe tenerse en cuenta que todas las aportaciones permanecerán almacenadas en el historial de su IP o en la cuenta de usuario registrado.

Existen muchas formas de colaborar con esta enciclopedia. Si su empresa considera oportuno participar en ella, le recomiendo que lea detalladamente la sección *Cómo colaborar con Wikipedia*,[105] elaborada por los propios colaboradores de esta red social, pues le evitará muchos disgustos y daños a su imagen corporativa en ella. No es una secta ni gente rara; se trata, sencillamente, de una comunidad de usuarios que ha desarrollado una serie de reglas de juego que es mejor respetar. Con el fin de evitar malentendidos, detallamos a nuestros lectores algunas sugerencias sobre cómo participar en esta plataforma:

- **Transparencia**: Es aconsejable crear una cuenta de usuario registrado con el nombre de la empresa. De esta forma evitaremos que se nos acuse de ocultar nuestra verdadera identidad, aunque es cierto que esta transparencia hará más difícil publicar contenido sobre nuestra compañía, puesto que nuestras aportaciones serán revisadas con lupa por los otros usuarios.

Figura 22. Artículo sobre Grupo Planeta publicado en Wikipedia.

105. http://es.wikipedia.org/wiki/Ayuda:C%C3%B3mo_puedo_colaborar.

- **Aportaciones**: La mayoría de los empresarios cometen el mismo error al plantearse cómo colaborar en esta web social; el primer artículo que escriben es acerca de su compañía. Aunque la enciclopedia admite la publicación de escritos sobre empresas, siempre y cuando tengan un enfoque puramente informativo (año de fundación, datos personales sobre los fundadores, dimensión, estructura, etc.) y no incluyan aspectos comerciales (listas de productos y sus funcionalidades, precio de venta al público, etc.), creo que es una descortesía hacia el resto de los usuarios que la primera aportación sea un escrito referente a la propia firma. Por muy bien redactado que esté, muchos wikipedistas ven en este planteamiento un burdo interés comercial por parte de la compañía y, por lo tanto, lo borran inmediatamente. Como en cualquier otra enciclopedia, los temas que se traten deben ser de interés general y atemporales; es decir, tenemos que evitar publicar artículos de carácter personal (autobiografías) e información efímera o pasajera. Si se quieren evitar posibles rechazos o discusiones interminables, mi recomendación es que se colabore inicialmente escribiendo acerca de personajes históricos del sector en el que trabajamos o elaborando textos sobre asociaciones o gremios a los que pertenecemos. Podemos también mejorar artículos existentes sobre la actividad económica de nuestra empresa, agregar enlaces internos y externos en escritos ya publicados, categorizar otros, subir fotos o archivos sonoros, etc. Todas estas aportaciones «altruistas» servirán para crearnos un historial de colaboración en la plataforma. Además, un amplio historial de aportaciones nos creará una reputación en esta comunidad, algo que conviene que las compañías tengan muy en cuenta cuando se planteen su participación en esta web social.
- **Historial**: Todos los integrantes de esta plataforma tienen un historial en ella. Cada aportación que realicen, ya sea un pequeño cambio en un texto o la publicación de un artículo entero, va sumándose a este historial. A través de este registro de aportaciones, el resto de quienes participan en Wikipedia podrá evaluar

el grado de compromiso de cada persona con la plataforma. Muchos wikipedistas analizan el historial de un usuario para determinar si admiten o rechazan un artículo. Leyendo estos perfiles históricos podemos deducir si quien sea está aquí para compartir conocimiento o sólo para hablar de su empresa. Nuestro historial también nos avala en el momento de entablar discusiones sobre diferentes puntos de vista en un determinado artículo o al argumentar nuestro caso frente a los gestores internos de Wikipedia. Los directivos que editan los artículos sobre su entidad de forma anónima deben saber que un estudiante de computación y redes neurales, Virgil Griffith, ha creado un sistema, WikiScanner, que permite la identificación y localización de las direcciones IP utilizadas para editar en Wikipedia. Esta herramienta es capaz de cruzar los datos públicos de las direcciones IP de las grandes empresas con los millones de aportaciones anónimas realizadas en Wikipedia. Éste es sólo uno de los primeros desarrollos de software para previsualizar e identificar las contribuciones de los anónimos; por lo tanto, es recomendable asumir una transparencia corporativa desde el inicio.

- **No está permitido el autobombo**: Tal como recordábamos al principio de este artículo, Wikipedia no es una herramienta comercial. No está permitido publicar datos de contacto como, por ejemplo, correo electrónico, teléfono, dirección de su empresa, etc., en un artículo ni en su página de discusión con el fin de posicionar sus productos.
- **Cuidado con los enlaces externos**: Wikipedia no es un almacén de vínculos a otros sitios de la web. Los enlaces externos son bienvenidos cuando añaden, documentan o precisan un artículo enciclopédico, pero no cuando intentan suplantarlo. Mencionar y enlazar su sitio web dentro de un artículo está permitido siempre que figure en la sección de «Enlaces externos» y que contenga información complementaria de utilidad para el lector. La misma política de publicación se aplica a las imágenes corporativas u otros recursos multimedia. Además, todas ellas deben estar libres de derechos de autor.

Espero que estas recomendaciones ayuden a los lectores de este libro a dar sus primeros pasos en uno de los mayores esfuerzos de inteligencia colectiva creados por la humanidad.

9.3 La incorporación de los wikis en el mundo empresarial

Dejando aparte este interesante debate sobre Wikipedia, lo importante es reconocer que este inmenso intercambio de conocimiento, liderado por la sociedad civil de forma altruista, está haciendo germinar una nueva serie de valores que tendrán importantes repercusiones en las estructuras y en la cultura corporativa de las empresas. Aunque la tradicional organización piramidal de las firmas no desaparecerá, los directivos deberán entender que sus futuros empleados y clientes asumen como valores propios el intercambio de información sin compensación, la autoría compartida, la publicación de contenido en la red en formato copyleft frente al tradicional modelo de derechos de autor, etc.

Los wikis no son las mejores herramientas para gestionar conversaciones internas y/o externas de una compañía, para eso están los blogs o las redes sociales, pero sí son de gran ayuda para gestionar el conocimiento de una organización. Cuando un empleado edita una página wiki, sus cambios se publican inmediatamente, sin pasar por ningún tipo de revisión previa, pero cada versión es guardada en un archivo histórico. De esta forma, cualquier trabajador puede acceder a las versiones anteriores, que reflejarán los diferentes puntos de vista, argumentaciones y resoluciones. Todas estas versiones quedan almacenadas en la plataforma, lo cual la convierte en la memoria histórica de las empresas. Si por cualquier motivo el equipo que lanzó ese proyecto ya no está en la compañía, cualquier persona puede rescatar la documentación, las conversaciones y el conocimiento generado anteriormente por ese equipo y volver a volcarlo en la entidad.

Antes de la llegada de estas tecnologías sociales, las firmas tenían que organizar eventos en hoteles o reuniones en sus edificios para fomentar la colaboración entre los empleados. A través de plataformas de wikis, combinadas con comunidades virtuales como Second Life, ahora pueden llevar a cabo sesiones virtuales continuas de intercambio de conocimiento con menos costes y más eficacia. Por ejemplo, la multinacional IBM lleva años organizando sesiones de este tipo con excelentes resultados. Una de las últimas sesiones fue un brainstorming sobre innovación, *Innovation* Jam™, que agrupó en dos sesiones, de tres días de duración cada una, a más de 15.000 empleados pertenecientes a 104 países, de 67 unidades de negocio diferentes. Como resultado de este intercambio intensivo de ideas y conocimiento, la compañía creó diez nuevos negocios con una inversión de más de cien millones de dólares.[106] Este tipo de eventos son inimaginables en el mundo real; en primer lugar, no hay hotel que albergue a ese número de personas; y, en segundo, los costes de desplazamiento implican que la operación sea totalmente inviable. Por estos motivos, veremos planteamientos de colaboración similares en un mayor número de empresas debido a su facilidad de uso, capacidad de agregación y bajo coste.

Al igual que en las otras secciones de este libro, aportamos a continuación una serie de ideas para los lectores sobre posibles usos de los wikis en el mundo empresarial:

- Wiki interno dentro de una compañía para el intercambio de ideas, sesiones de brainstorming, etc.
- Creación del manual de bienvenida de nuevos empleados en formato wiki que permita actualizar colectivamente todas las secciones de éste.
- Creación de wikis por proyecto para que los empleados puedan generar y actualizar documentos e información relacionados con el expediente de un proyecto.
- Wikis de atención al cliente con un listado actualizado de las principales preguntas y respuestas.
- Wikis de producto con todas sus funcionalidades, características, precios, opiniones de clientes, etc.
- Agenda de reuniones en formato wiki con el fin de generar encuentros más participativos.

106. https://www.collaborationjam.com/

Existen también múltiples aplicaciones de wikis no sólo en procesos de comunicación externa, sino también como canales de comercialización de productos y servicios. La aplicación de estas herramientas participativas es muy interesante en procesos de fidelización de clientes, ya que permite a nuestros «evangelistas» (fans de nuestros productos) compartir su conocimiento y experiencias con los demás. Las empresas deben asumir que cada vez es mayor el número de personas que utilizan los wikis tanto de modo personal como con fines profesionales. Esta nueva generación de consumidores rechazará a las empresas que no tengan en cuenta esta nueva forma de intercambiar y gestionar la información sobre sus productos y servicios. Por este motivo, nuestra recomendación es que las firmas empiecen cuanto antes a familiarizarse con los wikis con el fin de conocer sus posibles aplicaciones en el entorno empresarial.

9.4 Knol, la apuesta de Google

En línea con su apuesta por crear herramientas para almacenar el contenido generado por los usuarios 2.0 (publicación de vídeos en YouTube y fotos en Picasa, señalización de ubicaciones en Maps, etc.), Google presentó en julio de 2008 su enciclopedia online Knol (figura 24), que permite publicar y editar artículos sobre cualquier tema. El nombre de la plataforma es una abreviatura de la palabra inglesa *knowledge*, que significa «conocimiento». Aunque existen muchas similitudes en el enfoque y la gestión de las enciclopedias Knol y Wikipedia, hay varios aspectos diferenciadores muy relevantes que los lectores deben entender para determinar su participación en las mismas.

A diferencia de Wikipedia, cuando buscamos una determinada palabra en Knol, esta plataforma rescata todos los artículos que se hayan publicado sobre ese término. Si la aparición de Wikipedia generó un amplio debate sobre la estructura de las enciclopedias al permitir a los lectores que editaran el contenido sin intermediación alguna, Knol vuelve a redefinir el concepto de las enciclopedias online. Para que el lector entienda mejor este nuevo concepto, hemos realizado una búsqueda en Knol sobre «redes sociales». El buscador de la plataforma nos brinda dos resultados en castellano. Desde su lanzamiento, el contenido en castellano sigue siendo aún muy escaso, pero me imagino que en los próximos años será poco a poco más abundante. Knol está disponible en inglés, árabe, portugués, coreano, francés, italiano, alemán, neerlandés, ruso, hebreo y japonés.

Figura 23. Página principal de la enciclopedia online Knol.

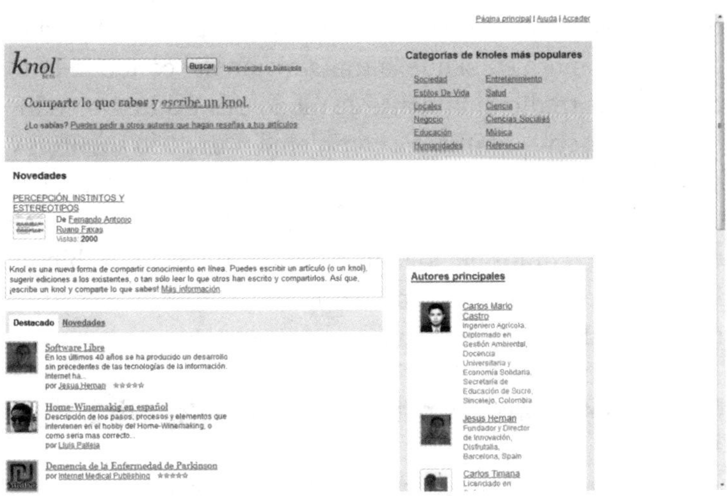

Tras analizar detenidamente esta nueva plataforma, considero que más que una enciclopedia online es una red social de agregación del conocimiento. En lugar de acceder a un solo artículo sobre una materia determinada, en Knol los usuarios tienen acceso ilimitado a múltiples versiones acerca de un mismo tema. El autor de los artículos determina si su texto está libre de derechos o si prefiere mantener la propiedad intelectual, así como también establece si permite cambios en su texto o desea que su versión se conserve sin aportaciones de otros lectores. En comparación con Wikipedia, en Knol podemos publicar toda clase de artículos para alimentar nuestro ego y el autobombo. Por último, el autor también decide si se admite la inserción de publicidad en sus escritos. No debemos olvidar que el modelo de negocio de este buscador se basa principalmente en los ingresos publicitarios. Los autores que permitan la presencia de la herramienta publicitaria de Google, Adsense, serán recompensados, según el tráfico generado, por el propio buscador.

9.5 Kalipedia, una nueva herramienta educativa

La aparición de los proyectos Wikipedia y Knol ha supuesto que el sector editorial, que mantenía un control férreo sobre los contenidos en formato papel, tenga que responder a las nuevas necesidades y metodologías educativas en formato digital. Estamos viviendo un cambio de época en el que la transmisión del conocimiento, que estaba basada tradicionalmente de modo casi exclusivo en los libros y la cultura escrita, empieza a complementarse con soportes y canales de comunicación debidos a la irrupción de las nuevas tecnologías. Durante este período de transformación no desaparecerán los libros en tapa dura, ni los de bolsillo, ni los editores, ni los bibliotecarios. No obstante, todos estos soportes de lectura y entidades sufrirán múltiples transformaciones a medio o largo plazo.

Figura 24. Página principal de Kalipedia.

En los últimos años, algunas empresas han puesto en marcha varios proyectos innovadores con el fin de verificar el potencial de las nuevas herramientas sociales. Uno de los más interesantes es Kalipedia, una iniciativa del Grupo Santillana que pretende dar respuesta a las nuevas necesidades pedagógicas ofreciendo a los alumnos, los docentes y los padres una enciclopedia online dotada de contenido riguroso. A pesar de que aún no existen estudios con evidencias científicas que demuestren la eficacia de las nuevas tecnologías para fomentar el aprendizaje, sí podemos afirmar que toda la actividad que tenga o comporte un elemento electrónico tiene asegurado un interés inicial por parte de los jóvenes y los adolescentes.

Kalipedia es un híbrido entre una red social educativa y una enciclopedia online para facilitar el acceso al conocimiento. Esta plataforma cuenta con más de 500.000 contenidos de referencia en las áreas de geografía, lengua, ciencias, historia, literatura, filosofía, arte, tecnología, física, química, matemáticas e informática, organizados en artículos temáticos y completados con materiales multimedia. Desde su creación en octubre de 2007 ha logrado atraer la atención de un millón de usuarios únicos al mes, que generan un tráfico mensual de cerca de cuatro millones de páginas vistas. Cualquier persona puede compartir e interactuar en esta plataforma educativa, pero, a diferencia de Wikipedia, los contenidos aportados por los académicos están separados de las contribuciones de los estudiantes. Los gestores de Kalipedia argumentan que hacen esta diferenciación con el fin de asegurar la fiabilidad y la adecuación de los temas publicados a los programas educativos: «Detrás de Kalipedia existe un equipo de profesionales del Grupo Santillana con más de cuarenta años de experiencia en educación que evalúan todos y cada uno de los contenidos incluidos en ella para que puedas encontrar la información que buscas, tener acceso a su explotación didáctica y disfrutarla directamente en el aula o animar a tus alumnos a que la utilicen como apoyo en sus tareas.» Este enfoque ha generado un gran debate dentro y fuera de la red. Unos lo critican por ser demasiado restrictivo y no fiarse de la inteligencia colectiva; otra escuela de opinión, sin embargo, aplaude esta iniciativa al poner un poco de orden en la gestión del conocimiento colectivo.

Tal como comentaba al principio de este libro, ninguna empresa tiene ya una hoja de ruta con un esquema claro sobre cuál será su futuro modelo de negocio en la red. La única manera de entender cómo funciona la web social es lanzando proyectos como Kalipedia. Seguramente, la plataforma no es perfecta y sus responsables cambiarán su enfoque a medio plazo y añadirán nuevas funcionalidades. Algunos interpretarán estos cambios como un fracaso, cuando no es más que la esencia natural de toda innovación. Desgraciadamente, la cultura corporativa de buena parte de las empresas españolas no fomenta la innovación puesto que muchos directivos no saben cómo gestionar las transformaciones.

10
Otras herramientas de la web social

Es imposible describir en este libro todas las herramientas basadas en la inteligencia colectiva que existen en la web social y que tienen una posible utilidad en el ámbito empresarial. Además, esta amplísima relación crearía una ansiedad innecesaria entre los lectores, ya que sería absurdo e inviable incorporarlas todas en la estrategia de las compañías. Algunos analistas pronostican una saturación de la web social en los próximos años debido al exceso de publicación de vídeos, imágenes, podcasts, etc., mientras que otros especialistas consideran que este problema se solucionará a través de los sistemas de intercambio de ficheros P2P, que permitirán dirigir el tráfico hacia los nodos menos concurridos.

Con el fin de facilitar el acercamiento a estos instrumentos de conocimiento, he seleccionado los que considero más fáciles de utilizar e idóneos para la mayor parte de las empresas:

- Intercambio de noticias: Menéame, Wikio, etc.
- Marcadores sociales: Delicious, Mister Wong, 11870, etc.
- Ficheros de fotos: Flickr, Fotolog, Picasa, etc.
- Publicación de vídeos: YouTube, Dalealplay, Vimeo, etc.
- Utilización del podcast como herramienta de comunicación.

Tras leer la descripción y aplicación de estas herramientas, mi recomendación es que cada lector seleccione una de ellas –sí, sólo una– para iniciar su proceso de aprendizaje. Una vez que se sienta cómodo con ese utensilio puede volver a esta breve lista y seleccionar otro. Verá cómo la incorporación de ese nuevo útil en la cultura corporativa de la empresa será mucho más rápida al tener todos ellos muchos valores en común: compartir, intercambiar, dialogar, etc.

10.1 Webs de intercambio de noticias: Menéame, Wikio, etc.

Los miembros de estas comunidades votan y comentan las noticias ya publicadas en diversos lugares de internet (medios digitales, blogs, revistas especializadas, etc.). Antes de que aparecieran estas webs sociales, cuando una persona hallaba algo interesante en la red, copiaba la dirección de esa página y la enviaba a través de un correo electrónico a sus contactos con el típico mensaje: «No dejes de leer esto; pincha en este enlace, creo que te interesará...» Esta forma de intercambiar y evaluar noticias pertenece al siglo pasado. Con la llegada de las webs sociales de intercambio de noticias, como Menéame, Digg, Wikio, entre otras, las personas pueden compartir esa información de forma más dinámica y eficaz con miles de usuarios.

La web de recomendación de noticias más conocida en España es Menéame, creada en 2005 por Ricardo Galli en colaboración con Benjamín Villoslada. Aunque nació a imagen y semejanza de la plataforma Digg, la principal web de intercambio de noticias del mundo anglosajón, Menéame aporta un enfoque diferente y varias funcionalidades clave. En primer lugar, se permiten los votos anónimos, y la publicación de la noticia en portada no sólo está basada en el número de votos que recibe («meneos»), sino que el algoritmo también tiene en cuenta el *karma* de los usuarios que han votado. Su creador explica: «El nombre *menéame* no tiene ningún tipo de connotación sexual o machista, es sólo mi pequeño homenaje a la web mnm.uib.es. Si decís ese nombre varias veces al día veréis que es más fácil decir menéame, con las vocales, como un comando Unix.» El volumen de tráfico que genera a diario esta web, así como el nivel de fidelización de los usuarios, son sólo dos de sus atributos. Menéame recibe una media de quinientas noticias al día y unas 400.000 visitas diarias. Desde su fundación ha logrado atraer y retener a cerca de 130.000 personas, que han compartido más de 380.000 artículos en la plataforma, han emitido cerca de 56,6 millones de votos y han escrito alrededor de 5,4 millones de comentarios. Del total de textos subidos a esta comunidad, sólo 66.580 han logrado ser publicados y casi 73.000 han sido descartados por diferentes motivos. Si alguien pensaba que estas plataformas eran unos sitios web en los que sólo unos cuantos chavales frikis compartían sus opiniones, creo que estos datos demostrarán que se trata de instrumentos esenciales, y que deben tenerse muy en cuenta, en cualquier estrategia de comunicación online.

Para entender la posible aplicación de esta herramienta en su empresa es importante conocer su funcionamiento. En la prensa tradicional, el director del periódico y los redactores jefe de cada sección deciden cada noche qué noticias se publicarán en la portada del diario y qué información se quedará fuera del mismo. En la web 2.0, estas decisiones las toman los lectores. A través de sus votos, aquéllos deciden qué noticias se publican en la portada de Menéame y cuáles se quedan en la larga cola de la invisibilidad. Para publicar artículos en esta plataforma tenemos que estar registrados; sólo se necesita una dirección de correo electrónico y una contraseña. Cuando navegamos por la red y encontramos algo interesante que queremos compartir con otras personas en Menéame, cortamos y pegamos la URL de esta información y la subimos a internet. Una vez cumplimentado el formulario de la noticia (titular, breve descripción y palabras clave), se publica en la plataforma con un solo voto. Si quienes leen la información la consideran muy interesante, recibirá un buen número de votos que la llevarán a la portada. En cambio, si los usuarios piensan que es poco relevante, con burdos fines comerciales o con un enfoque negativo, acabará en la cola y será olvidada.

Al igual que en casi todas las redes sociales, unas pocas personas producen la mayor parte del contenido en la web social. Según Quantcast, uno de los principales medidores gratuitos de audiencias en internet, los integrantes más activos de Menéame, que sólo representan el 3 por ciento, promueven el 44 por ciento de las visitas, mientras que quienes participan en la plataforma muy de vez en cuando suponen el 56 por ciento del total de usuarios, pero sólo generan el 12 por ciento de las visitas. Para todos los interesados en analizar el comportamiento de quienes usan la web social, así como el bajo nivel de participación real en estas herramientas, recomendamos la lectura de varios artículos que hemos elaborado sobre estos temas en la primera sección de este libro.

10.1.1 Wikio, coRank, etc.

En los últimos años han surgido webs de intercambio de noticias, como Wikio, coRank y Fresqui, con enfoques y funcionalidades muy interesantes. En marzo de 2007 nació coRank, que no sólo permite a sus miembros filtrar las noticias publicadas en la red, sino también personalizar su página de entrada con las fuentes de información que a su juicio aportan más confianza y credibilidad. Esta red social cuenta ya con más de 5.500 personas registradas y cerca de 60.000 páginas vistas al día. Por otra parte, la plataforma Fresqui.com, que tuvo mucha visibilidad en sus primeros años de operación, no ha logrado convencer a los usuarios. Después de algo más de dos años de constantes pérdidas, a principios del año 2008 su fundador, Alex DC, ha dejado el proyecto y, aunque sigue en funcionamiento, el futuro de esta plataforma es incierto. Por último, Wikio es un portal de información basado en un potente motor de búsqueda de noticias que revisa a cada instante más de 32.000 fuentes, indexadas por la plataforma (mediante la sindicación de contenidos, RSS), de medios de comunicación en línea, blogs de calidad y las propias aportaciones de sus integrantes. Wikio está disponible en España, Alemania, Reino Unido, Francia, Italia y Estados Unidos. Este portal ofrece a sus miembros cinco interesantes servicios de comunicación online: Wikio Actualidad, que corresponde a la organización de las noticias en cientos de categorías con la información proveniente de miles de sitios web de prensa y de blogs temáticos, de expertos y de empresas; Wikio Blogs, que por una parte muestra las discusiones entre bitácoras gracias al seguimiento de trackbacks, y por otra publica una serie de clasificaciones temáticas de blogs (Ranking de blogs); Wikio Video, que muestra los vídeos de YouTube y DailyMotion más citados por la blogosfera hispana; Wikio Shopping, por su parte, es un servicio consagrado a la información de productos, comparación de precios, test de usuarios, etc.; y Wikio Live, que muestra la entrada «en directo» de las noticias. Mediante estos servicios, sus cerca de dos millones de usuarios publican a diario más de 21.000 escritos.

10.1.2 Webs de intercambio de noticias especializadas

De igual forma que hemos observado el auge y potencial de las redes sociales especializadas, lo mismo está ocurriendo con estas herramientas. A medida que las webs de intercambio generalistas, como Menéame, se hacen más populares, empiezan a surgir otras similares pero con un alto grado de especialización con el fin de atender las necesidades informativas de diferentes colectivos.

Durante la fase de investigación para la elaboración de este libro hemos descubierto varias plataformas especializadas con enfoques muy interesantes. Todas ellas tienen varios denominadores comunes. En primer lugar, la mayor parte utiliza el software gratuito Pligg, que permite a cualquier empresa crear su web de intercambio de noticias. Éste es uno de los motivos por los que en un futuro próximo veremos un mayor número de plataformas especializadas por sectores (ocio, farmacéutico, seguros, financiero, etc.), debido a que el coste de inversión es casi nulo. En segundo lugar, casi todas ellas tienen nombres que acaban en «me». Aprovechando el tirón y la visibilidad del líder del sector, Menéame, las nuevas webs nacen con nombres como literatúrame, documenea, negóciame y rumoréame, aunque otras han optado por denominaciones más tradicionales: Kamasutra, Noticias y Tecnosfera. Por último, algunos escépticos señalan que estas redes especializadas tienen unos volúmenes de tráfico muy bajos y que, por lo tanto, no son relevantes. Es cierto que ninguna de ellas consigue el nivel de audiencia de Menéame, pero, como sucede en el mundo real, los medios sectoriales cuentan con un grado de especialización y conocimiento de su cliente muy apreciado por las empresas anunciantes.

10.1.3 Beneficios derivados de la participación en este tipo de webs sociales

Algunos lectores pensarán que todo esto es muy interesante desde un punto de vista sociológico, pero que tiene escasa aplicación en el entorno empresarial. Aunque parezca un juego, la participación en estas webs aporta a las firmas importantes beneficios que conviene tener en cuenta. En primer lugar, las compañías que faciliten el acceso directo a estas plataformas desde su sitio web estarán ofreciendo un servicio de valor añadido a sus clientes. Algunos medios de comunicación –*El País, El Mundo* y *La Vanguardia*, entre otros– han incorporado al final de cada artículo una serie de iconos que, al pincharlos, permiten a sus lectores compartir ese contenido en las webs sociales de su interés. Al facilitar este servicio, el lector ya no tiene que cortar y pegar la URL de la noticia que quiere compartir con otros, ni reescribir el título ni las palabras clave. En segundo lugar, la publicación de las noticias de una empresa en estas redes sociales le aporta un inmenso caudal de información sobre cuáles son los contenidos que verdaderamente interesan a sus lectores. Si la entidad analiza el comportamiento de sus noticias en estas webs, podrá determinar qué contenidos tienen un mayor impacto social, cuáles son cuestionados por diversos públicos, qué ángulos informativos son rechazados, etc. Son como pequeños sondeos de opinión gratuitos. Por último, si la noticia recibe muchos votos, puede generar el denominado «efecto Digg». Cuando un artículo llega a portada, la web que la ha publicado empieza a recibir miles de visitas de los usuarios de la plataforma. Este incremento de tráfico hacia una determinada página se denomina «efecto Digg». Tengamos en cuenta que sólo se publica una breve descripción de la noticia en las plataformas de intercambio; por lo tanto, los usuarios que quieran profundizar en ella tendrán que pinchar en el enlace publicado y leer el resto en la web original. Este impacto en la visibilidad de los contenidos es uno de los beneficios más valorados por las empresas puesto que el coste de producción es casi nulo, mientras que el retorno en posicionamiento es altísimo.

Un error muy común que cometen las sociedades es incorporar en su sitio web una relación de iconos de plataformas de intercambio de noticias sin identificar las más adecuadas para el contenido de su actividad empresarial. Como hemos visto, existen comunidades especializadas por sectores (cultura, negocios, medicina, etc.). Dependiendo de la actividad económica de la empresa, sus directivos deberían incorporar unos iconos y otros no. He visto casos tan sorprendentes como el de algunas compañías españolas, sin proyección en los mercados internacionales, que han añadido iconos de comunidades en las que los usuarios sólo publican contenidos en inglés.

10.2 Marcadores sociales: Delicious, Mister Wong, etc.

Estos sitios web ofrecen a los miembros un servicio gratuito para almacenar, etiquetar y compartir la información que encuentran relevante en la red. Antes de la aparición de los marcadores sociales, quienes querían guardar artículos de su interés publicados en la prensa los recortaban y los archivaban en una carpeta que rara vez volvían a consultar. Con la llegada de los PC, los usuarios tenían en el ordenador una carpeta de sitios favoritos en la que conservaban todos los que les parecían interesantes en internet. Pero este listado cada día resultaba más inmanejable debido a su creciente tamaño y a la dificultad para encontrar rápidamente ese sitio que nos había gustado. Afortunadamente, varios promotores de la web social han creado una serie de herramientas gratuitas que nos ayudan a guardar y rescatar esa información de forma eficaz y rápida. Gracias a esta labor de archivo comunitario, cualquier persona interesada en un asunto concreto puede hallar mucha información sobre el mismo de forma rápida y sencilla. Es importante recordar a los lectores que la marcación social es la esencia del modelo de negocio de muchas redes sociales que hemos descrito, como 11870 o Menéame, que facilitan a sus usuarios el poder compartir información con otros y determinar el grado de popularidad que tiene un determinado enlace o sitio web.

10.2.1 Delicious

Sin lugar a dudas, Delicious es la plataforma líder en esta área, pero existen otras muchas que poseen marcadores sociales, como StumpleUpon –que cuenta con casi seis millones de usuarios–, Mister Wong, Blinklist y Furl, entre otras. Delicious fue creada en 2003 por Joshua Schachter, pero a finales de 2005 fue adquirida por Yahoo! y se convirtió en la joya de la Corona de este buscador junto con la red social de fotografías Flickr. En 2008, su fundador salió del proyecto al no estar de acuerdo con la postura de los dueños de Yahoo! ante la oferta de fusión de Microsoft. Aunque la plataforma sólo se ofrece en inglés y no hay planes anunciados para futuras traducciones a otros idiomas, goza de una alta popularidad en España. Según el estudio *Tendencias web 2.0 en el sector editorial,*[107] la red social que tiene mayor número de menciones de editoriales españolas es Delicious, con el 76 por ciento. En el sector asegurador, el estudio *Visibilidad del sector asegurador en la web 2.0* (BPMO, 2008) indica que la red social que posee más menciones de entidades aseguradoras es la red de perfiles profesionales Xing, con el 95 por ciento de menciones, seguida de Delicious con el 59 por ciento.

Figura 25. Cuenta personal del autor en Delicious.

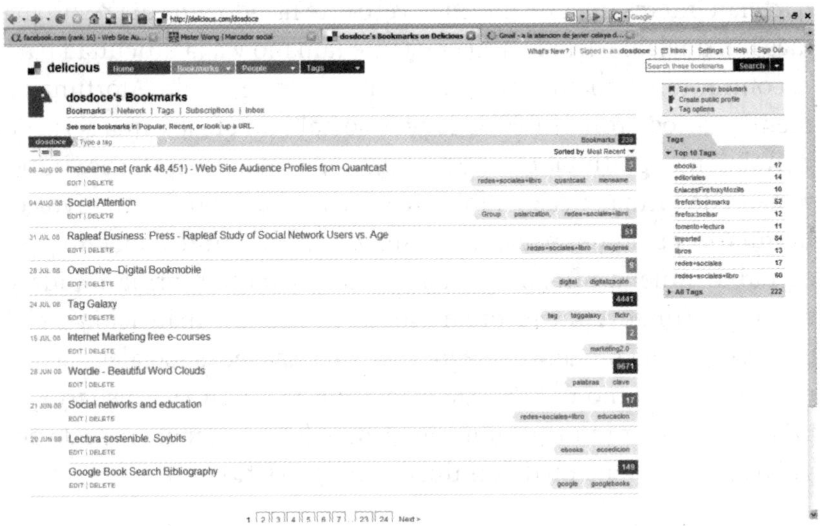

Recientemente, Yahoo! vendió la plataforma a los fundadores de Blogger. Afortunadamente, sus nuevos promotores han decidido mantenerla operativa con la misma amabilidad en términos de usabilidad. Participar en esta plataforma es muy sencillo, sólo es preciso darse de alta con un correo electrónico de Yahoo! y su correspondiente contraseña. Una vez dados de alta, abrimos una cuenta con el nombre que deseemos (nombre personal, denominación de la empresa, marca del producto, etc.) y ya podemos subir enlaces para compartirlos con otros lectores. Un buen ejemplo de aplicación de esta herramienta puede

107. http://www.dosdoce.com/continguts/estudios/vistaSola_cas.php?ID=18

observarse en la cuenta que he creado en Delicious, http://delicious/dosdoce, en la que los lectores encontrarán todas las fuentes utilizadas en la elaboración de este libro con sus respectivos enlaces en la web.

Los marcadores sociales no sólo nos permiten archivar cualquier tipo de dirección web (texto, audio o vídeo) en su plataforma, sino que también podemos clasificarlas a través de etiquetas o tags, lo que también se denomina folcsonomías. Wikipedia explica: «Folcsonomía, calco del inglés folksonomy, es un neologismo que da nombre a la categorización colaborativa por medio de etiquetas simples en un espacio de nombres llano, sin jerarquías ni relaciones de parentesco predeterminadas.» El empleo de estas etiquetas permite al usuario clasificar los contenidos de acuerdo con sus criterios personales y a la vez le facilita su posterior búsqueda a través de ellos.

Uno de los fallos de las Intranets radica en que un grupo reducido de personas, que generalmente no tienen nada que ver con el funcionamiento diario del negocio, decide las categorías y palabras clave del archivo interno de una empresa. Esta estructura limitada supone que su uso se convierta en un suplicio para los empleados y que nadie consiga encontrar nada en la memoria histórica de la firma. Si la entidad combina estas estructuras tradicionales con un software de marcación social, experimentará un mayor uso de su Intranet. Recomendamos a las compañías que deseen poner en marcha un sistema interno de marcación social de sus contenidos y documentación, que procuren conocer las plataformas basadas en código libre, como De.lirio.us, Connotea, Loturak, Scuttle y Sabros.us. Estas redes nos ofrecen una categorización colaborativa que es, en esencia, el proceso de creación de la web semántica que hemos mencionado al principio de este libro. Aunque en estos momentos este proceso está dirigido por los usuarios con un enfoque de abajo arriba, varios expertos indican que la web 3.0 complementará este esfuerzo de «etiquetado ciudadano» con criterios profesionales de diseñadores y programadores para mejorar el proceso de búsqueda y resultados.

10.2.2 Otras alternativas

A pesar de que Delicious es una de las redes sociales de enlaces y etiquetado más conocidas, existen varias alternativas similares, aunque cada una aporta sus peculiaridades. En España, Gennio y Mister Wong son dos plataformas que permiten la marcación social en castellano. Gennio fue creada en 2005 por el emprendedor tecnológico José Mercader y nos permite beneficiarnos de la inteligencia colectiva para almacenar y clasificar nuestros enlaces. Esta red cuenta con más de 3,5 millones de usuarios únicos, cerca de 150.000 de los cuales están registrados. Recomendamos a los lectores que prefieran utilizar plataformas en inglés, que visiten StumbleUpon, Blinklist, Furl y Simpy.

10.3 Compartir imágenes: Flickr, Picasa, etc.

Las empresas invierten mucho dinero en el diseño de su imagen corporativa, pero les cuesta rentabilizar esta inversión en los canales tradicionales de marketing y comunicación, en los que el texto ocupa más lugar que las imágenes. Estas nuevas webs sociales, especializadas en el intercambio de todo tipo de ilustraciones y fotografías, ofrecen un canal único para comunicar los valores y atributos de una marca o un producto a través de la comunicación visual.

Teniendo en cuenta que nos dirigimos hacia un mundo cada día más audiovisual, no nos extraña el tremendo éxito que tienen las plataformas sociales de intercambio de fotografías como Flickr, Picasa y Panoramio, entre otras. Siguiendo el mismo criterio de los marcadores sociales, estos sitios web ofrecen a los usuarios un servicio gratuito para almacenar, etiquetar y compartir imágenes realizadas por ellos mismos o que encuentran en la web social.

10.3.1 Flickr

Indiscutiblemente, es la web de referencia para almacenar e intercambiar fotografías en la web social. Sus cerca de veintidós millones de miembros suben alrededor de 3.000 imágenes cada minuto a esta plataforma, que etiqueta más de tres millones de fotografías al día.[108] Como en las otras redes sociales, existe un pequeño grupo de usua-

108. http://www.elintransigente.com/notas/2011/2/1/flickr-podria-desaparecer-culpa-facebook-69074.asp

rios entusiastas que, al parecer, se pasan el día subiendo y compartiendo su obra visual. Quantcast, uno de los principales medidores de audiencias en internet, afirma que el 1 por ciento de quienes utilizan Flickr sube el 23 por ciento de las fotografías, mientras que el 32 por ciento de los miembros de esta comunidad genera casi la mitad del contenido publicado. Las personas menos activas, que representan al 67 por ciento de la plataforma, aportan el 28 por ciento de las fotografías.

Recomendamos a las empresas que abran una cuenta en este tipo de webs sociales y suban fotos relacionadas con sus actividades (encuentros de empleados, presentaciones de productos, portadas de los libros, etc.). De igual modo que en Delicious, sólo es necesario registrarnos para abrir una cuenta: nombre de usuario, contraseña, e-mail y ya podemos empezar a compartir imágenes. Al subir cada foto, el usuario deberá añadir una serie de palabras clave y una breve descripción que ayudará al buscador a clasificar correctamente el contenido.

Con el fin de demostrar las posibles aplicaciones de esta herramienta en el entorno empresarial, he realizado una búsqueda de mi propio nombre en Flickr. La figura 26 señala cada una de las fotografías subidas por diferentes usuarios a esta plataforma. Como me dedico a dar cursos de formación y conferencias sobre el impacto de las nuevas tecnologías en las empresas, algunos asistentes toman fotografías de la sesión y las publican posteriormente en diferentes blogs, redes sociales, etc. Quizá los lectores pensarán que tengo el ego algo elevado al mostrar todos los ejemplos de este libro con mi propio nombre o la marca Dosdoce. Deben saber que la única razón por la que actúo de este modo es para evitar los posibles malentendidos que pudieran producirse en el caso de que alguien se sintiera ofendido por utilizar su perfil como ejemplo de la web social.

Volviendo al tema que nos ocupa. A través de estas herramientas las empresas pueden medir el nivel de popularidad de sus productos y marcas y conocer cómo son etiquetados por los clientes. Los responsables de marketing se pasan horas definiendo mensajes clave y corporativos para cada lanzamiento; pues bien, esta web social nos aporta una gran cantidad

Figura 26. Archivos de fotos de Javier Celaya en Flickr.

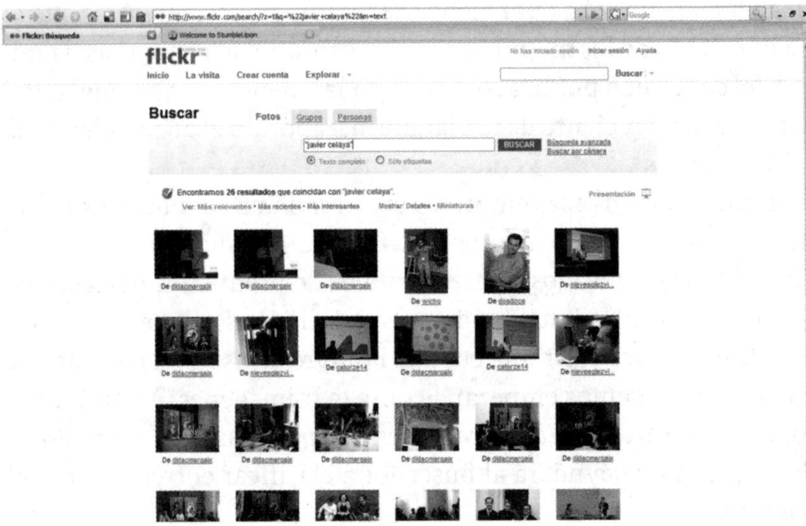

de información respecto a los mensajes que han calado, cuáles son utilizados por los usuarios y cuáles no, cómo clasifican los productos, bajo qué etiquetas, etc. En otras palabras, es una herramienta de *Business inteligence* no sólo gratuita, sino además con información real de mercado.

10.3.2 Otras alternativas: los fotologs

Los fotologs, plataformas de blogs que permiten la publicación y el intercambio de fotografías, han tenido un éxito impresionante en nuestro mercado. La red social Fotolog cuenta con más de veinte millones de usuarios en el mundo, y dos millones de ellos pertenecen a nuestro país. Fue creada en mayo de 2002 por Scott Heiferman y Adam Seifer como una pequeña comunidad virtual para intercambiar fotografías entre doscientos amigos. Cuenta con 2,8 millones de usuarios únicos al mes en España, 800 millones de fotos subidas, y una media de carga de 70.000 fotos al día.[109] La palabra *fotolog* es una variante del

109. http://www.invertia.com/noticias/articulo-final.asp?idNoticia=2474115

tradicional blog, que hemos descrito. Su principal diferencia consiste, básicamente, en que es un tipo de blog que se comunica habitualmente a través de las imágenes en lugar de hacerlo mediante la publicación de textos. Al igual que en las bitácoras de texto, el usuario decide si los visitantes pueden hacer comentarios sobre sus fotos. Puesto que evolucionamos hacia una sociedad multimedia, este tipo de plataformas incrementará su número de usuarios y su visibilidad en la web social a medio o largo plazo.

Figura 27. Álbum de fotos de Picasa.

Existen otras plataformas similares, como Zooomr, Panoramio o Picasa, de Google. Algunas empresas las utilizan como almacén virtual de sus folletos corporativos de productos y servicios, de modo que se ahorran costes de impresión, papel, tinta, logística y transporte. Recomendamos a las compañías que se abran una cuenta en estas redes, vuelquen sus fotografías y analicen el comportamiento de los usuarios. Las compañías deben tener en cuenta que algunos motores de búsqueda, como Technorati, Yahoo, Google y Exalead, aportan en sus resultados el contenido publicado en estas herramientas sociales.

10.4 Publicación de vídeos en YouTube, Dalealplay, Vimeo, etc.

YouTube se ha convertido en uno de los iconos de referencia de la web social. La plataforma fue fundada en febrero de 2005, y en menos de un año Google la adquirió por más de 1,6 millones de dólares. Al anunciarse esta operación, a mucha gente le sorprendió que Google pagara tal cantidad de dinero por miles de vídeos caseros de bodas, comuniones y gatitos. El valor de YouTube no radica en el contenido; al igual que en las otras herramientas sociales que hemos descrito, su potencial reside en las relaciones que se establecen entre las personas. Así, Google tiene acceso al perfil y al comportamiento de millones de individuos en esta plataforma: qué les gusta ver, qué recomiendan, a quién lo hacen, cuáles son las palabras más buscadas, cuál es el contenido más comentado, etc. Esta información es de incalculable valor para los anunciantes. YouTube posee uno de los índices más altos de permanencia en una web, cerca de 11,5 minutos por usuario, un factor clave y decisivo para cualquier anunciante en internet. Quantcast asegura que YouTube tiene más de 130 millones de usuarios mensuales,[110] pero al igual que en las otras redes sociales, el 3 por ciento de sus integrantes representa el 30 por ciento de las visitas, mientras que el 45 por ciento de los miembros de esta comunidad aporta el 56 por ciento del tráfico.

Crear un vídeo casero y publicarlo en YouTube es un proceso tan sencillo que sus usuarios suben cada minuto cerca de diez horas de vídeo a esta plataforma. Además, ésta permite la traducción con subtítulos de los contenidos de los vídeos publicados en más de 120 idiomas. A través de esta nueva funcionalidad, cualquier persona puede disfrutar de los contenidos de los vídeos grabados en otras lenguas. Otros miden la dimensión de este fenómeno a partir del siguiente cálculo: la publicación de vídeos en un día en YouTube genera un volumen de tráfico en la red equivalente al envío de 75.000 millones de e-mails.[111] Con estos datos no es de extrañar que varios

110. http://www.quantcast.com/youtube.com#traffic
111. http://news.bbc.co.uk/2/hi/programmes/click_online/6756899.stm

sociólogos hablen ya de la *generación YouTube*. Cuando los miembros de esta generación ven algo en la web social que les gusta, lo comparten inmediatamente con sus amigos en Twitter, Facebook, MySpace.com. etc.

10.4.1 Otras alternativas: Dalealplay, Sclipo, 5min.com, Vimeo, etc.

Al igual que en YouTube, los usuarios de Dalealplay.com pueden ver, votar, subir y compartir vídeos. Vimeo, creada en 2004, se ha revelado como una de las plataformas de difusión de éstos más utilizada por la calidad de su imagen; como particularidad, cabe señalar que no admite anuncios, muestras de videojuegos o pornografía.[112] Las plataformas Sclipo y 5min.com se han especializado en la publicación de vídeos que aportan soluciones audiovisuales a pequeños problemas cotidianos: cómo cocinar un determinado plato, colgar un cuadro, mejorar técnicas de Photoshop, etc.

10.4.2 Aplicación empresarial de estas plataformas audiovisuales

Dado el alto potencial de estas nuevas herramientas de comunicación audiovisual, las empresas deberían evaluar la conveniencia de llevar a cabo acciones específicas en ellas. De entre sus posibles utilidades como elementos de comunicación externa destaca la posibilidad de publicar vídeos sobre sus productos, eventos, etc., con sus correspondientes etiquetas (palabras clave, tags, etc.) para facilitar la indexación de sus contenidos y, por lo tanto, incrementar la visibilidad del sitio web de la compañía en la red. Algunas entidades, como BMW, BBVA, FC Barcelona, Cuatro, TeleMadrid, entre otras, han creado espacios personalizados en estas plataformas para agrupar sus contenidos audiovisuales con el fin de posicionar mejor la marca en la web social.

112. http://en.wikipedia.org/wiki/Vimeo

Figura 28. Portal de BMW en YouTube.

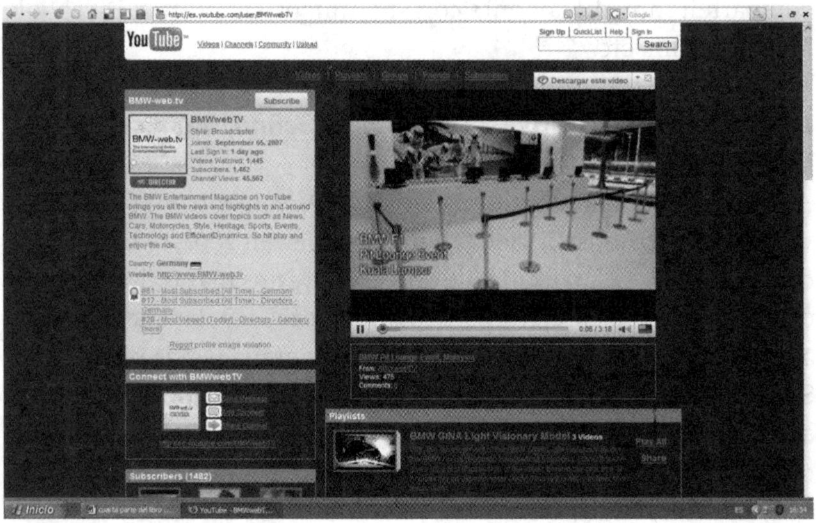

También puede considerarse la oportunidad de llevar a cabo acciones publicitarias en estas redes sociales. Un buen ejemplo es la campaña realizada por la agencia inmobiliaria Idealista.com en varias redes de intercambio de vídeos (YouTube, Dalealplay.com, etc.), consistente en incluir una inserción publicitaria de seis segundos antes de visualizar la grabación que hemos seleccionado. Estas plataformas audiovisuales permiten desarrollar estrategias de comunicación, más flexibles y menos jerárquicas, entre las empresas y su público objetivo. En este contexto de participación, las estrategias de comunicación empresarial serán, cada vez más, procesos abiertos y colaborativos entre los promotores del vídeo y sus espectadores.

10.4.3 ¿Hablamos de derechos de autor o de la comercialización de los contenidos?

La dimensión y popularidad de YouTube ha comportado que algunas compañías se estén planteando su presencia en esta plataforma. El debate público gira alrededor de la supuesta violación de los derechos de autor, pero la verdadera clave de este conflicto empresarial se encuentra en la explotación comercial de estos contenidos. Al principio, las cadenas de televisión consideraron que YouTube era una excelente herramienta de marketing para promocionar sus contenidos, pero a medida que ésta ha ido creciendo, varias cadenas ven con recelo su posición dominante en el sector y por ello buscan alternativas para comercializar directamente sus contenidos, sin intermediación alguna.

En los últimos años, YouTube ha firmado acuerdos de colaboración con multitud de cadenas de televisión –BBC, Cuatro, Antena 3, entre otras–, a través de los cuales estas entidades publican parte de sus contenidos en la plataforma para dar a conocer su programación. Los problemas surgen cuando los usuarios suben a ella contenidos emitidos por estas televisiones sin su autorización, la cual es precisa ya que son las propietarias de los derechos de autor. La postura de YouTube es mantener que ellos sólo son meros intermediarios y que, por lo tanto, y de acuerdo con la legislación vigente, no tienen obligación alguna de monitorizar los contenidos publicados por los usuarios. Esta postura ahorra a esta red muchos costes de monitorización, mientras que exige a las empresas la contratación de personal para llevar a cabo un seguimiento permanente de sus contenidos en esa plataforma. Para facilitar esta tarea, Google ha puesto a disposición de las televisiones y productoras el sistema VideoID, que permite identificar el origen y el contenido de los vídeos subidos a esta red. Cualquier organización que descubra que sus derechos han sido violados puede notificarlo a los responsables de la plataforma, quienes, después de realizar las comprobaciones pertinentes, retirarán ese contenido.

Como todos sabemos, la justicia es lenta y, por lo tanto, las leyes siempre van por detrás de la evolución de la sociedad. Probablemente, en un futuro próximo cambie la legislación sobre el papel de los intermediarios digitales y les exigirá un mayor compromiso y responsabilidad acerca de los contenidos que ofrecen en sus plataformas. Con el fin de lograr este objetivo, Telecinco decidió hace un par de años llevar a YouTube a los tribunales exigiendo la retirada proactiva de sus contenidos en esta red. Recientemente, la Audiencia Provincial de Madrid sentenció que no era responsabilidad de YouTube controlar los contenidos, y que, por lo tanto, Telecinco debía encargarse de efectuar las denuncias correspondientes, si sus derechos de autor eran vulnerados, a través del sistema VideoID.

YouTube, al igual que el resto de las plataformas 2.0 –por ejemplo, Facebook, Tuenti y Twitter, entre otras–, argumentan que es materialmente imposible para ellos controlar los millones de contenidos subidos por los usuarios a sus servidores cada minuto. Aunque sea cierto que el seguimiento y el control de estas aportaciones es una tarea ardua, debido a la inmensidad de temas compartidos cada segundo en esta plataforma, no deja de sorprenderme su escasa asunción de responsabilidad social corporativa al traspasar los costes humanos y económicos del control a los creadores de los contenidos. Si YouTube ha puesto a disposición de los creadores de elementos multimedia –cadenas de televisión, discográficas, estudios de cine y agencias publicitarias– una herramienta que permite descubrir automáticamente estas infracciones, ¿por qué no asumen ellos los costes del seguimiento? YouTube, filial de Google, ingresa millones de dólares en publicidad derivados del tráfico que generan estos contenidos, ¿por qué no distribuye parte de estos ingresos con los creadores de los mismos?

Mientras que la justicia alemana ha determinado en primera instancia que YouTube sí es responsable de cuanto se publica en su sitio y Google ya ha presentado un recurso de apelación, la justicia española ha evitado en el caso de Telecinco profundizar en el verdadero debate sobre la ética de los modelos de negocio de la mayoría de las empresas de internet. Es cierto que no hacen nada ilegal, pero como sociedad deberíamos cuestionar su doble moralidad empresarial.

Este mismo proceso de acercamiento y posterior alejamiento ha tenido lugar en otros sectores. Por ejemplo, los grandes grupos editoriales norteamericanos HarperCollins y Random House apostaron inicialmente por la digitalización de sus contenidos en Google, pero cuando previeron que en un futuro próximo la visibilidad y comercialización de sus contenidos en la red dependería de un tercero, decidieron apostar por la creación de una plataforma tecnológica propia que les permitiera la comercialización directa de sus productos. Como en el caso de las televisiones, la batalla por evitar una posición dominante de Google en el sector editorial se presentó como una defensa de los derechos de autor. Aunque a día de hoy parezca que no habrá resolución alguna por el hecho de tener posturas muy enfrentadas, lo cierto es que ambas partes se necesitan.

10.5 Auge del podcasting como herramienta de comunicación corporativa

Aunque existen en España más de diez millones de MP3 –dispositivo que nos permite escuchar archivos sonoros–, la utilización de los podcasts como herramienta de comunicación no está aún muy extendida entre las compañías españolas. Es una lástima, pues se trata de un excelente instrumento para transmitir la voz humana de la empresa y fidelizar clientes. Si además tenemos en cuenta que el 80 por ciento de los 55 millones de móviles existentes en España tiene capacidad para almacenar y escuchar podcasts, creo que las firmas deberían reconsiderar el potencial de esta herramienta en su estrategia empresarial.

El término *podcasting* está formado por la combinación de las palabras Pod y broadcasting. Pod es un término derivado de la expresión *Public On Demand* y la palabra *broadcasting* podemos traducirla como «retransmisión»; en otras palabras: retransmisión bajo demanda. A través de un archivo de audio digital en formato podcast, el oyente puede descargarse, en cualquier momento y lugar, un archivo sonoro con la información sobre una empresa. Al igual que los vídeos, el podcasting es un método extremadamente eficaz para ofrecer contenidos de audio a nichos de audiencia y, como tal, podría convertirse en una importante herramienta de comunicación corporativa. En el momento de plantearse utilizar estos elementos, las compañías tienen un par de opciones. Por una parte, crear sus propios podcasts en los que incluyan contenido sobre ellas, como, por ejemplo, una audición que describa las funcionalidades de un nuevo producto o una guía de bienvenida e instrucciones básicas antes de utilizar cualquier objeto. Todas las presentaciones de productos, las conferencias y los eventos de la firma deberían ser grabados en formato vídeo y podcast para facilitar el acceso a esos actos a las personas que no pudieron asistir a ellos. Por otra parte, las entidades que no tengan capacidad para crear sus propios programas –aunque tampoco es tan difícil ni tan caro– pueden patrocinar podcasts publicados en redes sociales o en medios de comunicación. De igual modo que podemos realizar inserciones publicitarias en YouTube o comprar palabras clave en Google, también es posible añadir una cuña publicitaria de varios segundos antes de escuchar el podcast que hemos seleccionado. A nivel interno, en vez de publicar un manual de bienvenida para los nuevos empleados que en la práctica nadie lee, podemos transmitir los mismos mensajes de una manera más coloquial y amigable mediante un podcast.

Para hacernos una idea de la incorporación de esta nueva herramienta en la comunicación empresarial, el estudio *La batalla por el sillón vacío*, realizado por Hotwire, señala que el 63 por ciento de los directores de comunicación de empresas europeas (incluida España) prevé utilizar instrumentos de podcasting a corto o medio plazo. Además, el 79 por ciento de los encuestados considera que estos útiles irán ganando influencia en las estrategias de comunicación de las empresas. Éstas deben ser conscientes de la rápida implantación que está teniendo esta herramienta entre los usuarios de la web social. El informe de marzo de 2007 de la consultora Bridge Ratings indicaba que el podcast lo utilizaban ya más de 9,3 millones de personas. El estudio fijaba una previsión hasta 2010, con un aumento del ciento por ciento anual hasta 2008 (32,4 millones de oyentes) y una cifra final de 62,8 millones de consumidores en Estados Unidos en 2010.

En estos últimos años, el podcasting se ha situado entre uno los hábitos más comunes de los usuarios de internet. A tenor de los datos de distintos estudios, se estima en el 23 por ciento el porcentaje de oyentes que descargan podcasts a diario en España, y el 41 por ciento lo hace semanalmente (figura 30).[113]

113. http://www.universalmccann.com/Assets/wave_3_20080403093750.pdf

Figura 29. Hábitos de descarga de podcasts

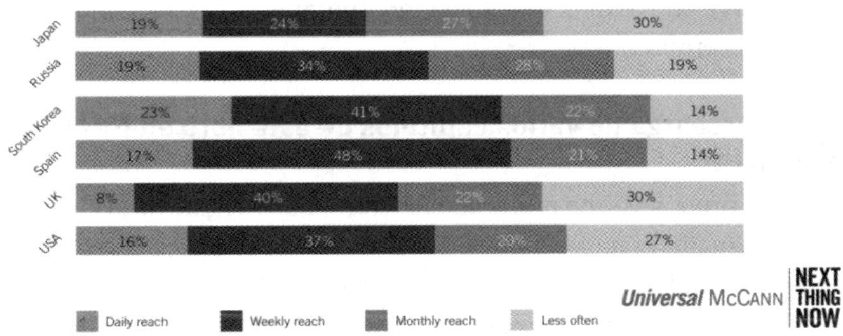

Durante la fase de investigación de este libro he observado algunos buenos ejemplos del empleo de estas herramientas en empresas y medios de comunicación españoles, así como por parte de directivos de podcasts:

- RTVE, http://www.rtve.es/radio/
- El Boomeran(g), http://www.elboomeran.com/voces.php
- Cadena SER, http://www.cadenaser.com/podcast/
- General Motors, http://fastlane.gmblogs.com/archives/podcasts/
- Whirlpool, http://www.whirlpool.com/custserv/
- Nespresso, http://www.nespresso.com/precom/goodies/podcast_fr_fr.html
- Purina, http://www.purina.com/downloads/podcasts/index.aspx
- Cosmética Maybelline, http://www.gemey-maybelline.com/news/
- Penguin Books, http://thepenguinpodcast.blogs.com/
- Comunicando Podcast, http://www.comunicandopodcast.com/
- Ivoox, http://www.ivoox.com
- Espacio Podcast, http://www.espaciopodcast.com/
- Mundo Podcast, http://www.mundopodcast.net/
- Podsonoro, http://www.podsonoro.com/
- Asociación Podcast, http://asociacionpodcast.es/
- Podcastellano, http://www.podcastellano.com
- Podcatala, http://podcatala.org
- Podgalego, http://podgalego.org

Recomendamos el análisis de varios de estos enlaces para hacerse una mejor idea del contenido y enfoque de los podcasts, para así determinar la conveniencia o no de incorporar esta herramienta en la estrategia empresarial.

10.5.1 Descarga de varios capítulos de este libro en formato podcast[114]

En los últimos años, he publicado los contenidos de este libro en múltiples formatos (papel, versión e-book, versión para iPad, podcast, etc.) con el fin de ofrecer una amplia variedad de soportes a los lectores.

Algunos de éstos se preguntarán a qué se debe este interés por publicar el libro *La empresa en la web 2.0* en tantos formatos. Sencillamente, tras dedicar más de los siete últimos años de mi vida a intentar convencer desde Dosdoce.com a las editoriales para que utilicen las nuevas tecnologías en sus estrategias de promoción del libro, creo que era de obligado cumplimiento predicar con el ejemplo.

En las sesiones de formación que llevo a cabo sobre digitalización y marketing online del libro siempre hay alguien que me pregunta por qué los audiolibros no «funcionan» en España cuando en otros países son todo un éxito editorial. Muchos editores opinan que no hay mercado, y mencionan que hace diez años un par de editoriales lo intentaron y no tuvo aceptación. Puedo admitir la posibilidad de que esas iniciativas se adelantaran a los tiempos o que sus estrategias de comunicación y distribución de los audiolibros no fueran las adecuadas, pero en los últimos años el mercado de contenidos digitales y los hábitos de acceso a ellos han cambiado mucho.

En los próximos años, el podcasting crecerá en importancia debido a la continua fragmentación del mercado de contenidos digitales. Esto originará un cambio radical en la comercialización y distribución de contenidos a través de los móviles o los e-books con conexión a internet. Las editoriales no deben olvidar que el soporte rey de acceso a los contenidos digitales será el móvil. Si tenemos en cuenta que en el mer-

114. http://www.dosdoce.com/articulo/empresa-2-0/3004/descarga-del-libro-la-empresa-en-la-web-2-0-en-formato-audiolibro/

cado español existen más teléfonos portátiles que ciudadanos (en 2010 se vendieron cerca de veinte millones de dispositivos móviles inteligentes que permiten escuchar todo tipo de podcasts), creo que las editoriales deberían reconsiderar el potencial de esta herramienta en su estrategia empresarial. Un último dato, por si acaso no he convencido del todo a algunos incrédulos: las ventas de música en línea en formato podcast aportan crecimientos cercanos al 300 por ciento.

Tras mi intervención en el Foro Internacional de Contenidos Digitales (FICOD), tuve el placer de conocer a Juan Ignacio Solera, director ejecutivo de iVoox, plataforma en la que los usuarios pueden reproducir, descargar y compartir audios de todo tipo de géneros y temáticas. Cuando las dos partes comparten la misma visión e igual espíritu innovador, no se precisan ni una comida ni una larga reunión para llegar a un acuerdo de colaboración.

Gracias a iVoox, los lectores de Dosdoce.com pueden escuchar gratuitamente varios capítulos del libro *La empresa en la web 2.0* desde su ordenador o descargárselos en su MP3 o móvil para escucharlos de camino al trabajo, haciendo *footing* o tranquilamente tumbados en un sofá (espero que no se queden dormidos).

Pueden descargars los capítulos a través de este enlace: http://www.dosdoce.com/articulo/empresa-2-0/3004/descarga-del-libro-la-empresa-en-la-web-2-0-en-formato-audiolibro/

Espero que el lector me comente qué le parece esta iniciativa.

II
Escuchar la web: gestión de la reputación online

Tal como comentábamos al principio de este libro, la reputación online se está convirtiendo en una de las áreas de mayor preocupación para muchos directivos. Aunque la mayoría de las empresas declara que la gestión de su notoriedad corporativa es una prioridad estratégica, lo cierto es que muy pocas han desarrollado procesos internos y externos para gestionar su prestigio en la web social. Ya no basta con diseñar una excelente web; cuanto más visible sea su compañía, menos dominio tendrá sobre su imagen en la red. No hay duda de que una buena página corporativa es clave para apoyar la imagen de una entidad en internet, pero su sitio web le aportará menos de un tercio a su prestigio digital. Las conversaciones que tienen lugar en los blogs, wikis y redes sociales aportan los otros dos tercios del renombre corporativo online.

Hoy en día es muy importante gestionar el contexto en el que nuestras marcas son conocidas por los consumidores potenciales; de ahí el recelo de algunas empresas de tener presencia en las redes sociales. Una firma controla la imagen de su marca en la forma en que transmite sus atributos y valores a sus públicos objetivos, mientras que la reputación corporativa nace de las percepciones que se generan entre los consumidores sobre una determinada empresa o marca. En otras palabras, podemos gestionar la imagen de nuestra compañía, pero el prestigio es algo que se genera de forma compartida. Si comunicamos bien nuestra imagen de marca en la web social, podemos influir en la percepción que se tenga sobre nosotros. La red social puede convertirse en una fuente de información muy fiable para lograr este objetivo, dado que nos permite acceder a un inmenso archivo de conversaciones en el que analizar los mensajes, las argumentaciones y las opiniones, buenas o malas, acerca de cualquier producto o servicio.

Las conversaciones que los consumidores realizan en la web social son un reflejo directo de las que mantienen en los bares, en la oficina o en sus hogares. Aunque a lo largo de la historia varias dictaduras hayan intentado grabar las conversaciones de sus ciudadanos, todos sabemos que es una tarea materialmente imposible de llevar a cabo. Sin embargo, las nuevas tecnologías permiten a las empresas tener identificados a los grupos de discusión, los blogs y las redes sociales en los que los consumidores intercambian opiniones sobre sus productos, el servicio posventa, ciertas campañas de promoción, etc. Los usuarios de las herramientas de la web social no son conscientes de que a través de sus comentarios, recomendaciones, quejas, etc., aportan una ingente cantidad de información muy valiosa para los departamentos de marketing y ventas de cualquier empresa. Las unidades de negocio de una compañía necesitan conocer lo que los clientes dicen sobre sus productos, qué opinan de los de la competencia, en qué aspectos comparan unos y otros, etc. Mediante una buena gestión de las escuchas de las conversaciones en la red, las firmas pueden acortar el ciclo de adopción en el lanzamiento de sus nuevos productos y servicios.

Desde siempre, las empresas han necesitado predecir las tendencias de mercado y adelantarse a los próximos hábitos de consumo con el fin de ajustar la demanda y oferta de sus productos. Algunas de ellas han decidido aprovechar las oportunidades que presentan las tecnologías sociales para escuchar directamente a sus clientes. En la misma línea que los mencionados proyectos de Bankinter, Ideas4all o IdeasStorm de Dell, la cadena de cafeterías Starbucks ha creado una red social, My Starbucks Idea, en la que los consumidores comparten, comentan y votan ideas acerca de cómo esta compañía puede mejorar sus productos y servicios. Ante esta avalancha de redes similares de intercambio de propuestas y conversaciones directas con los clientes, constantemente se oyen voces críticas que señalan que estas plataformas no son más que una excusa para intentar mejorar la imagen de una empresa subiéndose al carro de la web 2.0. Afortunadamente, las tecnologías sociales son muy transparentes y, por lo tanto, en poco tiempo los usuarios podrán medir y evaluar el resultado de estas iniciativas. Si cualquiera de estas firmas no toma buena nota de las observaciones de sus clientes ni incorpora ninguna de sus recomendaciones, el impacto sobre su imagen será muy negativo puesto que los participantes descubrirán que la empresa no ha cumplido con las expectativas generadas.

Al comprar un determinado producto, las personas ya no confían en una sola fuente de información –ya sean sus amigos, los medios de comunicación tradicionales o los propios sitios web de los fabricantes– para comparar alternativas. Los consumidores usan todas las fuentes de referencia disponibles en las diferentes fases del proceso de compra. Un estudio de Six Apar asegura que el 75 por ciento de los usuarios españoles admite que la información que lee en internet, particularmente en los blogs y en las redes sociales en las que participa, le influye de alguna manera en sus decisiones de compra. Desafortunadamente, la mayoría de las empresas no monitoriza ni analiza estas informaciones en sus planes de lanzamiento de productos.

La investigación de mercados, herramienta esencial en la toma de decisiones de cualquier compañía, se está transformando gracias a la revolución digital. La mayoría de las investigaciones comerciales tradicionales (sondeos de opinión, muestreos, etc.) no son capaces de dar información en tiempo real sobre las conversaciones que tienen lugar en la web social. Durante las primeras fases del lanzamiento de un nuevo producto, el departamento de ventas necesita saber puntualmente qué dicen los clientes cuando recomiendan el producto en sus círculos de influencia, qué tipo de información comparten, qué destacan y qué critican. Los departamentos de marketing y comunicación de las empresas deberían tener identificados tanto los blogs como las redes sociales y los foros en los que su compañía pueda ser objeto de conversación.

11.1 Seguimiento de las conversaciones en la web social

La proliferación de medios digitales y herramientas web 2.0, como blogs, wikis y redes sociales, complica aún más la difícil tarea de seguir y analizar las conversaciones que pueden tener lugar en la web social sobre una determinada empresa, producto o servicio. Existen infinidad de herramientas –gratuitas y de pago– que nos ayudan a rastrear la web de forma eficaz. Ninguna de ellas localiza al ciento por ciento todas las menciones de nuestra empresa, pero, al igual que las encuestas de opinión tradicionales, nos permiten tener una aproximación bastante real de lo que está ocurriendo en la web social. A continuación, describimos brevemente una serie de herramientas que ayudarán a los lectores de este libro a monitorizar y analizar estas conversaciones.

11.1.1 Lectores de sindicación de contenidos (RSS)

La sindicación de contenidos (RSS), siglas que corresponden a *Really Simple Syndication*, nos facilita la lectura y el seguimiento de la información publicada en la red. El RSS es un sencillo código informático (no es necesario tener conocimientos de esta materia para manejarlo) que sirve para redifundir los contenidos publicados en cualquier lugar de internet. Existen en el mercado decenas de lectores de contenido sindicado totalmente gratuitos, como Bloglines, Google Reader, Yahoo y FeedReader.net, entre otros, que son capaces de leer e interpretar las fuentes RSS. Estos lectores nos permiten consultar la información publicada en los diferentes medios digitales sin tener que visitar, una por una, las decenas de webs que nos interesan y que hasta ahora teníamos guardadas en nuestra carpeta de «Favoritos». Una vez que nos hemos dado de alta en uno de estos lectores de contenido sindicado, deberemos averiguar las fuentes RSS de los medios digitales, blogs o redes sociales que se refieran habitualmente a nuestros productos o servicios.

Este icono se ha convertido en estándar de facto para señalar la presencia de fuentes RSS en una página web. Tras haber identificado los sitios web que queremos leer a diario, copiamos su fuente RSS y la añadimos a nuestro lector de noticias. El proceso es muy simple, un sencillo «cortar y pegar» de código informático que aparece en el navegador del ordenador cuando pinchamos sobre el icono estándar mencionado. También podemos crear una relación de palabras clave (nombre de la empresa, productos, temas de máximo interés) en nuestro lector con el fin de que el sistema nos alerte de cualquier mención de las mismas en la red.

La mayoría de los departamentos de comunicación de las empresas elabora a diario informes de *press clipping* con un resumen de la cobertura obtenida en los medios tradicionales (prensa, radio y televisión). Ya no tenemos que esperar al día siguiente para leer este informe y gestionar los posibles errores o malas interpretaciones publicados sobre nuestra empresa. Si un directivo quiere estar al día de las informaciones aparecidas en un medio de comunicación digital o blog, sólo tiene que añadir a su lector de noticias el código RSS de ese medio. En el caso de publicaciones sin periodicidad fija, como los blogs, la utilización del RSS es realmente útil, ya que evita al lector entrar todos los días en los diferentes blogs u otros medios digitales para ver si sus contenidos están actualizados. Cada vez que dicho medio publique algo nuevo, la persona recibirá de forma automática una alerta en su lector de RSS con el titular de la noticia publicada y decidirá si necesita leer el artículo entero.

La mayoría de las grandes empresas españolas –Iberia, Repsol, Inditex, Sanitas, Alfaguara, Sol-Meliá, Endesa, entre otras– ofrecen ya este servicio de alertas RSS a sus lectores, ya sean periodistas, analistas financieros, expertos sectoriales o bloggers. La sindicación de los contenidos de la sala de prensa virtual de estas sociedades permite a sus lectores (medios de comunicación) llevar a cabo un seguimiento puntual de sus informaciones a través del RSS. El lector puede segmentar la recepción de las notas de prensa que quiere recibir por contenido específico, unidades de negocio, internacionales, nacionales, secciones concretas, etc. Paralelamente, casi todos los medios nacionales (*El País*, *ABC*, *El Mundo*, Cadena SER, Telecinco, etc.) ofrecen ya este servicio de alertas a sus lectores, oyentes y telespectadores.

11.1.1.1 Technorati

Al principio de este libro describíamos a Technorati como el buscador especializado en indexar los contenidos publicados en la blogosfera. Además de realizar esta tarea de forma excelente, el buscador cuenta con una serie de funcionalidades que nos permiten rastrear y analizar miles de opiniones de consumidores en más de 180 millones de blogs de todo el mundo. Technorati nos aporta un amplio historial sobre el perfil de la persona (blog) que ha publicado esta información, su nivel de influencia en la red, qué bitácoras han enlazado esa noticia, el número de menciones en la blogosfera, su ranking, etc. Esta información puede proporcionar muchas claves a las empresas respecto a su reputación online.

11.1.2 Creación de alertas para descubrir potenciales crisis

Existen numerosas herramientas, como Google Alerts, Technorati Watch Lists o la propia creación de alertas a través del mencionado RSS, que permiten a las compañías el descubrimiento de potenciales situaciones de crisis. Muchas de las informaciones que llegan a los medios de comunicación tradicionales nacen en la blogosfera. Las empresas deben ser conscientes de la importancia de monitorizar ciertas palabras clave (nombre de los directivos, denominación de la empresa, principales marcas, etc.) a través de la creación de una serie de alertas para afrontar cualquier tipo de crisis de manera inmediata.

11.1.2.1 BlogPulse

Esta herramienta, propiedad de Nielsen Buzzmetrics, nos permite analizar a fondo una amplia relación de aspectos clave de los blogs que estemos interesados en monitorizar. En su página principal, escribimos la URL del blog que queremos analizar y a partir de entonces la plataforma nos indica quién ha mencionado ese blog, su índice de influencia, el número total de menciones que ha recibido en los últimos meses, la frecuencia de su publicación en la red e incluso nos confecciona una relación de bitácoras con temática similar, entre otras funcionalidades. Toda esta información no sólo es útil, sino también gratuita.

11.1.2.2 Swotti

Swotti es un buscador especializado en rastrear opiniones publicadas en la web social sobre todo tipo de marcas, productos y servicios. A través de una tecnología basada en la ingeniería semántica, Swotti lleva indexando, desde marzo de 2007, más de tres millones de opiniones que han sido mencionadas en miles de blogs, foros, redes sociales, etc. Gracias a este buscador, cualquier empresa puede conocer de manera inmediata la opinión mayoritaria en internet sobre un producto o servicio concreto y, en su caso, profundizar acerca de las experiencias concretas (positivas o negativas) que determinados usuarios de la red han tenido con ese producto o servicio.

11.1.2.3 Keotag

Este instrumento, al igual que muchos otros mencionados en este apartado, se nutre de la marcación social para prestar su servicio. En su página principal escribimos la palabra clave que estamos interesados en monitorizar y en pocos segundos nos ofrece los resultados de los impactos hallados en dieciséis plataformas de la web social, desde Twitter hasta Delicious, Flickr o YouTube. En lugar de tener que ir de una en una para ver si nos han citado, podemos acudir a Keotag y analizar las menciones de forma agregada. Por si alguien pensaba que la web 2.0 no aportaba ningún beneficio, esta red es un buen ejemplo de mejora de la productividad.

11.1.2.4 Google Insights

El buscador Google cuenta con una amplia gama de herramientas gratuitas que permiten a las empresas saber cuáles son las palabras clave más buscadas, comparar diferentes términos con el fin de medir su grado de popularidad, etc. Estos análisis deberían llevarlos a cabo de forma regular las compañías con el objetivo de averiguar las palabras que los consumidores utilizan para buscar un determinado producto o servicio. Muchas firmas se llevarían grandes sorpresas al descubrir que sus clientes los buscan de una forma muy diferente a como ellas piensan que lo hacen.

Recientemente han lanzado Google Insights, una nueva herramienta que agrega mucha información que antes era ofrecida a las empresas a través de varias redes como Google Trends o Google Analytics. Se trata de otra buena demostración de productividad analítica. La mejor manera de explicar esta nueva plataforma es mostrando un ejemplo.

Hemos querido sondear el grado de popularidad del término *web 2.0* en España. En la figura 31 vemos cómo en los años 2004 y 2005 era casi desconocido, pero en 2007 y 2008 sube exponencialmente el número de búsquedas relacionadas con esta expresión. El descenso de la curva que observamos en el gráfico corresponde a los meses de julio y agosto; una vez más, es una clara evidencia de que internet es un reflejo de la vida real: en vacaciones no se habla de la web 2.0. La herramienta también permite analizar búsquedas de palabras relacionadas con un determinado término o analizar las búsquedas más populares con el fin de descubrir tendencias o cambios en el comportamiento de los usuarios.

Figura 30. Grado de popularidad del término web 2.0 en España.

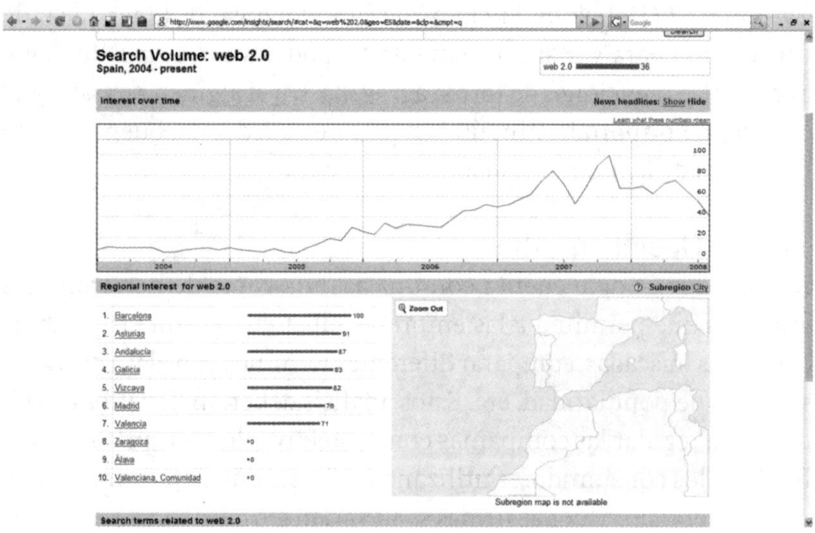

11.1.3 Otras herramientas disponibles

Como comentaba al principio de este apartado, existen muchas herramientas gratuitas y de pago en la red con las que medir y analizar la reputación de una empresa en la web social. Los interesados en esta temática pueden consultar otras plataformas: Boardtracker, Twitterverse, Compareblogs, Comments.com, entre otras. No obstante, recomiendo a los lectores que comiencen analizando las conversaciones que tienen lugar sobre sus compañías en las redes sociales mencionadas en este libro.

11.1.3.1 Social Media Brand Value

Esta red, propiedad de Ontwice, nos permite calcular el valor publicitario mensual de una compañía en las principales webs sociales. En sus tres meses de vida, la calculadora social de Ontwice ha conseguido más de 4.000 usuarios únicos, y en vista de su éxito, sus creadores han decidido expandir su radio de acción más allá de Facebook, añadiendo a la herramienta los resultados de la presencia de una firma concreta en Twitter y LinkedIn.

Figura 31. Calculadora social.

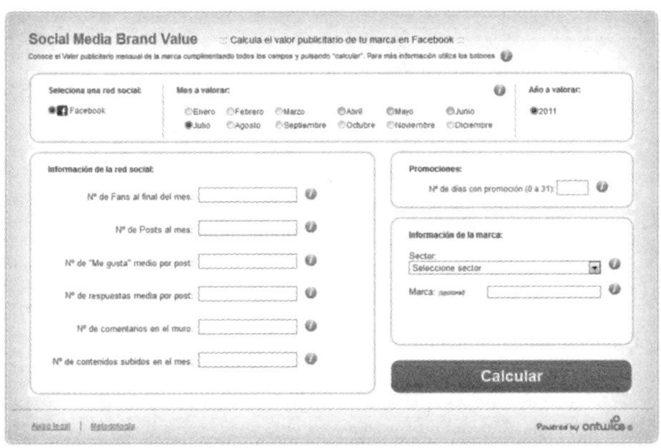

A diferencia de otros instrumentos de estas características, esta aplicación no refleja el sentimiento de los usuarios hacia la marca, sino su valor monetario en comparación con otras fórmulas publicitarias convencionales (figura 32). Las interacciones que evalúan son el número de fans y «me gusta», respuestas por post, comentarios en el muro, días de promoción, cantidad de «compartir» y sector al que pertenece la marca o la empresa, entre otras variables.

Los promotores de esta herramienta afirman que las áreas con mayor valor económico en Facebook son las finanzas, el turismo, la automoción y el comercio electrónico, mientras que los sectores y temas con menos ROI de su presencia en las redes sociales son los medios de comunicación, la salud y la familia.

11.1.3.2 Klout

Klout es un servicio online especializado en agregar los contenidos publicados por los usuarios en la microblogosfera. Además de realizar esta tarea de forma excelente, Klout ofrece una serie de funcionalidades que nos permite analizar de manera muy visual el enfoque de los perfiles de los usuarios. Esta herramienta nos aporta un amplio historial sobre el perfil de la persona que ha publicado esta información, su prestigio en la red, qué usuarios influyen sobre ella, el número de menciones en la web social, su ranking, etc. Esta información puede proporcionar muchas claves a las empresas sobre su reputación online.

12
Redefinición de la estrategia de comunicación empresarial

Tras una primera fase de ignorar o intentar lentificar la transformación del modelo de comunicación empresarial, buena parte de los profesionales del marketing y la comunicación entiende que nos adentraremos hacia una segunda fase mucho más dinámica y disruptiva debido a la consolidación de las herramientas 2.0 (blogs, wikis, Facebook, Twitter, YouTube, podcast, etc.) entre los ciudadanos.

El afianzamiento de internet en la sociedad no sólo obliga a las empresas a digitalizar sus estrategias de marketing y comunicación, sino que además su impacto es mucho más profundo puesto que afecta a todos los procesos de gestión de una compañía (producción, distribución, comercialización, promoción, etc.). Por este motivo, no es aconsejable adentrarse en esta segunda fase de la transformación de la comunicación social con los mismos planteamientos y habilidades que en la era analógica, dado que tenemos ante nosotros un nuevo escenario de actuación que obliga a rediseñar un nuevo ecosistema del mundo empresarial.

La nueva estrategia de comunicación empresarial se puede dividir en tres grandes bloques: comunicación directa a través de las webs de las empresas, comunicación bidireccional mediante las versiones online de los medios tradicionales (prensa, radio y televisión) y, por último, comunicación compartida a través de los nuevos portales de comunicación social (Facebook, Twitter, Entrelectores, etc.).

Estos tres bloques no son en absoluto excluyentes entre sí, todo lo contrario, son totalmente complementarios. Dependiendo del tipo de empresa, un bloque tendrá más peso en la estrategia de comunicación que otro, pero ninguna entidad debería renunciar a comunicarse en los tres canales descritos. Si por desconocimiento u omisión, una compañía renuncia a comunicarse en uno de los tres ámbitos mencionados limitaría no sólo su potencial de incrementar la visibilidad de sus productos y servicios, sino también su capacidad de analizar la conversación alrededor de los mismos, aspecto que en la era digital es una clave estratégica para cualquier empresa.

En este capítulo analizaremos individualmente las ventajas y oportunidades que ofrece cada uno de los tres ámbitos de comunicación.

12.1 Comunicación directa a través de las webs de las empresas: más allá de las webs informativas y de la mera transacción comercial

Varias empresas llevan años utilizando sus sitios web como plataformas de venta de productos y servicios, y al mismo tiempo como herramienta de comunicación directa con sus clientes para servicios de posventa, atención al cliente, etc. A excepción de algunas compañías de sectores muy determinados (turismo, textil, ocio, etc.), la mayoría declara que las ventas a través de sus sitios web no han sido muy relevantes y por ello desconfían del potencial del canal directo.

Poner un carrito de comercio electrónico en una página web no garantiza ningún resultado. Si la firma no convierte el comercio electrónico en el eje de su estrategia de marketing y ventas, los resultados siempre serán escasos. Las entidades que piensen que la venta directa tan sólo significa instalar un método de compra online en su sitio web y analizar exclusivamente los resultados de este canal comparando el número de transacciones comerciales realizadas en relación con las ventas totales a través de los métodos tradicionales, nunca entenderán el verdadero potencial de esta vía. Si escuchamos con atención a los directivos con más experiencia en comercio electrónico, como la organización de viajes, la venta de entradas para espectáculos o de ropa y hasta la propia banca, todos ellos señalan que sólo las entidades que entiendan el comercio electrónico como una herramienta de gestión empresarial, más allá de una mera transacción comercial, obtendrán una ventaja competitiva en la era digital.

Más que en las ventas obtenidas a través de las webs de empresas, el verdadero valor añadido de la venta directa es el conocimiento directo del cliente y su comportamiento en el proceso de compra, así como el análisis del consumo de los productos y servicios de la compañía. No debemos olvidar que la principal ventaja competitiva de una firma en el siglo XX era la distribución, es decir, tener sus productos visibles en el mayor número de puntos de venta, mientras que en la era digital debemos entender que cualquier sitio web, blog o hasta una red social como Facebook, Entrelectores o Twitter pueden convertirse en punto de distribución y venta de cualquier producto. En este contexto de múltiples puntos de distribución online, la ventaja competitiva de una sociedad en el siglo XXI reside en el conocimiento directo de los clientes y su comportamiento en el proceso de compra, así como en el análisis del consumo de los productos y servicios. Si tenemos en cuenta estas observaciones podemos entender mejor la fuerte apuesta por la venta directa que están llevando a cabo Zara, Mango, Iberia y Renfe, entre otras empresas.

A medida que los sitios web de las compañías vayan transformándose en uno de sus principales canales de ventas, éstas se verán obligadas a redefinir también su estrategia de comunicación directa. El fenómeno 2.0 está generando una transformación histórica en los hábitos de navegación y comportamiento de los consumidores en la red: cerca del 42 por ciento de los internautas españoles ha comprado en alguna ocasión a través de internet. Desgraciadamente, muchas organizaciones españolas no aprovechan aún las posibilidades que les brindan las nuevas tecnologías sociales para posicionar mejor sus productos en la red y, consecuentemente, vender a un mayor número de clientes potenciales.

Ante esta transformación del descubrimiento y compra de cualquier producto en la red, las empresas deberían rediseñar sus estrategias de comunicación online permitiendo a los usuarios que «exporten» con toda facilidad el contenido de sus sitios web (textos, imágenes, vídeos, podcasts, etc.), a través de widgets, gadgets y otras herramientas, con el fin de lograr una mayor visibilidad en internet. Ante el inminente auge de la comunicación directa, recomendamos que las firmas diseñen sitios web en los que sea fácil navegar y que fomenten la «exportación» de sus contenidos. Es decir, sitios web que favorezcan el tradicional «de boca en boca» que propaga la visibilidad de un determinado producto al permitir a sus usuarios compartir la información sobre los mismos. No debemos olvidar que el consumidor debe ser el centro del sitio web y, por lo tanto, tiene que ser muy participativo.

La venta directa, que como acabamos de ver obligará también a las empresas a gestionar una comunicación más directa con sus clientes, no excluye los otros canales de comunicación mencionados, sino al contrario, son canales totalmente complementarios. Dependiendo del tipo de compañía, la comunicación directa tendrá más peso que la bidireccional a través de las versiones online de los medios de comunicación tradicionales (prensa, radio y televisión) o menos que la relación colectiva en las redes sociales, pero ninguna entidad debería renunciar a comunicarse directamente. En este contexto, los empresarios del siglo XXI cometerían un grave error si no buscaran la colaboración de la comunicación directa para acercarse amablemente al mercado con el fin de conocer mejor a sus clientes y aumentar la rentabilidad económica de su negocio.

12.2 Comunicación bidireccional a través de las versiones online de los medios tradicionales (prensa, radio y televisión)

Además de comunicarse directamente a través de sus webs, las empresas deberían tener también una presencia y conversación activa en las versiones online de los medios de comunicación tradicionales con el fin de incrementar la visibilidad de sus marcas, productos y servicios en el inmenso océano que representa internet.

Tal como señalaba en el capítulo 5 de este libro, estamos viviendo un cambio de época a partir del cual el modo de transmitir la información empresarial, que tradicionalmente estaba basado casi exclusivamente en la prensa escrita, la radio y la televisión, empieza a complementarse con las versiones digitales de estos medios. Durante uno o dos lustros estos soportes no desaparecerán, pero todos los medios están llevando a cabo impresionantes cambios en sus modelos de negocio con el fin de realizar la transformación hacia el modelo digital antes de lo esperado.

El principal valor añadido de esas compañías es su amplio conocimiento del mundo de la comunicación. Llevan años trabajando en este sector y sin lugar a dudas conocen mejor que nadie todas sus singularidades, pero desgraciadamente internet afecta de lleno a su principal función como intermediario. No hay que olvidar que la red no es más que un *tsunami empresarial* que arrasa con todos los intermediarios de cualquier actividad económica que no son capaces de redefinir su papel en la era digital. En este contexto de cambio sin retorno en la comunicación, las empresas tienen que empezar a innovar el enfoque y los contenidos de su estrategia online para ser más ágiles a fin de responder a los inminentes cambios que se avecinan en los medios.

Todos los datos indican que los lectores están ya migrando del papel a internet, pero los anunciantes siguen apostando por los soportes tradicionales. Muchas empresas intentan mantener este modelo de comunicación, ya que más o menos controlan el mensaje corporativo en la prensa escrita, la radio y la televisión a través de importantes campañas de relaciones públicas, inserciones de publicidad y acciones de patrocinio. Sin embargo, estas mismas firmas reconocen en privado que este modelo pierde eficacia día a día y que cada vez les cuesta más dinero y esfuerzo llegar a su público objetivo a través de los medios habituales.

Los responsables de comunicación y marketing deberían incorporar lo antes posible en sus estrategias de comunicación online los últimos avances tecnológicos para relacionarse mejor con sus clientes actuales y potenciales. Las nuevas tecnologías sociales permiten el diseño de una estrategia de comunicación empresarial con contenidos personalizables de acuerdo con el perfil de cada cliente, ofrecer la geolocalización de noticias o la sindicación de contenidos (RSS), permitir la descarga de podcasts y vídeos, así como crear sistemas de recomendación de contenidos basados en afinidades o en el historial de compra del usuario.

Si los periódicos tienen más lectores en su versión online que en la de papel y ellos mismos están transformando sus modelos de negocio hacia un entorno digital, extraña que después del tiempo transcurrido desde que lleva produciéndose esta revolución sea todavía tan escaso el número de empresas que han incorporado el lenguaje multimedia en sus relaciones con las publicaciones diarias. La mayoría de las organizaciones empresariales siguen utilizando el lenguaje textual para informar a los periodistas acerca de sus productos o servicios, cuando casi todos los redactores necesitan utilizar contenidos multimedia para desarrollar su trabajo diario.

Muchas empresas se sorprenden por la escasa cobertura mediática que tienen en las versiones digitales de los diarios. La respuesta a la limitada visibilidad mediática puede estar en alguna de estas preguntas: ¿Cuántas compañías elaboran notas de prensa ciento por ciento digitales? ¿Cuántas de ellas producen contenidos ciento por ciento multimedia para facilitar la labor informativa de los medios? ¿Cuántas sociedades utilizan Skype o Twitter para conversar diariamente con los periodistas? ¿Cuántas entidades establecen una conversación con los periodistas en los medios online?

12.3 Comunicación «compartida» a través de las herramientas 2.0

Además de comunicarse directamente a través de sus webs y de establecer conversaciones bidireccionales con el mayor número de medios online, las organizaciones deberían crear también una cultura de comunicación compartida al definir su estrategia en la red.

Escuchar, pero sobre todo conversar y relacionarse con los clientes a través de las tecnologías 2.0 obligará a las empresas a llevar a cabo una transformación total de su cultura corporativa. Aunque la tradicional organización piramidal de la mayoría de ellas no desaparecerá, los gestores deben asumir que el impacto del fenómeno 2.0 en sus compañías les obligará a rediseñar una entidad menos jerárquica y más interactiva.

Dado que cada firma tiene un punto de partida diferente hacia la meta de creación de una cultura 2.0 –algunas ya han llevado a cabo algún proyecto, mientras que otras inician su andadura–, las doce ideas que propongo a continuación pueden ejecutarse de forma independiente, según las necesidades de cada compañía. Algunas tendrán en cuenta tres o cuatro de estas recomendaciones, mientras que otras preverán asumirlas todas en los próximos meses.

12.3.1 Reorganice las funciones del equipo directivo

Pocas empresas tienen una hoja de ruta con un esquema claro sobre cuál será su futuro modelo de negocio en la red. Para ir despejando esta incógnita, el equipo directivo debería contar con al menos una persona que asuma la responsabilidad de analizar las oportunidades y los riesgos que ofrece la integración de las nuevas tecnologías sociales en su entidad. En la era de la gestión del conocimiento, la balanza del poder dentro de las organizaciones también se verá afectada por las nuevas tecnologías. En el siglo XX, los directores generales de las áreas de ventas y ámbito financiero eran quienes tenían más peso dentro de la empresa y, por lo tanto, dominaban las decisiones internas. En el siglo XXI, las decisiones no sólo se adoptarán más por consenso, sino que los responsables de las áreas de comunicación, marketing, atención al cliente y recursos humanos asumirán una mayor visibilidad y poder dentro de la estructura de la firma. Sorprende que a estas alturas muchas compañías no cuenten aún con estos responsables en sus Consejos de Administración para tomar las decisiones más adecuadas.

12.3.2 Invierta en formación interna

Cualquier cambio o mejora en la organización empresarial debe ir acompañado de un programa de formación para lograr los objetivos marcados. Las innovaciones siempre implican un cambio de mentalidad. En buena parte de las entidades existen ciertos recelos de algunos directivos hacia las nuevas tecnologías debido a una falta de comprensión de sus beneficios. Por una parte, un alto número de ellos carece de los conocimientos necesarios para entender correctamente el funcionamiento y las ventajas que ofrece la incorporación de las nuevas tecnologías sociales en la estrategia empresarial, pero, principalmente, muchos profesionales no se animan a verificar las nuevas herramientas de la web social porque no saben por dónde empezar, cómo evaluar su eficacia ni cómo medir los resultados obtenidos. Con el fin de ayudarles a entender mejor las implicaciones de las nuevas tecnologías, todas las entidades deberían invertir en programas de formación interna o externa para reciclar a sus equipos con el propósito de ayudarles a ponerse al día. En España, desgraciadamente, la instrucción en una determinada materia a los empleados se considera un gasto en vez de una inversión. No obstante, en los últimos años algunas empresas han efectuado un gran esfuerzo para profesionalizar sus procesos y poner al día a sus equipos. Estas entidades apuestan por la formación como parte de su ventaja competitiva.

12.3.3 Fomente la innovación

Pierda el miedo a la innovación. En este libro hemos demostrado que las aplicaciones web 2.0 potencian la participación y la productividad del trabajador mediante la innovación centrada en el usuario. Por lo tanto, seleccione una de las herramientas descritas en este libro –sí, sólo una de ellas– e inicie su proceso de aprendizaje. Una vez que se sienta cómodo con ese instrumento puede volver al índice de este libro y seleccionar otro. Verá cómo la incorporación de este nuevo útil en la cultura corporativa de la empresa será mucho más rápida al tener todas ellas múltiples valores en común: compartir, intercambiar, dialogar, etc. La innovación siempre comienza con una primera experiencia. ¿Por dónde empezamos?

12.3.4 Rediseñe correctamente su sitio web

Según la Comisión del Mercado de las Telecomunicaciones, el 64 por ciento de las empresas españolas cuenta con presencia en internet, pero la mayor parte de los sitios web de estas entidades no están diseñados adecuadamente para lograr una óptima visibilidad de su contenido en la red ni para fomentar una conversación sobre sus productos y servicios en la web social. La mayor parte de las compañías españolas aplica al mundo digital, erróneamente, las técnicas de comunicación tradicionales. Debido a las enormes cantidades de información que se publican a diario en la web –las bases de datos de Google contienen más de 8.000 millones de direcciones URL–, es necesario diseñar sitios web que no sólo fomenten la lectura y una conversación respecto a sus contenidos, sino que también sean «amigables» para los buscadores.

12.3.5 Mejore la visibilidad de su empresa en la red

La irrupción de las nuevas tecnologías sociales ha comportado que en sólo tres años el número de sitios web en el mundo haya pasado de 80 millones a 162 millones. Desde un punto de vista social es muy positivo que cualquier ciudadano pueda crear un blog o un wiki en un par de minutos y publicar cualquier tipo de contenido en internet, pero para las empresas esta proliferación de contenido –todos los días se crean más de siete millones de nuevas páginas web– supone una mayor dificultad para posicionarse en la red.

Las empresas ya no sólo compiten unas contra otras por obtener una mayor visibilidad en internet, sino que ahora rivalizan también contra cualquier consumidor que tenga un blog, una web personal o un wiki activo. Si tenemos en cuenta que más del 90 por ciento de los internautas españoles utiliza sólo Google para acceder a la información publicada en la web, y además sólo se consultan los diez primeros resultados, lograr una mayor visibilidad se está convirtiendo en un objetivo estratégico. Las compañías están empezando a advertir que la visibilidad de sus productos y servicios en el mercado digital depende de cómo este buscador ordene y muestre sus contenidos. Si se mantienen estos limitados hábitos de búsqueda por parte de los usuarios, y todo indica que será así, se generará una lucha feroz entre las entidades por aparecer entre los diez primeros resultados. Conocer cómo funcionan los buscadores para lograr una mayor visibilidad en estas plataformas debería ser una prioridad empresarial.

12.3.6 Escuche a la web

Desde siempre las empresas han querido identificar las tendencias de mercado, los próximos hábitos de consumo, las modas, etc. La web social les ofrece una gran riqueza de contenidos e información sobre sus productos y los de la competencia a través de los comentarios y artículos publicados en blogs, wikis y redes sociales por los propios consumidores. Las conversaciones que tienen lugar en la red sobre cualquier producto son un reflejo directo de las que se llevan a cabo en la vida real. La diferencia es que la tecnología identifica a los grupos de discusión, blogs y redes sociales en los que los consumidores intercambian opiniones sobre los productos, el servicio posventa, las campañas de promoción, etc. Los usuarios de la web social no son conscientes de que a través de sus comentarios, recomendaciones y quejas aportan una ingente cantidad de información muy valiosa para los departamentos de marketing y ventas de cualquier empresa. Tal como comentaba en el capítulo 11 de este libro, existen infinidad de herramientas, gratuitas y de pago, que nos ayudan a rastrear internet de forma eficaz. Ninguna de ellas detecta al ciento por ciento todas las menciones de nuestra empresa, pero, al igual que las encuestas de opinión tradicionales, nos permiten tener una aproximación bastante real de lo que está ocurriendo en la web social. La escucha permanente de ésta permitirá a las compañías gestionar mejor las percepciones que se generan sobre sus productos y servicios en la red.

12.3.7 Determine quién es quién en la web social

La mayoría de las sociedades se sienten algo perdidas –lo cual supone que cometen errores elementales– cuando pretenden determinar quién es quién en la web social. Varios estudios que miden el grado de influencia de los participantes en ésta indican que menos del 1 por ciento de los casi treinta millones de internautas existentes en España son considerados «usuarios activos», auténticas fuentes de información alternativas que comentan y difunden la actualidad empresarial de forma fluida y eficiente. Por falta de conocimiento sobre el funcionamiento de la red social, muchas entidades consultan los rankings de blogs y aplicaciones sociales existentes en España y seleccionan las primeras veinte o cuarenta personas pensando que son líderes de opinión con influencia transversal en cualquier tema. Un blog puede gozar de cierta autoridad en un determinado sector, pero probablemente sea un perfecto desconocido en otros. Ante esta realidad, las empresas deberían reflexionar internamente sobre qué criterios determinan quién es un líder de opinión en su sector. No cabe duda de que el número de contactos es una variable significativa para determinar si alguien es importante en la web social, pero no la única. Un usuario puede tener pocas relaciones pero todas ellas de alta relevancia en un determinado sector, mientras que otro puede almacenar miles de supuestos contactos de personas sobre las que no ejerce influencia alguna ni mantiene vínculos con ellas para fomentar el habitual «de boca en boca». Existen otras variables más importantes, como medir el grado de participación de esa persona en grupos especializados dentro de las redes, su presencia en foros o eventos virtuales relativos al sector y el nivel de aportación de información que comparte con el resto de la comunidad. Afortunadamente, la transparencia de la web social nos permite leer los perfiles de cada cual y analizar su comportamiento online para establecer valores de relevancia y liderazgo más determinantes que el mero número de suscriptores o supuestos amigos.

12.3.8 Seleccione las redes sociales más idóneas para su empresa

Como sucede en el mundo analógico, la dimensión de una empresa puede ser importante en determinadas operaciones, pero en muchas otras ocasiones se trata de un factor irrelevante. Lo mismo ocurre con las redes sociales. Muchas firmas cometen el error de seleccionar las redes en las que realizarán su campaña basándose en el número de usuarios. Éste es, naturalmente, un criterio que debe tenerse en cuenta, pero no debería ser el principal. Como hemos visto en este libro, existen miles de redes sociales y comunidades online de todo tipo, desde sitios donde los usuarios se intercambian información financiera de empresas hasta comunidades de intercambio de recomendaciones de viajes, música o libros. Tal como decíamos en el apartado anterior, las empresas deberían identificar las variables clave que conviene considerar al preseleccionar una red social: especialización, grado de participación de los usuarios, perfil de los mismos, etc.

12.3.9 Redacte un código de conducta para sus empleados en la web social

Evítese malentendidos y posibles crisis internas redactando un código de conducta en la web social para sus empleados y directivos. En España, pocas empresas han reflexionado acerca de la presencia y el comportamiento online de su personal. Muchas compañías se sorprenderían al analizar el nivel de actividad de sus empleados en la web social. Por desconocimiento y temores infundados algunas entidades imponen políticas restrictivas sobre el uso de estas herramientas o, en el peor de los casos, impiden a sus trabajadores escribir en blogs o participar en redes sociales, aunque sea a título personal.

En el lado opuesto, varias compañías promueven activamente en todos sus niveles, a través de cursos de formación internos, el uso de blogs y la participación en redes sociales como eje de una nueva cultura corporativa. Estas organizaciones han redactado unas pautas de uso de estas herramientas, basadas en el sentido común, que sirven de referencia para todos los empleados en el momento de participar en blogs y redes sociales, ya sea dentro o fuera de la empresa. Cualquier trabajador puede escribir sobre el tema relativo a la firma que le apetezca: sus productos, sus servicios o su vida cotidiana personal en ella. La única regla que impera al escribir es el sentido común de cada uno.

12.3.10 Premie a sus empleados por intercambiar, compartir, revaluar, etc.

Tal como he venido señalando en toda esta obra, la web 2.0 tiene que ver más con un cambio de actitud en la empresa que con una mera inversión tecnológica. Desgraciadamente, muy pocas compañías valoran adecuadamente el intercambio de conocimiento entre sus empleados. La incorporación de las herramientas web 2.0 en las organizaciones desarrolla una serie de habilidades y cualidades humanas poco estimadas por las entidades, como el intercambio de conocimientos entre trabajadores, compartir la autoría en la creación de ideas, dialogar y argumentar diferentes puntos de vista, etc. Si se quiere crear verdaderamente una nueva forma de hacer empresa y atraer talento deberían incorporarse estos nuevos valores como objetivos de negocio en la evaluación del personal.

12.3.11 Redacte un decálogo que refleje su cultura 2.0

De igual modo que recomendamos al lector la redacción de un código de conducta para gestionar la presencia de sus empleados y directivos en la web social, también le aconsejamos que lleve a cabo un ejercicio de reflexión sobre la definición de su cultura corporativa en la web 2.0.

Aunque sea un ejercicio más creativo, reconozco que este proceso será más arduo de desarrollar en el mundo empresarial más tradicional. Desgraciadamente, la cultura corporativa de muchas empresas españolas no fomenta la creatividad, dado que muchos directivos no se sienten cómodos gestionando las transformaciones derivadas de la innovación.

Para ayudar en este proceso de definición de la cultura 2.0 de cada cual, recomiendo que se lean con calma las declaraciones de intenciones de empresas que ya han transitado por este camino y que comparten amablemente su experiencia en sus sitios web. Como ejemplo de una de estas culturas corporativas 2.0, adjunto las diez reglas que se viven en la red social especializada Kedin.[115]

1. Dos piensan más y mejor que uno; tres más y mejor que dos; cinco más y mejor que cuatro. El talento humano es la diferencia.
2. Para conseguir un sueño combina muchas ganas, más pasión, bastante templanza, tanta prudencia como puedas y toda la imaginación que lleves dentro.
3. Equivocarse no es un error, sino una oportunidad para entenderlo mejor.
4. Las personas y los proyectos evolucionan, para bien o para mal. Nada es para siempre.
5. Esto es una empresa y por lo tanto tenemos que ganar dinero para vivir.
6. El usuario no es del equipo, es el jefe.
7. Lo importante no es reunirse, sino pensar como equipo y compartir la información correctamente.
8. Si trabajas en Kedin y no usas el servicio fuera de tu trabajo, nos hemos equivocado los dos.
9. Innovar es crear algo que hasta el momento nadie había conseguido aplicar con utilidad para el uso de muchos.

115. http://kedin.es/s/corporativo/cultura

10. No se puede trabajar en el sector del entretenimiento si no te ríes de ti mismo.

12.3.12 Hay que asumir que se cometerán muchos errores

La ciencia nos ha demostrado en muchas ocasiones que la única forma de progresar es cometiendo errores. Dado que no hay una hoja de ruta que señale claramente qué herramientas funcionan mejor para cada empresa y cuáles son una auténtica pérdida de tiempo, se cometerán muchos errores en el camino. Para gestionar mejor este proceso de aprendizaje colectivo, recomiendo que las compañías asuman una cultura corporativa que premie los errores cometidos por sus empleados.

El reto más importante que tiene que asumir el mundo empresarial es el «cambio de chip» de sus directivos. Intentar ganar tiempo frenando la incorporación de las tecnologías 2.0 en la organización no conseguirá que la transformación se detenga. Todos sus miembros, ya sean directivos, empleados o colaboradores, deben aprender nuevos conocimientos y habilidades, desde la producción de contenidos multimedia o asumir una vocación de atención al cliente hasta gestionar adecuadamente su reputación online.

En este contexto de renovación sin retorno al que nos adentra la evolución de internet, las empresas deberían empezar a familiarizarse con las particularidades de todas las tecnologías sociales que he descrito en este libro, con el objetivo de despojarse de posibles recelos para entender qué está ocurriendo en la sociedad y hacia dónde nos llevan las futuras innovaciones tecnológicas.

Espero, sinceramente, que estas recomendaciones 2.0 les sean de ayuda.

12 +1

Hacia dónde vamos: tendencias digitales con visión 20/20

No se crea que soy supersticioso por no clasificar el último capítulo de este libro con el número 13. Tan sólo es un pequeño guiño al nuevo lenguaje «social» que está calando entre la gente debido al creciente uso de las redes sociales. Conceptos como «me gusta», «retuit» o «+1» son expresiones cada vez más comunes en la comunicación online entre personas. Dado que el último capítulo es una reflexión en voz alta respecto de hacia dónde vamos, he querido también trasladar el mensaje que hasta nuestro propio lenguaje será sometido a múltiples transformaciones.

Tal como señalaba al inicio de la obra, los lectores descubrirán que estas últimas páginas no constituyen las típicas conclusiones teóricas que resumen el contenido de los capítulos anteriores. He pensado que como nos encontramos al inicio de la segunda década del siglo XXI, podría ser útil reflexionar sobre el impacto de las principales tendencias digitales en la sociedad y en las empresas. Haciendo un guiño al año 2020, final de la segunda década de este siglo, he definido el ejercicio como «visión 20/20» usando la terminología que utilizan los oftalmólogos para medir la agudeza visual de una persona. Así, tener una visión 20/20 significa que una persona puede identificar una línea de letras de tamaño pequeño a una distancia de veinte pies.

Soy consciente de que al realizar este análisis me expongo a todo tipo de comentarios acerca de cuántas predicciones he acertado y en cuántas he fallado por intentar predecir la evolución que tendrán las tecnologías sociales en la segunda década de este siglo. Vuelvo a recordar a los lectores que creo que es un error leer estos análisis de previsiones y tendencias como meros ejercicios de futurología y medir su credibilidad a tenor del número de supuestos aciertos o fallos. A diferencia de otras épocas, las supuestas futuras tendencias se desarrollan tan deprisa que, cuando queremos darnos cuenta, ya forman parte de nuestro presente. Apoyándome en esta realidad de presente cambiante, comparto con los lectores una relación de tendencias que creo que determinarán las bases de muchos negocios en la era digital.

12.+1.1 Conozca el comportamiento real de los usuarios en la web

Sorprende el gran desconocimiento de la comunidad empresarial sobre el comportamiento real de sus clientes en la red. La mayoría de las empresas elaboran informes de estadísticas que revelan el número de visitas que su web ha tenido durante el mes anterior, su procedencia, etc. La lectura de estos datos básicos puede que nos ayude a alimentar nuestro *ego corporativo –«Hemos subido un 20 por ciento en número de visitas»–*, pero si somos sinceros debemos reconocer que estos datos nos aportan una información de escasa utilidad.

Las compañías deberían combinar herramientas de análisis y medición para elaborar informes completos referentes al perfil de los usuarios con el fin de obtener datos y criterios sobre el comportamiento real de los mismos que ayuden a determinar la estrategia empresarial en la web social. Existen en la red multitud de proveedores gratuitos y de pago para analizar el comportamiento de quienes han consultado la página corporativa. Deberíamos analizar cómo éstos han encontrado nuestro sitio web y de qué forma interactúan en el mismo; qué secciones son las más visitadas, tiempo de permanencia en cada una de ellas, por qué se abandona el consumo de cierto contenido digital, etc. Nos interesa saber qué palabras clave han utilizado en un buscador o en una determinada red social para llegar a nuestro sitio web y quién recomienda nuestros productos y servicios en la red. También deberíamos conocer su nivel de influencia y cómo fidelizar esta relación. El análisis de estos datos nos aportará una relación de claves sobre el uso de nuestra web. En la era digital, uno de los principales activos de las empresas será el análisis del comportamiento de sus clientes. No lo olvidéis.

12.+1.2 Desaparición de la prensa escrita, revistas y libros en papel

La crisis económica acelerará el proceso de transformación de los modelos de negocio de los medios de comunicación en papel hacia entornos digitales. Estamos viviendo un cambio de época en el que la manera de acceder a cualquier tipo de noticia, que estaba basada casi exclusivamente en la prensa escrita, las revistas y los libros, empieza a complementarse con los medios digitales. Durante una o dos generaciones no desaparecerán totalmente los libros ni la prensa escrita, pero estos soportes perderán su posición dominante en la sociedad. La mayoría de los periódicos dejarán de imprimir a diario antes del año 2020. Algunos de ellos publicarán los fines de semana una versión en papel de sus contenidos para atender a las necesidades específicas de una parte de sus lectores, pero sus versiones digitales serán la apuesta de futuro. Algo parecido ocurrirá en el mundo del libro, en el que más del 50 por ciento de los ingresos de las editoriales derivará de la venta de contenidos digitales.

12.+1.3 Facebook perderá su liderazgo en las redes sociales

Mientras que en la era analógica una empresa mantenía su liderazgo al menos durante quince o veinte años, el reinado de casi todas las marcas en la era digital no supera una década. Si analizamos la reciente historia corporativa de las compañías del sector tecnológico, veremos un paso continuo de los primeros puestos de liderazgo entre ellas: IBM, Microsoft, Google, Apple, MySpace, etc. En este contexto de competición y nacimiento de nuevas plataformas, creo sinceramente que Facebook será irrelevante en 2020. No estoy diciendo que esta red social vaya a desaparecer, es demasiado importante para evaporarse en tan poco tiempo; tan sólo señalo que Facebook tendrá una menor visibilidad e influencia en el mundo empresarial.

12.+1.4 Los móviles transformarán las compras y el pago de las mismas

El móvil se convertirá en la principal herramienta de descubrimiento y pago para todas nuestras compras, ya sea en puntos de venta físicos como virtuales. La forma en la que navegaremos por la red y nos comunicaremos con una empresa cambiará radicalmente en muy poco tiempo. El principal acceso a la información y a los contenidos sobre cualquier producto o servicio será a través de una aplicación web instalada en un soporte móvil, ya sea un teléfono, un ordenador portátil, una consola o un e-book. Teniendo en cuenta el potencial de transformación de esta tendencia, se entiende mejor el precio pagado por Microsoft, cerca de 8.500 millones de dólares, por la compra de Skype, así como la fuerte apuesta de Google por su nueva herramienta de llamadas de Voz sobre IP (VoIP): Google Voice, que estará disponible en 38 idiomas. La reciente adquisición de Motorola por parte de Google refuerza aún más esta tendencia.

La rápida penetración de los smartphones, que representan ya el 20 por ciento del mercado de la telefonía celular, es un excelente indicador de esta tendencia. Un informe de Enter indica que el 50 por ciento de los usuarios españoles de este tipo de telefonía accederá a sus perfiles de las redes sociales a través del móvil en 2011. Además, en los próximos tres años el parque español de teléfonos portátiles superará los sesenta millones de aparatos, respecto a los cincuenta millones actuales, lo cual significa que más de treinta millones de personas accederán a los contenidos de la web social a través de sus terminales móviles.

12.+1.5 Sistemas de recomendación basados en consumo y afinidades

Las tecnologías de recomendación se convertirán en los principales prescriptores de toda clase de contenidos en la red. Las tecnologías sociales facilitarán sugerencias personalizadas no sólo analizando nuestros hábitos de compra, tal como hace Amazon en la actualidad, sino estudiando a fondo nuestros comportamientos de consumo cultural (qué noticias o páginas web hemos leído, qué hemos subrayado, si dejamos siempre de ver o leer a la mitad un determinado tipo de series, películas o libros, o si escuchamos continuamente la misma canción). Estos datos del comportamiento real del consumidor de los contenidos en la red, que en el mundo analógico eran imposibles de obtener, así como su estado anímico (véase la siguiente tendencia), se convertirán en el principal activo y ventaja competitiva de las empresas que gestionen los contenidos culturales en internet.

12.+1.6 Auge de las tecnologías sensoriales

Otra incorporación de las tecnologías sensoriales al mundo empresarial. Nuestros teléfonos móviles, tabletas, coches y ordenadores tendrán incorporado en su memoria un sensor, conectado por vía inalámbrica a nuestra piel, que detectará nuestro estado anímico y nuestra reacción de consumo en cada momento. Dependiendo de si estamos tristes, alegres o cansados tras una larga jornada laboral, el sistema de recomendación de nuestra plataforma en la «nube» nos sugerirá qué película deberíamos mirar, la canción que nos convendría escuchar o el relato que tendríamos que leer. Estas tecnologías sensoriales tendrán una rápida implantación en los modelos de negocio de los sectores farmacéutico, de cultura y de entretenimiento.

12.+1.7 Pérdida de liderazgo del español en la red

Debido a la escasa oferta de contenidos originales en español en internet, nuestro idioma puede dejar de ser uno de los cinco principales utilizados en la web, lo cual supondrá graves repercusiones en la economía nacional, ya sea analógica o digital.

Los contenidos digitales alcanzarán en 2020 la inconcebible cifra de 35 billones de gigabytes a medida que todos los lenguajes –voz, televisión, radio, texto– completen su migración del formato analógico al digital. En este contexto de sobreproducción debemos incrementar nuestra productividad de publicación de contenidos originales en la red. Tan sólo el 5 por ciento de los internautas de habla hispana crea contenidos originales en la web, una ratio muy baja si la comparamos con los altos índices de creación y participación social en el mundo anglosajón, que superan el 25 por ciento.

12.+1.8 Irrupción del reconocimiento facial

Las grandes empresas de internet como Google, Facebook y Apple, entre otras, apostarán fuertemente por el desarrollo de nuevos servicios en sus plataformas basados en el reconocimiento facial de las personas, así como el reconocimiento visual de toda clase de objetos, lugares, etc.

El desarrollo de estas funcionalidades va tan deprisa que hoy en día estas tecnologías pueden identificar qué persona está en una imagen con tan sólo comparar el rostro de ese sujeto con otras catorce muestras. En cada foto, la tecnología guarda en su base de datos muestras de los ojos, la nariz y la boca de cada usuario para identificar posteriormente, cada vez con más acierto, quién es quién en cada nueva fotografía subida a la plataforma.

12.+1.9 Auge del comercio electrónico: del B2B al B2C

Nos adentramos en un nuevo escenario de actuación en el que la relación entre las compañías y sus clientes (B2C) tendrá un mayor peso que el actual modelo de intermediación «empresa a empresa» (B2B). El auge del comercio electrónico acelerará aún más esta transformación del B2B al B2C. Según los datos del último informe de comercio electrónico publicado por la Comisión del Mercado de Telecomunicaciones (CMT),[116] el comercio online sumó, en el año 2010, cien millones de transacciones, el 34,8 por ciento más que en 2009, cuando se llegaron a los 74,3 millones de operaciones. Más allá de las ventas llevadas a cabo a través de las webs de empresas, el verdadero valor añadido de la venta directa es el conocimiento directo del cliente y su comportamiento en el proceso de compra, así como el análisis de su consumo de productos y servicios.

En los próximos años veremos la llegada al mercado en español de las principales plataformas internacionales de comercio electrónico (Amazon, Alice.es, Google, Apple, TheCopia.com, Kobo, Yudu, entre otras). Tras consolidar sus empresas y modelo de negocio en su mercado natural, básicamente el anglosajón, todas ellas inician su expansión interna-

116. http://www.cmt.es/es/publicaciones/anexos/INFORME_CE_IV-2010.pdf

cional fijando el rumbo hacia el mercado en español. Todas estas compañías son muy conscientes de que internet no tiene fronteras y, por lo tanto, se han fijado en el mercado de habla hispana no por los supuestos casi cincuenta millones de españoles, sino por los cerca de quinientos millones de hispanohablantes que hay en el mundo. La futura batalla digital se centrará alrededor de los contenidos digitales en español.

12.+1.10 Nuestra privacidad será la principal moneda de cambio en la red

Los datos personales de los usuarios de la web 2.0 se convertirán en la moneda de cambio de la economía digital. La mayoría de los modelos de negocio en la red (buscadores, redes sociales, plataformas de distribución de contenidos digitales, los mencionados sistemas de recomendación, etc.) se nutren de datos personales para afinar sus productos y servicios. Los usuarios tendrán que decidir el nivel de privacidad que están dispuestos a ceder a estas empresas para recibir sus servicios online. Como vemos una vez más, no hay nada gratis en la web: el precio que pagan los usuarios por acceder a esos supuestos servicios gratuitos es muy alto: su intimidad.

12.+1.11 Todo estará en la «nube»

Cuando estaba en el colegio varios profesores solían decirme que me pasaba el día en las nubes. Ahora que parece ser que el futuro de buena parte de las empresas está en la «nube», más conocida como cloud computing, me encantaría volver a ver a esos profesores para decirles que no estaba soñando despierto, sino pensando en el futuro. Bromas aparte, el concepto cloud computing (la famosa «nube») significa básicamente que en lugar de tener que ir a un ordenador de sobremesa para acceder a nuestra información y a los programas informáticos que nos permiten procesarla, todos esos datos y aplicaciones estarán disponibles en internet y serán accesibles para los empleados en cualquier momento y desde no importa qué terminal.

El desarrollo y la consolidación del cloud computing será el nuevo campo de batalla en el sector informático durante los próximos años. Todas las grandes corporaciones –Google, Microsoft, Amazon, Apple,

Oracle, IBM, Dell, entre otras– están apostando fuertemente por este nuevo enfoque de la gestión empresarial y del acceso al conocimiento. Ante esta evolución, algunas compañías están llevando a cabo varios proyectos piloto para conocer las claves del desarrollo de la movilidad en internet: ¿Qué procesos del negocio se pueden gestionar a través de aplicaciones web? ¿Qué información podría ser compartida con proveedores o distribuidores? ¿Qué datos almacenamos y compartimos en la web social? Las respuestas a estas y muchas otras preguntas ayudarán a las empresas a descifrar algunas incógnitas y tomar decisiones más adecuadas. En definitiva, en un futuro próximo estaremos aún más conectados, navegaremos más tiempo por la red, pero almacenaremos más información en aplicaciones web y menos en nuestros ordenadores o terminales portátiles.

Sin lugar a dudas, este nuevo modelo de acceso a los contenidos digitales a través de la «nube» aportará enormes beneficios a los usuarios. No obstante, acceder en streaming a periódicos, revistas, libros o a la música, el cine, las series de televisión, etc., no debería convertirse en un ejercicio de constante defensa por parte del usuario para sentirse seguro o protegido.

Podemos y debemos aceptar que todos estos contenidos en formato digital dejarán de ser objetos materiales y tangibles como lo son ahora. Esto no significa que debamos ceder todos nuestros derechos como ciudadanos y consumidores a los intereses comerciales de las empresas privadas. Hay que hallar el modo de encontrar un equilibrio entre las ventajas de la «nube» y los derechos adquiridos por los lectores respecto a la intimidad y la propiedad.

12.+1.12 Derechos de los usuarios de la «nube»

En Estados Unidos, el colectivo de bibliotecarios y varios organismos sin ánimo de lucro –por ejemplo, Electronic Frontier Foundation e internet Archive– han asumido el reto de evitar que la consolidación de estos nuevos modelos de acceso al conocimiento choque contra los valores democráticos más básicos.

Siguiendo iniciativas similares llevadas a cabo recientemente en Estados Unidos y en España, como la publicación del decálogo de derechos de los usuarios de las redes sociales *Social Network Users'Bill of Rights*[117] y el dodecálogo de los derechos de los lectores de libros digitales,[118] me gustaría terminar este libro compartiendo con los lectores una adaptación de estas iniciativas con el fin de abrir un debate acerca de los derechos de los usuarios de servicios en la «nube»:

12.+1.12.1 Dodecálogo de derechos de los usuarios en la nube

1. Las empresas que ofrezcan servicios basados en la «nube» (redes sociales, buscadores, servicios de streaming, etc.) no deberían comerciar con el historial de compra y consumo de los usuarios sin su consentimiento previo. Estas plataformas deberán comunicar de manera clara y concisa, sin jerga legal para tratar de que nadie las lea, su política de privacidad y condiciones de servicio.
2. Las plataformas que quieran reutilizar con fines comerciales el historial de compra de sus miembros para mejorar sus sistemas de recomendación de contenidos o generar ingresos publicitarios relacionados con las compras realizadas, deberán comunicar previamente a los usuarios qué información guardan en sus archivos, por cuánto tiempo y para qué fines comerciales.
3. Las empresas que ofrezcan servicios basados en la «nube» no pueden eliminar o modificar los datos de las personas registradas sin una política clara sobre los términos de uso y, sobre todo, sin justificación o previo aviso.
4. El usuario podrá acceder a su información personal en cualquier momento y borrar su historial en caso de considerarlo oportuno.
5. Las plataformas de acceso online deberán garantizar que los contenidos adquiridos (véanse las condiciones para los contenidos en alquiler en el punto 6) son propiedad de las personas que los han comprado.
6. En caso de alquiler, pago por lectura o suscripción de cualquier contenido digital, el cliente debería ser informado de manera

117. http://snubillofrights.com/
118. http://www.dosdoce.com/

clara y concisa, sin jerga legal, que está obteniendo un servicio limitado en tiempo y uso, en lugar de una adquisición permanente.

7. En ambos casos (propiedad y alquiler), se nos debe garantizar la posibilidad de acceder a nuestra biblioteca en la «nube» desde cualquier dispositivo, sin restricciones ni limitaciones por sistemas, derechos, fronteras, etc., y siempre de una forma amable y legible.
8. Las plataformas de acceso online deberían permitir que las personas que deseen efectuar sus compras en un entorno plenamente privado puedan hacerlo sin que sus datos de compra sean almacenados en ningún momento ni comercializados a terceros.
9. Cualquier individuo podrá regalar o revender cualquier contenido adquirido que ya no quiera mantener en su biblioteca digital.
10. Los usuarios podrán subrayar, marcar y hacer anotaciones de forma anónima en sus contenidos adquiridos. Quienes quieran compartir con otros usuarios sus anotaciones personales deberán tener la posibilidad de hacerlo, pero si en cualquier momento cambian de opinión también tienen que poder borrar de la «nube» todo su historial de notas, etc.
11. De igual forma que podemos mantener nuestro número de teléfono móvil si nos cambiamos de operador, las plataformas deberán garantizar la portabilidad de los datos de los usuarios. Si por cualquier motivo un usuario quiere abandonar una red, deberá poder transportar sus datos personales, amigos, notas e historial de compra a la nueva plataforma de forma fácil y eficiente.
12. Derecho al olvido. Los usuarios podrán eliminar su historial de compra o alquiler, así como borrar todos los datos personales y destruir los contenidos adquiridos, en cualquier momento y de forma definitiva, sin dejar rastro alguno de su previa existencia en ninguna memoria virtual de los prestadores de los servicios en la «nube».

No debemos olvidar que nos encontramos en la primera fase de definición del futuro modelo de sociedad digital. Lo que realicemos, cómo lo desarrollemos y lo que decidamos en esta primera etapa tendrá una amplia repercusión en el futuro. Como ciudadanos nos corresponde garantizar que los intereses públicos de la futura sociedad digital estén por encima de los intereses económicos de las empresas por muy legítimos que sean.

Soy consciente de que no acertaré en al menos cuatro o cinco de ellas. No obstante, tal como señalaba al principio de este capítulo, lo importante no es el número de aciertos, sino la reflexión que supone efectuar una relación de posibles previsiones con criterio propio. La consolidación de buena parte de estas tendencias en la sociedad generará una transformación disruptiva de la mayoría de las organizaciones empresariales en sus modelos de negocio, en sus estrategias de producción y distribución y hasta en el propio mercado. ¿Qué opina el lector de estas reflexiones? ¿Cuáles son las suyas?

Por último, quisiera cerrar este libro con el mismo mensaje que he querido compartir desde el principio: Esto no ha hecho más que empezar. Si internet está cambiando radicalmente la manera en que se comunica y relaciona la sociedad, ¿de verdad se piensa que el entorno empresarial permanecerá inmune a esta transformación? Nos encontramos ante una excelente oportunidad para innovar y replantearnos una revisión profunda de todos los procesos externos e internos de nuestras empresas.

Muchas gracias por su atención e interés.

Geodedicatorias, licencia Copyleft, agradecimientos y datos de contacto

Los lectores de este libro, sobre todo los más curiosos, habrán advertido que las dedicatorias publicadas al inicio del mismo están geolocalizadas. Al ser el primer libro publicado en España con estas geodedicatorias, varios lectores me han preguntado durante estos años sobre el motivo de las mismas y su significado. Aprovecho esta nueva edición actualizada para explicarlo.

Al igual que en el capítulo anterior he hecho un gesto denominándolo 12+1, en lugar de 13, para señalar que experimentaremos también un cambio en el lenguaje, he querido llevar a cabo un guiño similar con las dedicatorias. En vez de publicar una frase dedicando el libro a ciertas personas y lugares, he hecho justamente eso, pero utilizando el lenguaje del geoposicionamiento. Los lectores que quieran descubrir los lugares a los que dedico este libro tendrán que introducir las coordenadas de latitud y longitud en Google Earth, en un atlas o en una carta náutica. Sin embargo, el significado e importancia de señalar estos lugares en este libro tan sólo podrán descifrarlo los lectores más cercanos a mi círculo personal.

Licencia Copyleft

Durante el proceso de documentación de este libro he consultado múltiples blogs, estudios, libros y artículos de opinión publicados bajo diferentes tipos de licencias de Creative Commons (CC). Existen en el mundo más de veinte millones de obras protegidas por licencias de este tipo, como los ensayos publicados por la prestigiosa universidad MIT y Columbia University, y los artículos de los periódicos *20 Minutos* y *ADN*. Quiero agradecer la buena disposición de los autores que permiten el acceso libre a sus obras y destacar el excelente intercambio de conocimientos y opiniones que ha tenido lugar a través de la red con centenares de blogueros. Por este motivo me empeñé en convencer a mis editores para que permitieran que la versión digital de este libro se publicara bajo una licencia Copyleft.

Para entender un poco la singularidad del proceso hay que tener en cuenta que en 2008 era la primera vez que el Grupo Planeta publicaba un libro de empresa con una licencia Copyleft. Anteriormente, este grupo editorial había llegado a acuerdos con autores, como Hernán Casciari, para que las versiones digitales de sus libros pudieran mantenerse en abierto en sus blogs o webs, pero nunca habían utilizado una licencia Copyleft para publicar un libro. Durante las primeras reuniones con mis editores sospechaba que no entendían de qué hablaba, pero en vez de negarse y decir *no* a la innovación me pidieron que les explicara los beneficios derivados de la publicación en Copyleft. Les expuse que la libre distribución de libros en internet, bajo licencias Copyleft o en Dominio Público, no sólo aumenta la difusión de las obras, sino que también ofrece beneficios derivados que conviene tener en cuenta. Los más incrédulos sólo calcularán el retorno de inversión de estos lanzamientos a partir del número de ejemplares vendidos, pero olvidarán los otros beneficios colaterales, como el incremento en tráfico de visitas hacia el sitio web de la editorial –lo cual permite a los usuarios conocer el resto del catálogo–, el impacto en la visibilidad de los autores y en la comercialización del resto de su obra, el valor de la reputación digital de la entidad que promociona la iniciativa y el establecimiento de lazos más estrechos y sólidos con los miembros de la comunidad digital. No hay que olvidar que los intangibles también forman parte de los activos de cualquier editorial.

Tras sopesar mis argumentaciones e intercambiar varias versiones jurídicas del contrato de cesión de derechos de autor, llegamos a un interesante acuerdo. La versión tradicional de este libro –es decir, en papel y tapa dura– sale al mercado con su tradicional Copyright, mientras que la versión digital se publicará bajo una licencia Copyleft. El acuerdo establecido es que se me permite la reproducción, distribución y comunicación pública de este libro en formato digital, para usos no lucrativos y sin limitación territorial, excluyendo cualquier transformación, ya sea su traducción, adaptación o modificación de la que derive una obra distinta (cuyos derechos corresponden a Gestión 2000), por medio de una licencia Creative Commons Reconocimiento-No comercial-Sin obra derivada, en los términos en que se describe en http://creativecommons.org/licenses/by-nc-nd/2.5/es/

legalcode.es o texto legal similar, siempre que se respeten las limitaciones y condiciones expuestas. En los cursos de formación que imparto habitualmente siempre comento a los asistentes que la innovación empieza con una primera experiencia. Aprovecho para felicitar a Ángela Esteller y Carlos Martínez, mis primeros editores de la editorial Gestión 2000, por su amplitud de miras y por crear un precedente en el Grupo Planeta del que otros autores han podido beneficiarse posteriormente publicando sus libros con diferentes licencias Copyleft.

Este libro nace como una continuación de las reflexiones que contienen anteriores estudios –*Los blogs en la comunicación empresarial*, *Comunicación empresarial 2.0* y *Marketing de las ciudades en la web social*– publicados, conjuntamente con el Grupo BPMO, en los últimos años. Por ello, quiero destacar la visión innovadora de María José Cayuela, Yolanda García y Pau Herrera al apostar firmemente por el uso de las nuevas tecnologías en la comunicación empresarial.

Aprovecho la ocasión para dar las gracias a mis actuales editores, Roger Domingo, Oriol Alcorta y Paula Carrión, por la confianza depositada en mí como escritor de libros de empresa; a Javier Prenafeta Rodríguez, Elena Lisón y María Jesús Iglesias, por su asesoramiento jurídico; a José Antonio Vázquez, por asumir la tarea de investigación y actualización de los datos y enlaces de esta nueva edición; a Jorge Iriarte, por revisar con calma los nuevos textos para descubrir erratas (siempre se escapan varias), y a Iñaki Saldaña, por su inestimable apoyo en la elaboración de este libro.

Todos los lectores que quieran compartir conmigo sus impresiones sobre esta obra me encontrarán casi a diario en los siguientes canales de la web 2.0:

- Twitter: @javiercelaya
- Facebook: www.facebook.com/javier.celaya
- LinkedIn: www.linkedin.com/in/javiercelaya

Bibliografía

Accenture, *La difusión del español en internet*, Fundación Caja de Burgos, Burgos, 2006.

Anderson, Chris, *La economía long tail*, Ediciones Urano, Barcelona, 2007.

Arqués, Neus, *Y tú, ¿qué marca eres?*, Alienta Editorial, Barcelona, 2008.

Bernoff, Josh y Ted Schaler, *Empowered*, Harvard Business Review Press, Boston, 2010.

Blood, Rebecca, *Universo del blog*, Gestión 2000, Barcelona, 2005.

Carr, Nicholas, *Superficiales*, Editorial Taurus, Madrid, 2011.

Celaya, Javier, y Pablo Herrera, *Comunicación empresarial 2.0*, Grupo BPMO Ediciones, Barcelona, 2007.

Celaya, Javier, y Pablo Herrera, *Los blogs en la comunicación empresarial en España*, Grupo BPMO Ediciones, Barcelona, 2006.

Cobo, Cristóbal, y Hugo Pardo, *Planeta web 2.0*, Editorial UVIC, Vic, 2007.

Cremades, Javier, *Micropoder. La fuerza del ciudadano en la era digital*, Espasa, Barcelona, 2007.

Davidow, William, *Overconnected*, Delphinium Books, Nueva York, 2011.

Friedman, Thomas, *La Tierra es plana*, Editorial MR, Barcelona, 2006.

Fumero, Antonio, Genís Roca y Fernando Sáez, *Web 2.0*, Fundación Orange, Pozuelo de Alarcón, 2007.

Gillin, Paul, *The New Influencers*, Quill Driver Books, Fresno, 2007. Versión castellana de María López Medel, *Los nuevos influyentes*, LID, Editorial Empresarial, Madrid, 2009.

Grappone, Jennifer, y Gradiva Couzin, *Search Engine Optimization*, Wiley, Hoboken, 2007.

Jantsch, John, *The Referral Engine*, Penguin, Londres, 2010. Versión castellana de María Eugenia Villegas Lambert, *Activa el boca-oreja: haz que tus productos o servicios se promuevan por sí mismos*, Empresa Activa, Barcelona, 2011.

Jennings, David, *Net, blogs and Rock&Roll*, Nicholas Brealey Publishing, Boston, 2007.

Jeremy Wright, *Blog Marketing*, Editorial McGraw-Hill, 2006.

John Battelle, *Buscar*, Ediciones Urano, Barcelona, 2007.

Kirkpatrick, David, *El efecto Facebook*, Gestión 2000, 2010.

Lanier, Jaron, *You are not a gadget*, Random House, Nueva York, 2009.

Lessing, Lawrence, *Remix*, Penguin Press, Londres, 2008.

Libert, Barry, y Jon Spector, *Nosotros es más inteligente que yo*, Gestión 2000, Barcelona, 2008.

«Los medios de comunicación en crisis», *Le Monde Diplomatique*, 2005.

Macía, Fernando, y Javier Gasende, *Posicionamiento en buscadores*, Anaya Multimedia, Madrid, 2007.

Meerman, David, *The New Rules of Marketing and PR*, Wiley, Hoboken, 2007. Versión castellana de Cecilia Armstrong Minetti, *Las nuevas reglas del marketing*, Anaya, 2010.

Mora, Vicente Luis, *Pangea*, Fundación José Manuel Lara, Barcelona, 2006.

Orihuela, José Luis, *La revolución de los blogs*, Editorial Esfera de los Libros, Madrid, 2006.

Orihuela, José Luis, *Mundo Twitter*, Editorial Deusto, Barcelona, 2011.

Osterwalder, Alexander, e Yves Pigneur, *Business Model Generation*, Editorial Deusto, Barcelona, 2011.

Piscitelli, Alejandro, *Internet, la imprenta del siglo XXI*, Gedisa, Barcelona, 2005.

Piscitelli, Alejandro, Iván Adaime e Inés Binder (compil.), *El proyecto Facebook y la postuniversidad*, Editorial Ariel, Barcelona, Fundación Telefónica, Madrid, 2010.

Reich, Brian, y Dan Salomon, *Media Rules*, Wiley, Hoboken, 2008.

Rojas, Octavio, José Luis Antúnez, José Luis Gelado, José Antonio del Moral y Roger Casas-Alatriste, *Web 2.0. Manual (no oficial) de uso*, ESIC, Pozuelo de Alarcón, 2007.

Rosen, Emanuel, *Marketing de boca en boca*, Editorial Vergara, Barcelona, 2000.

Rushkoff, Douglas, *Program or Be Programmed*, Orbooks, Nueva York, 2010.

Tapscott, Don, y Anthony D. Williams, *Wikinomics. La nueva economía de las multitudes inteligentes*, Paidós, 2007.

Tasner, Michael, *Marketing in the moment*, Editorial Pearson, Madrid, 2010.

Villanueva, Julián, Cristina Aced y Guillermo Armelini, *Los blogs corporativos: una opción, no una obligación*, E-business Center PWC e IESE, Barcelona, 2007.

Von Hippel, Eric, *Democrating Innovation*, The MIT Press, Cambridge MA, 2010.

VV. AA., *Blogbook: El futuro es tuyo*, Editorial Colección Planta 29, 2008.

VV. AA., *15 años de internet en España*, Fundetec, Madrid, 2008.

VV. AA., *Web 2.0. El negocio de las redes sociales*, Fundación Bankinter, Madrid, Accenture, Barcelona, 2007.

Weinberger, David, *Everything is miscellaneous*, Times Books, Helston, 2007.

chuleta de las redes

USO: Excelente · A determinar · No recomendado

		Gestión de reputación digital	Comunicación corporativa	Comunicación de productos / eventos	
Google alertas beta / Technorati	**ALERTAS EN LA RED:** Herramientas como Google Alerts, Technorati Watch Lists o la creación de alertas a través de RSS permiten monitorizar lo que se publica en la red sobre marcas, conceptos o personas clave	Excelentes herramientas de escucha de la web social. Indispensable en gestión de la reputación online	Excelentes herramientas de escucha de la web social. Indispensable para gestión de Com. corporativa	Útil para controlar seguimiento de eventos o lanzamientos, no para comunicarlos	C imp c
Google reader / YAHOO! / RSS	**RSS / SINDICACIÓN CONTENIDOS:** Herramientas como Google Reader, Yahoo o FeedReader.net nos permiten consultar la información publicada en las diferentes páginas web, sin tener que visitarlas una por una	Lectura y seguimiento de info en la web social. Básica para escucha de reputación online	Monitorización de comunicación corporativa. Incorporar RSS en webs corporativas informa a medios y usuarios de novedades	RSS en la sala de prensa virtual de una compañía permite seguimiento puntual de informaciones	C imp c
tuenti	**TUENTI:** Red social generalista, fundamentalmente dirigida a gente joven. Los usuarios publican y comparten todo tipo de información, personal y profesional	Muy potente. La edad media de los usuarios reduce el espectro, pero permite segmentar muy bien. Son los usuarios más participativos	Muy potente. Es reciente la opción de páginas de empresa: más fácil llegar con un buen perfil. Menor competencia: es posible destacar	Excelente. Con muchas opciones imaginativas y pensadas para el público específico de la red (vídeos, etc.)	E au b
facebook	**FACEBOOK:** Red social generalista, la más popular en todo el mundo. Los usuarios publican y comparten todo tipo de información, personal y profesional	Muy potente. Permite captar gente, que muestra en su perfil que la marca «le gusta». Cuanta mayor interacción haya, más visibilidad	Muy potente. El «problema» es la saturación. Cada vez hay más empresas, páginas, perfiles... y es difícil destacar	Excelente. Actividades presenciales o virtuales que pueden ver todos los usuarios de la red (sin tener que ser contactos)	E au b
twitter	**TWITTER:** Herramienta de microblogging, que permite enviar mensajes con un máximo de 140 caracteres de forma instantánea y gratuita a sus seguidores. Canal bidireccional muy potente. Permite adjuntar vídeos, fotos, archivos, etc.	Potente para gestión de reputación. Para ser efectivo: conversar, interactuar, ser transparente y aportar contenido interesante y creativo	Canal muy potente. Hay que conocer el canal, tener una estrategia clara, interactuar de forma constante y verticalizar la comunicación	Potente para comunicar lanzamiento de productos o eventos y retransmitirlos. Retroalimentación constante. Excelente para investigación de mercado	Ex trá
Google+	**GOOGLE+:** Último intento de Google de crear una red social generalista. Sus «círculos» permiten ordenar los amigos por afinidades sin necesidad de seguirse mutuamente. Hoy por hoy está enfocada para uso personal. No se permite crear perfiles de empresa	Potente para gestión de reputación. Para ser efectivo: conversar, interactuar, ser transparente y aportar contenido interesante y creativo	Canal muy potente. Hay que conocer el canal, tener una estrategia clara, interactuar de forma constante y verticalizar la comunicación	Potente para comunicar lanzamiento de productos o eventos y retransmitirlos. Retroalimentación constante. Excelente para investigación de mercado	Ex trá
flickr	**FLICKR:** Publicación de fotos que pueden ser vistas, compartidas y descargadas por los usuarios de la red	Buena para crear o reforzar marca y su imagen. Necesita buen material, con valor añadido y buenas descripciones y etiquetas	Buena herramienta para trasladar imágenes de interés para la compañía. Perfecta para mostrar la imagen corporativa	Refuerza la comunicación, especialmente con los medios, con imágenes variadas y de calidad	Ex bi mc
YouTube	**YOUTUBE:** Publicación de vídeos que pueden ser vistos, compartidos y descargados por los usuarios de la red	Excelente. Por su viralidad, por ser un buscador muy usado y por el potencial para reforzar mensajes	Perfecto para presentaciones, ruedas de prensa, declaraciones… Puede ser muy potente con el enfoque adecuado	Bueno. Vídeos descriptivos, tutoriales, explicativos, presentaciones... para clientes, proveedores y expertos	mc
vimeo	**VIMEO:** Publicación de vídeos que pueden ser vistos, compartidos y descargados. No admite vídeos comerciales, demostraciones de videojuegos o pornografía. El contenido debe ser creado por el usuario. Alta resolución e interfaz de vídeo más limpio que Youtube	Permite aportar información de interés sobre la compañía. Hay que dar con el enfoque adecuado: vídeos sin claro contenido comercial	Puede ayudar si tiene el enfoque adecuado: vídeos de contenido no comercial	Se puede aportar información de interés sobre productos y eventos, siempre que se haya del enfoque comercial	Exc en exp
LinkedIn	**LINKEDIN:** Red social profesional que nos permite crear y gestionar una amplia agenda de contactos profesionales, buscar proveedores y referencias, seguir eventos de nuestro interés, pedir opiniones, etc.	Mayor promoción de «marca personal». La presencia de empleados de una empresa y su actitud puede aumentar la reputación de la compañía	Se puede hacer com. corporativa creando grupos, organizando eventos, etc. Sirve más para promocionar «marca personal» que para com. corporativa	Excelente. Publicación y gestión de presentaciones a clientes, proveedores y expertos. Facilita compartir y encontrar eventos presenciales o virtuales	F aur trá

Continúa en CARA B

Visibilidad	Prevención de crisis	Atención al cliente	Gestión de conocimiento	Comunicación interna	Captación de talento
sibilidad relativa. Óptima n determinados círculos profesionales, pero elitista, por el perfil de usuarios y las limitacio-es del servicio premium	Débil. El servicio premium, más completo, es un freno al desarrollo de más acciones	Débil. El servicio premium, más completo, es un freno al desarrollo de más acciones	Creación y participación en grupos, publicaciones, presentaciones, pregun-tas, respuestas o comen-tarios potencian imagen como figura relevante	Excelente. Un uso óptimo mejora los canales de comunicación interna. Los grupos (abiertos o cerra-dos) permiten compartir y organizar el trabajo	Excelente. Búsqueda de personas de interés, publicación de ofertas de empleo, búsqueda individual de empleo, etc.
xcelente. Bien registrada en los motores de úsqueda, perfecta para publicar en otras redes (FB, Linkedin, Twitter, blogs, etc.)	Débil herramienta de prevención de crisis, aunque aplicada en otras redes puede ser un complemento técnico	Débil herramienta para atención al cliente, aunque aplicada en otras redes puede ser un complemento	Excelente. Subir presen-taciones, vídeos…, exportarlos y descargar los de otros usuarios. Permite desarrollar más actividad: comentarios...	Excelente, en especial para facilitar el acceso a documentación, presentaciones, vídeos, eventos…	Permite captar talento buscando las aportaciones en los grupos, temáticas de interés, etc.
Interesante para promover tráfico: hay que ser activo en la red y publicar contenidos no comerciales	Puede servir para detectar opiniones o noticias negativas. Su utilidad dependerá de cómo gestionemos dichas opiniones	Puede servir para conocer las opiniones con usuarios. Su utilidad dependerá de cómo gestionemos dichas opiniones	No sirve para gestión de conocimiento	No es utilizable para comunicación interna	No constituye una ayuda para captar talento
Contribuye a aumentar la visibilidad de la compañía en la red	Los marcadores en general y esta herramienta en particular ayudan a detectar potenciales situaciones de crisis	Útil para detectar problemas, aunque la respuesta no pueda hacerse a través de este canal	Útil para compartir conocimiento e informaciones publicadas en la red	Útil para dar a conocer en el interior de la empresa lo que se publica en la red sobre ella, un producto, la competencia…	No es una herramienta apropiada para la captación de talento
Aporta una visibilidad muy importante, especialmente a pymes	Adecuada gestión de los comentarios negativos permitirá evitar crisis. Depende de la proactividad	Permite seguir comentarios y opiniones de los usuarios y conversar directamente con ellos. Fomenta la comunicación	No constituye una herramienta de especial ayuda para gestión de conocimiento	No es utilizable para comunicación interna	No constituye una ayuda para captar talento
Para aumentar la visibilidad de la mpañía, especialmente por su vinculación con otras redes con buena sibilidad (FB, Twitter…)	Herramienta débil para la prevención de crisis. Puede servir para detectar problemas	Herramienta válida para la atención al cliente, vinculada a eventos	No sirve para gestión de conocimiento	Herramienta válida para la comunicación interna de eventos	Herramienta débil para la captación de talento
Buena. Aumenta la visibilidad de la compañía por su vinculación con otras redes (FB, Twitter…)	Puede ser potente por el alcance que tiene y su visibilidad en todo tipo de redes y canales	Válida: permite reunir todos los impactos y responder de forma más fácil y rápida en varias redes y canales	Válida, especialmente en los grupos. Permite subir y compartir material de todo tipo a diferentes redes y canales	Excelente para compartir todo tipo de materiales de varias redes y canales, de la empresa o de temas de interés	Buena herramienta de captación de talento
Buena herramienta, especialmente por su vinculación con otras redes con buena visibilidad (FB, Twitter…)	Herramienta débil para la prevención de crisis. En algunos casos podría servir para detectar problemas	Herramienta débil para la atención al cliente	No sirve para gestión de conocimiento	No es utilizable para comunicación interna	No válida para la captación de talento
Puede ser una buena herramienta para aumentar la visibilidad de la empresa, generar tráfico a nuestra web o a nuestros blogs	No es la mejor herramienta para prevenir crisis	Respuesta a dudas, inicio de discusiones, convoca-toria de eventos… puede ser una buena forma de mantener contactos de calidad con clientes	Creación y participación en grupos, publicaciones, presentaciones, pregun-tas, respuestas o comen-tarios potencian imagen como figura relevante	No es la mejor herramienta para establecer canales de comunicación interna	Excelente. Búsqueda de personas de interés, publicación de ofertas de empleo, búsqueda individual de empleo, etc.
uena herramienta dado que los contenidos son indexados por los buscadores, siempre y undo el usuario lo desee	Puede permitirnos detectar rumores o quejas de forma temprana	Excelente herramienta de contacto con los lectores, bibliotecarios, libreros, etc.	Buen canal para compartir información e intercambiar opiniones	No es la mejor herramienta para establecer canales de comunicación interna	Buena herramienta para descubrir nuevos autores basándose en las recomendaciones de otros lectores

les sociales

BY NC SA

dosdoce.com Infografía elaborada por María Jesús Rojas, Toñi Ricoy y Javier Celaya de Dosdoce.com. Diseño: estudioch!meno.com

USO: Excelente | A determinar | No recomendado

	Gestión de reputación digital	Comunicación corporativa	Comunicación de productos / eventos
XING: Red social profesional, permite crear y gestionar una amplia agenda de contactos profesionales, buscar proveedores y referencias, seguir eventos de nuestro interés, pedir opiniones, etc.	Puede contribuir a reforzar la marca, sobre todo en sectores especializados	Válida en entornos profesionales y de RRHH. La participación de la empresa y sus profesionales en grupos o foros maximiza este potencial	Buena. Publicación y gestión de presentaciones a clientes, proveedores y expertos. Facilita compartir y encontrar eventos presenciales o virtuales
SLIDESHARE: Publicación de presentaciones que pueden ser vistas, compartidas y descargadas por los usuarios	Buena para crear o reforzar la marca, sobre todo en sectores especializados. Precisa material con valor añadido, interesante y creativo	Buena. Perfecta para presentar resultados, proyectos, estudios… y para mostrar la imagen corporativa	Excelente para presentaciones, sobre todo técnicas, científicas... También permite crear y compartir eventos
MENÉAME: Basado en la participación comunitaria en la que los usuarios envían historias que los internautas pueden votar, promoviendo las más votadas a la página principal. Combina marcadores sociales, blogging y sindicación con un sistema de publicación sin editores	Apoyo a gestión. El contenido debe ser percibido por los usuarios como interesante y no excesivamente comercial	Permite generar cobertura sobre la marca. El contenido debe ser percibido por los usuarios como interesante y no excesivamente comercial	Se puede emplear para hacer comunicación de productos o anunciar eventos, con contenidos no muy comerciales
DELICIOUS: Servicio de gestión de marcadores sociales en web. Permite guardar en la nube los marcadores que habitualmente se archivaban en el navegador del propio PC, categorizarlos y compartirlos con otros usuarios	Ayuda a monitorizar la reputación digital de la empresa para tomar las decisiones oportunas	Contribuye a trasladar mensajes y la imagen corporativa de la empresa	Buena herramienta para monitorizar el impacto de un producto o un evento
11870: Red social en la que los usuarios guardan y comparten opiniones, fotos y vídeos de lugares y servicios en cualquier parte del mundo. Cuenta con 36.000 usuarios registrados, más de un millón de empresas dadas de alta y casi 170.000 opiniones	Excelente herramienta de reputación digital para todo tipo de sectores (servicios, establecimientos turísticos, productos, ciudades, etc.)	Buen canal de comunicación corporativa, gracias al perfil de empresa	Excelente para comunicación de productos. Perfil de empresa permite describir el negocio. Servicio de presupuestos permite acceder a nuevos clientes
REDES DE EVENTOS Y ACTIVIDADES, tipo Kedin, Dooplan, etc.: Sitios web que aglutinan eventos públicos y privados en el territorio español. Son los propios usuarios quienes alimentan esta red, aunque las firmas pueden crear y patrocinar eventos	Gestionar la reputación digital, vinculada a eventos propios o ajenos. Es importante crear contenidos atractivos e interactuar	Válida. Comunicación vinculada a eventos propios o ajenos. Hay que crear contenidos atractivos e interactuar con los usuarios	Excelente para la creación de eventos y para comunicación de productos vinculados a eventos (propios o ajenos)
FRIENDFEED: Sitio web que permite descubrir e intercambiar opiniones sobre el material interesante encontrado en la red y unificar / mostrar todo el material de la compañía en distintas redes	Válida para gestionar la reputación digital. Al reunir el contenido en otras redes, reúne también su potencial y ventajas	Buena. Reúne y muestra la presencia de la compañía en otras redes	Buena herramienta para la comunicación de productos y creación de eventos en varias redes
FOURSQUARE: Red social en la que los usuarios realizan «check-ins» en los locales que visitan y comparten recomendaciones de esos lugares con sus contactos	Complemento a otros canales de SM con los que se integra. Limitación: uso en dispositivos móviles, no se puede «marcar» a posteriori	Buena herramienta de comunicación corporativa. Es fundamental crear campañas y contenidos interesantes	Interesante para campañas de marketing, comunicación de productos, eventos, etc. Con las limitaciones de los dispositivos móviles
EDICIONA: Red social profesional especializada en el sector editorial que nos permite crear y gestionar una amplia agenda de contactos profesionales, buscar proveedores y referencias, seguir eventos de nuestro interés, pedir opiniones, etc.	Mayor promoción de «marca personal». La presencia de empleados de una empresa y su actitud pueden aumentar la reputación de la compañía	Se puede hacer comunicación corporativa creando grupos, organizando eventos, etc. Pero sirve más para promocionar la «marca personal»	Excelente. Publicación y gestión de presentaciones a clientes, proveedores y expertos. Facilita compartir y encontrar eventos presenciales o virtuales
ENTRELECTORES: Red social especializada en el mundo del libro. Los lectores publican y comparten sus libros y autores preferidos con otros lectores	Muy potente. Permite conversar con lectores a quienes «les gusta» un determinado autor o tipo de libros. Más visibilidad cuanta más interacción	Muy potente. A diferencia de Facebook no existe saturación dado que sólo hay un tema de conversación: libros	Excelente. Actividades presenciales o virtuales que pueden ver todos los usuarios de la red (sin tener que ser contactos)

CARA B

chuleta de las red

sociales

dosdoce.com

CARA A

Visibilidad	Prevención de crisis	Atención al cliente	Gestión de conocimiento	Comunicación interna	Captación de talento
ntribuye de forma ›rtante a conocer la visibilidad de la ›mpañía en la red	Fundamental para detectar potenciales situaciones de crisis	Seguimiento de publicaciones, no contacto con el cliente	No es de especial ayuda para gestión de conocimiento	No es utilizable para comunicación interna	No es utilizable para captar talento
›ntribuye de forma ›rtante a conocer la visibilidad de la ›mpañía en la red	Permite detectar potenciales situaciones de crisis de forma temprana y prevenir crisis	Seguimiento de publicaciones y opiniones, pero no contacto con el cliente	No es de especial ayuda para gestión de conocimiento	Útil para conocer novedades de interés para la compañía y compartirlas con los empleados	No constituye una ayuda para captar talento
ıena herramienta, que los motores de ısqueda aún no la registren bien	Puede permitirnos detectar rumores o quejas de forma temprana	Excelente herramienta de contacto con el cliente	Buena. Respuestas inmediatas del público objetivo (muy bien segmentado) pero el alcance puede ser limitado si se pretende llegar a expertos	Su potencial depende de las características de la red (edad media de los usuarios) y varía mucho según el tipo de compañía	Más indicado para algunos sectores: educación, ong, voluntariado y menos para perfiles corporativos y muy técnicos
ıena herramienta, que los motores de ısqueda aún no la registren bien	Puede permitirnos detectar rumores o quejas de forma temprana	Excelente herramienta de contacto con el cliente	Buen canal para compartir información e intercambiar opiniones.	Su potencial depende de la implicación que se logre con los empleados. Buena opción para eventos, actividades y novedades de la empresa	Publicar búsquedas, recibir respuestas inmediatas y encontrar perfiles interesantes aunque no estén en el mercado
elente herramienta ara aumentar la visibilidad de la npresa y generar co a nuestra web o ı nuestros blogs	Permite detectar rumores o quejas de forma temprana. Su eficacia en la prevención de crisis dependerá de la correcta gestión del canal	Excelente herramienta: com. directa y rápida, resolución en tiempo real. Implica accesibilidad, si se interactúa y no se hace spam	Excelente canal para compartir conocimiento. Útil para plantear dudas y ofrecer/lograr respuestas. Posibilidad de enlazar y compartir presentaciones	Se pueden sustituir mails, llamadas o incluso reuniones interdepartamentales por tweets. Implica transparencia y accesibilidad de directivos	Permite conocer a las personas más relevantes, publicar ofertas y recibir respuestas inmediatamente. Potente intercambio y viralidad de ofertas
elente herramienta ara aumentar la visibilidad de la npresa y generar co a nuestra web o ı nuestros blogs	Permite detectar rumores o quejas de forma temprana. Su eficacia en la prevención de crisis dependerá de la correcta gestión del canal	Excelente herramienta: com. directa y rápida, resolución en tiempo real. Implica accesibilidad, si se interactúa y no se hace spam	Excelente canal para compartir conocimiento. Útil para plantear dudas y ofrecer/lograr respuestas. Posibilidad de enlazar y compartir presentaciones	Se pueden sustituir mails, llamadas o incluso reuniones interdepartamentales por tweets. Implica transparencia y accesibilidad de directivos	Permite conocer a las personas más relevantes, publicar ofertas y recibir respuestas inmediatamente. Potente intercambio y viralidad de ofertas
elente herramienta, ı registrada en los ores de búsqueda y xportable a otros canales	Débil. Únicamente cuando haya que reforzar el mensaje con imágenes volcadas en otros canales	Herramienta débil para la atención al cliente	Validez del canal para compartir sabiduría es muy relativa	Validez muy limitada. Poco más allá de dar a conocer nombramientos o eventos	No válida para la captación de talento
Excelente. Bien egistrado en los ores de búsqueda y xportable a otros canales	Potente herramienta de prevención y gestión de crisis, por su alcance y visibilidad en todo tipo de redes y canales	Su potencial reside en la fuerza de los mensajes con imagen y sonido. Con imaginación puede ser una forma de respuesta «dando la cara»	Potente: conferencias, discursos, presentaciones, tutoriales... exportables a otras redes y canales y con la fuerza de la imagen	Validez limitada, poco más allá de mostrar presentaciones, eventos...	Débil herramienta para la captación de talento
lente. Bien registrada otores de búsqueda, table a otros canales muy viral. Buscar foque adecuado y uidar etiquetado	No es la mejor herramienta para prevenir crisis	Existen mejores herramientas para la atención al cliente	Un buen enfoque en la publicación de vídeos puede ayudar a ser un referente en un determinado mercado: tutoriales, conferencias, etc.	No es utilizable para comunicación interna	En determinados campos, ligados a la creatividad y la edición, puede ser un buen canal para encontrar perfiles de interés
ede ser una buena ıerramienta para entar la visibilidad de empresa, generar o a nuestra web o a nuestros blogs	No es la mejor herramienta para prevenir crisis	Respuesta a preguntas, inicio de discusiones, convocatoria de eventos... Buena forma de mantener contactos de calidad con clientes	Creación y participación en grupos, publicaciones, presentaciones, preguntas, respuestas o comentarios potencian imagen como figura relevante	Excelente. Un uso óptimo mejora canales de comunicación interna y muestra una compañía abierta en un excelente escaparate profesional	Excelente. Búsqueda de personas de interés, publicación de ofertas de empleo, búsqueda individual de empleo, etc.

Diseño: estudiochimeno.com

Infografía elaborada por María Jesús Rojas, Toñi Ricoy y Javier Celaya de Dosdoce.com.

dosdoce.com